宁夏大学中华民族共同体研究系列成果

宁夏大学民族学一流学科建设经费资助出版"
（NXYLXK2017A02）

洮州地区多元文化的社会文化空间研究

耿宇瀚 著

学苑出版社

图书在版编目（CIP）数据

洮州地区多元文化的社会文化空间研究 / 耿宇瀚著. -- 北京 : 学苑出版社, 2025.1. -- ISBN 978-7-5077-7126-8

Ⅰ. G127.4

中国国家版本馆 CIP 数据核字第 2025ML9383 号

出 版 人：洪文雄
责任编辑：周　鼎
出版发行：学苑出版社
社　　址：北京市丰台区南方庄 2 号院 1 号楼
邮政编码：100079
网　　址：www.book001.com
电子信箱：xueyuanpress@163.com
联系电话：010-67601101（营销部）、010-67603091（总编室）
印 刷 厂：廊坊市印艺阁数字科技有限公司
开本尺寸：787 mm×1092 mm　1/16
印　　张：19
字　　数：320 千字
版　　次：2025 年 1 月第 1 版
印　　次：2025 年 1 月第 1 次印刷
定　　价：298.00 元

前 言

洮州地区位于青藏高原与黄土高原交汇之处的洮河中上游流域,是农牧交错的自然过渡地带,分布着汉族、藏族、回族、土族等多个民族。甘肃省临潭、卓尼两县的地域曾是"古洮州"的主要管辖范围,同时也是今天洮州文化的核心区域。随着民国二年复设的临潭县取代"洮州",作为行政建制的"洮州"退出了历史的舞台。但是,作为"民间话语"的文化地域概念,"洮州"以其文化辐射力影响着地方文化体系,凝结着一个地域的历史记忆与社会情感,并与一个地域的生产生活、社会经济、文化场域和民风民俗紧密联系。

在多民族地区的地方社会中,不同民族的人们在频繁的互动与交流中产生了跨族际的地缘性交往,构筑了多民族和谐共生的社会文化空间。多民族地区跨族际的地缘性交往不仅维系着不同民族之间的社会纽带,还对地方社会的民族交往交流交融和中华民族共同体意识培育起到了积极作用。

通过对洮州地区族际互动空间中地方文化秩序的研究,本书提出了洮州地区的"圈序—互嵌型"社会格局。洮州地区"圈序—互嵌型"的社会是人们在社会适应与社会互动中所形成的社会空间和关系状态。洮州地区的社会空间以生计文化为基础逐渐形成了圈层式的经济文化结构与社会格局,包括内圈的农业区、中环圈的农牧交错区以及与洮州发生密切联系的外圈。在地方文化秩序影响下,圈层之间不仅通过生计差异性形成互补的经济文化结构,又在互动与交融中构成了多元共生的地域共同体。洮州地区汉族、藏族、回族、土族等民族不断加强互助、互补、互惠与互信,村落、家户和个体等各层次内部均建立了互惠型的族际关系网络,在联村交错的农业协作、文化互动、日常生活与交往交流中早已凝结起稳固的社会纽带。

洮州地区社会文化空间中的地方文化秩序与地域共同体一方面在中华民族共同体地域社会的基础上增强了地方社会的内聚向心力与社会稳定性,另一方面又发挥着多元民族文化的优势，为地域社会注入源源不断的社会活力。关于地域社会、地方文化秩序与地域共同体的研究对于多民族地区的民族交往交流交融、铸牢中华民族共同体意识、乡村振兴以及区域协调发展具有重要的意义。

目 录

第一章　绪论 ·· 1

第一节　研究缘起与问题的提出 ··· 3
第二节　文献回顾 ··· 7
　　一、区域研究的兴起与发展 ·· 7
　　二、国内外对中国区域社会的研究 ·· 10
　　三、中国民族学的区域研究视野 ··· 16
　　四、关于洮州区域文化的研究 ·· 19
第三节　研究设计与理论视角 ·· 23
　　一、研究思路 ·· 23
　　二、研究意义 ·· 24
　　三、研究方法 ·· 25
　　四、理论视角 ·· 27
　　五、田野点介绍 ··· 31

第二章　洮州地区的人文与自然空间 ······································· 35

第一节　行政建制、历史记忆与民间话语 ··································· 37
　　一、作为行政建制的洮州 ·· 37
　　二、作为历史记忆和民间话语的洮州 ······································ 41
第二节　地理空间看洮州 ·· 49

一、洮州的自然地理空间 ··· 49
　　二、民族走廊与区域视野 ··· 52
第三节　生计文化与民族分布 ··· 55
　　一、农业经济带与城镇聚落 ······································· 55
　　二、草场与森林 ··· 62
　　三、洮州地区的民族人口分布 ····································· 66

第三章　洮州地区民族格局形成的历史基础 ························ 73

第一节　多民族走廊上的你来我往 ····································· 75
　　一、羌戎之地 ··· 75
　　二、政权势力的角逐 ··· 76
　　三、地理环境与部族社会 ··· 79
第二节　民族互嵌型社会秩序的构筑 ··································· 81
　　一、洮州卫的设置 ··· 81
　　二、移民屯边与农业经济带的形成 ································· 84
　　三、多民族互嵌的政治秩序 ······································· 87
第三节　多民族共同的生活场域 ······································· 96
　　一、农业生产与族际互动 ··· 96
　　二、边地贸易与族际经济交往 ···································· 100
　　三、多民族共同性的民间社会文化 ································ 104

第四章　互动与调适中的地方文化秩序 ···························· 107

第一节　洮州地方社会的文化构建 ···································· 109
　　一、洮州地方社会的空间构造 ···································· 109
　　二、移民社会的生产环境适应 ···································· 111
　　三、洮州的民族文化交融空间 ···································· 115
第二节　地方文化秩序影响下的文化资源整合 ·························· 119
　　一、军事农业文化惯性的影响 ···································· 119

二、资源整合中的民间文化实践 …………………………………… 126
第三节　民族文化交融的联村社会 ……………………………………… 130
　　一、洮州联村文化的社会基础 ………………………………………… 130
　　二、洮州青苗会与联村社会互动 ……………………………………… 132
　　三、联村社会文化空间的扩展 ………………………………………… 135

第五章　多民族互惠与合作中的内缘交互 ……………………… 141

第一节　生产性协作中的社会联动 ……………………………………… 143
　　一、日常生产与防灾中的集体行动 …………………………………… 143
　　二、从搬场节看洮州地区的联村协作 ………………………………… 147
第二节　仪式合作中的地域文化共筑 …………………………………… 154
　　一、洮州龙神文化与族际互动 ………………………………………… 154
　　二、大墩山祭山神会与族际互动 ……………………………………… 163
　　三、联村交互中的族际文化协调 ……………………………………… 169
第三节　闲暇生活场域中的族际互动 …………………………………… 172
　　一、浪山文化与闲暇生活互动 ………………………………………… 172
　　二、多民族共享的花儿文化 …………………………………………… 173
　　三、冬季农闲和春节期间的文化活动 ………………………………… 175

第六章　跨区域互动与交换中的外缘联结 ……………………… 181

第一节　资源流动与跨区域的社会整合 ………………………………… 183
　　一、区域物资交换体系中的资源流动 ………………………………… 183
　　二、跨区域贸易路网中的社会互动 …………………………………… 186
　　三、跨区域经济互动中地方商业群体的兴起 ………………………… 190
第二节　社会变迁中民间自发性的贸易互动 …………………………… 192
　　一、自发性民间贸易复苏的驱动力 …………………………………… 192
　　二、民间自发性经济互动的延续 ……………………………………… 194
　　三、社会变迁中洮商的调适与发展 …………………………………… 201

第三节　跨区域族际互动中的社会纽带 ……………………………………… 209
　　一、结"主人家"：农牧互补的跨区域族际互惠网 …………………… 209
　　二、洮州人在青藏高原上的地缘、乡缘互惠网 ………………………… 214
　　三、跨区域族际交往中的文化交流 ……………………………………… 218
　　四、跨区域社会互动中的文化连带 ……………………………………… 225

第七章　多民族共生与交融的地域共同体 …………………………………… 229

第一节　洮州地区的"圈序—互嵌型"社会格局 …………………………… 231
　　一、"圈序—互嵌型"社会的视角 ………………………………………… 231
　　二、洮州地区民族文化空间的结构特征 ………………………………… 234
　　三、"圈序—互嵌型"社会的结构分析 …………………………………… 235
　　四、"圈序—互嵌型"社会的发展过程 …………………………………… 237

第二节　多民族地域共同体的社会共生 ……………………………………… 240
　　一、互惠共生的"命运一体" ……………………………………………… 240
　　二、亲密化的多民族生活空间 …………………………………………… 244

第三节　多民族地域共同体的社会、心理交融 ……………………………… 249
　　一、洮州地方社会的民族文化交流 ……………………………………… 249
　　二、文化交融中的民族文化认知 ………………………………………… 252
　　三、族际通婚与血缘交融 ………………………………………………… 256
　　四、民族间情感交融的社会黏合 ………………………………………… 259

第四节　多民族地域社会的共同性基础与社会凝聚 ………………………… 264
　　一、多民族地域社会的共同性基础 ……………………………………… 264
　　二、多民族地域共同体的社会凝聚 ……………………………………… 265

结语　四海之内的共叙与共铸 ………………………………………………… 269

　一、共同的精神场域 ………………………………………………………… 271
　二、交往互动中的秩序 ……………………………………………………… 273
　三、地域共同体与人文生态 ………………………………………………… 275

参考文献 277

一、古籍、地方志 278
二、著作类 281
三、期刊论文 286
四、博士、硕士论文 292

后记 293

第一章
绪　论

第一节　研究缘起与问题的提出

俗话说："一方水土养一方人。""一方"指的是一定的地域范围，"水土"是指该地域范围的自然环境，"一方人"是长期生活在这一地域范围的人。在"一方水土"中，自然环境和人文环境不断地影响着"一方人"，并造就了"一方"的地域文化。我们的社会文化和社会生活中总是离不开地域文化，地域文化不仅是人们挥之不去的乡愁，也蕴含着地方社会的文化生命力。

洮河是黄河重要的支流，发源于青海境内的西顷山脉，向东流经甘肃省甘南藏族自治州的碌曲县、临潭县和卓尼县，在定西市的岷县境内北折，然后经过临洮县、临夏回族自治州的广河县、东乡族自治县，于永靖县汇入黄河。"洮州"是今天临潭县、卓尼县一带的古称，其得名与洮河有关。西顷山脉与洮河构成了"洮州地区"的地理空间，其与地域文化有着密切的联系。"洮州人"在"洮州"这"一方水土"中劳作、生活，在社会的互动中形成了生生不息的"洮州文化"，并对洮河及他们所生活的土地产生了深深的历史记忆与乡土情感。虽然行政建制上的"洮州"已经被临潭县和卓尼县取代，但是今天这一地域的人们依然对"洮州"所代表的地域文化概念有着深深的认同感。在今天，"洮州"是一种地域文化的象征，融入地方社会的文化血脉中。临潭、卓尼的人们有时候在地理概念的描述中总是会不经意地使用"洮州"这一旧称，并且能够让人感受到他们对"洮州"这片土地有着与生俱来的文化自豪感。

洮河中上游的临潭县、卓尼县是一个多元文化共生、交汇的多民族地区，而真正来到这里才能深切感受到民族文化交融所带来的浓郁地域文化特色。"洮州地区"处于青藏高原与黄土高原过渡的农牧交错地带，主要分布着汉族、藏族、回族、土族等民族。其中，临潭县的汉族约占72.7%，回族约占17.5%，藏族约占9.8%[1]；卓

---

[1] 临潭县志编纂委员会.临潭县志[M].兰州：甘肃人民出版社.2008：37.

尼县的汉族约占28%，藏族约占70%，还有少部分的回族和土族[①]。

经常让外地人感到迷惑并成为趣谈的是，虽然临潭县和卓尼县分别是两个独立的行政区划单位，但却是插花分布。从地图上看，临潭县的西、西北、南三面被卓尼环绕，东北部分向北伸展与卓尼平行，两县在交错中各有"飞地"。来到这里经常会有这样的经历，如坐着车在卓尼县的境内行驶，突然发现到了临潭县境内，继续往前走没多久又到了卓尼县的管辖范围。而在日常的社会生活中，两县的人们联系也十分紧密。卓尼县有一部分乡镇由于靠近临潭县城，离卓尼县城较远，因而这些区域的人们把临潭县城当作了区域市场的中心，满足其日常的交易、生活等需求。临潭县以农业为主，卓尼县拥有面积较大的牧区，两县之间存在着一定程度的经济互补。同时，两县的人们经常会参加一些共同的非遗活动、民俗文化活动。临潭、卓尼两县不仅具有历史渊源，而且其经济、文化、社会在今天依然是联系紧密和融为一体的，两县的汉族、藏族、回族、土族等民族在日常社会生活与文化互动中也呈现着"你中有我，我中有你"的亲密状态。在跨区域的经济互动中，"洮州地区"以临潭回商为主体的洮商群体则发挥着"中间人"的作用，不仅对"洮州地区"的社会经济有着一定的贡献，还促进了内地与边疆民族地区之间的经济、文化交流。

在多民族地区的地方社会中，不同民族的人们在频繁的互动交流中产生了跨族际的地缘性交往，构筑了多民族和谐共生的社会文化空间。中国西部的"西北民族走廊（包括河西走廊、河湟谷地、洮岷地区）"和"藏彝民族走廊"等地理通道地带，分布着多样化的族群，内聚了多元的民族文化[②]。地域社会文化空间是客观的地理空间与文化构建交织在一起的产物，将区域关系与意义网络整合在一起。人们在适应自然环境与社会环境的过程中为寻求生计发展、维持社会平衡，逐渐形成了一些自发性的与社会交往、社会风俗、社会心理及社会结构等相关的区域性社会秩序与规则，从而构成了地域性的民间社会文化。临潭、卓尼两县共享的地域文化呈现出了洮州地区各民族在交往交流交融中所构筑的共有精神家园，也展现了人们在日常的生产生活实践和社会互动中所产生的地方性文化秩序。因此，与各民族生产生活联系密切的地方性文化秩序在区域社会文化交流以及民族社会纽带形成中所发挥的作用为笔者提供了思路。

---

① 马永寿.卓尼县政区概览[M].兰州：甘肃文化出版社．2016.
② 李建宗.通道之间：西北民族走廊界隔中的连续——基于河西走廊与河湟地区之间的关联性分析[J].青海民族研究，2018（2）.

地域文化的形成与一定区域内人们长期的生产生活实践有着密切的联系。在社会的变迁中，地方社会文化依然对县域社会、乡土社会的社会生活有着一定的影响。在中国式现代化的进程中，区域的协调发展，以及乡村振兴与新型城镇化的协同发展开始受到国家和社会的重视。我国西部地区尤其是西部民族地区在经济发展过程中如何维持良好的社会文化生态，如何将地方文化秩序嵌入现代化文明、生态文化和精神文明的建设中，实现科学、可持续和高质量的发展，值得深思。

在城市化的快速发展过程中，地域文化中的地方文化秩序遇到冲击并且开始衰落。而在县域社会与乡村社会的变迁与发展中，地方性的社会文化依然与人们的社会生产、社会生活和文化生活息息相关。因此，文化生态、文化多样性的协调和保护不仅是经济社会和谐发展中不可忽视的因素，也是民众安居乐业、民风文明、文化自信的重要支撑，更是铸牢中华民族共同体意识背景下文化多元一体、交融共生的重要体现。县域社会与乡村社会中的乡村景观、民众的生活以及生计方式等方面具有多样性的特征，尤其是在民族地区又具有民族文化的丰富性与交融性。

关于新时期的城乡关系，赵旭东谈道："乡村作为基础，而城市作为其补充的城乡关系格局在新的全球意义下的转型背景下在经历着一种新的扭转，乡村文化原有的坚韧的硬性正在被逐渐打破，但一边倒的极端城市化发展路径显然也没有什么出路可言，特别是对于中国这样一个有着悠久农业文明传统的国家而言，一种真正合理的城乡关系的建立，恰义是未来理想中国得以构建的根基所在。"[①]在城市化和现代化进程中，县域社会、乡村社会与城市社会依然存在着不同文化逻辑，虽然都进入现代化的发展轨迹中，但乡村社会不可能完全照搬城市的发展模式。因此，找到与地方社会相适宜的发展方式，充分地挖掘地方文化资源所发挥的良好社会效应，可以使县域社会和乡村社会在现代化发展的同时更好地维持城乡协调、乡村振兴的社会文化生态。在中国西部的民族聚居地区和多民族地区，地域文化与人们的社会生活也有着密切的关系，地域文化不仅维系着地方社会的民间文化体系，也是族际间交往交流的纽带，更为铸牢中华民族共同体意识提供了文化交融与共同性的基础。民族地区具有丰富的地方性知识和民族传统文化，因此在经济社会发展的过程中如果文化生态能够得到合理的保护、文化活力得到保持，对地方社会的和谐发展、民族交往交流交融以及铸牢中华民族共同体意识都具有十分重要的意义。

---

① 赵旭东.城乡关系视野下的理想中国[J].河北学刊，2017（6）.

对于"洮州"这样一个多元文化交融的多民族地区，不同民族的人们是怎样在长期的互动中形成了多元、共生与亲密的族际关系？地缘性社会互动所产生的内生文化秩序在民族文化交融和地域文化的构筑中发挥着怎样的作用与影响？作为独特的社会事实和文化机制，地域性的民间社会文化如何将区域内的社会聚落和人事物紧密地联系起来，协调地方社会的运转以及区域间的互动与联系？在"中华民族多元一体格局"的民族社会框架下，洮州地域性的民间社会文化又是如何在"中华民族共同性"基础上嵌入在中华民族共同体文化中，这对于更大范围区域的族际互动与民族交往交流交融又有着怎样的影响？文化生态的保护以及地方社会文化、传统文化的协调发展对于西部民族地区的现代化建设以及精神文明建设有着怎样的价值？基于这些思考，对"洮州地区"的"族际互动与地方性文化秩序"进行研究，探讨人们在与自然环境、人文环境的互动中如何发挥地方社会文化的能动性，在民族文化共生与交融的场域中如何积极建立起与区域文化、跨区域文化及主流社会文化相协调的社会文化结构与民族交往路径，探寻地方文化秩序对于新时期民族交往交流交融、铸牢中华民族共同体意识所产生的影响与意义。

第二节 文献回顾

一、区域研究的兴起与发展

早期的区域社会研究主要是对"非西方社会"的研究，西方的人类学家和研究者们对殖民地和半殖民地区域进行了长期、深度和全面的田野调查，了解这些区域的社会文化、民俗文化、历史文化、政治制度和经济生活等方面，并产生了一批具有区域性特征的经典民族志作品。

19世纪末、20世纪初，西方人类学界在研究非洲、美洲等无文字社会的历史文化发展以及族群之间的分类与文化联系时，逐渐发展形成了"文化区"（cultural area）与"文化圈"（cultural circle）等概念工具。德语地区的民族学之父巴斯蒂安在很早就提出了"地理区域"的概念，他认为每个民族都拥有各自的地理分布区域，并在一定程度上受到地理环境的影响。拉策尔是德奥地理传播学派的创始人，他的研究也在探索人类与自然环境之间的关系以及人类迁徙、文化的影响。拉策尔的学生弗罗贝纽斯和格雷布纳在他的基础上将"文化圈"理论发扬光大。之后，安科尔曼、格雷布纳和鲍曼等博物馆民族学家在对人工制品的考察中，以文化圈、文化层和传播路径等方面重构了人类文化史。[①]

美国文化历史学派创始人博厄斯的"文化区域"概念吸收了德奥地理传播学派的"文化圈"学说，但不同的是"文化圈"只注重类似的文化特征，而博厄斯的"文化区域"则强调连续性区域范围内文化的高频率密集分布。博厄斯在"文化区域"的探索

---

① 周歆红.德语地区民族学：历史、反思与转型[J].民族研究，2015（4）.

中提出了"文化中心"与"文化边缘"理论:"文化中心"指的是某一文化区域内其文化特征最密集的核心地带;"文化边缘"是指远离"文化中心"的区域文化边缘地带,"文化中心"所表现的文化特征在这里表现的不明显,呈现出相邻文化区过渡的文化混合特征。因此,越靠近文化中心,区域中心的文化特征会越显著,离文化中心越远,区域中心的文化特征会显得越模糊[1]。博厄斯的学术思想影响了一批学者,以其为首的美国文化历史学派对美洲印第安部落进行了大量和长期的研究,探寻土著文化与相应区域之间的联系。

博厄斯的学生克罗伯在民族志资料的基础上研究了文化在地理空间的分布,系统地提出了与文化区域相关的理论。克罗伯1939年出版的《北美的文化区和自然区》[2]一书收集了大量印第安部落的资料,通过标注文化特征汇集成北美文化地图,将北美的文化区分为三个层次:大文化区、文化区和亚文化区[3]。他在研究过程中还将不同层次的文化区与自然环境的区域相联系,认为生态环境与社会族际类型之间存在着一定的联系,文化发展在一定程度上会受到自然环境影响,但是最终起决定作用的不是自然环境而是文化本身。克罗伯用"强度"(intensity)分析各个区域相关文化要素的分布状况。文化区内的核心地区因为具有最强烈的文化特征被称为文化高峰(cultural climax),从核心区到边缘其文化的影响力逐渐释放和减弱。对于两个文化区的相邻区域,克罗伯认为文化区边界地带的民族具有共享的文化元素要远远多于文化区的核心区域,而边界也是难以确定的。

克拉克·威斯勒也继承了其老师博厄斯关于"文化区域"的研究探索,通过田野调查考察印第安人的风俗,撰写了《北美平原的印第安人》等多部学术著作。威斯勒认为文化是社会集团或部落所表现的文化特质复合总体[4],并根据文化特质绘制出美洲印第安部落的地理分布图,将美洲印第安人文化划分为15个"文化区域"。在此基础上,威斯勒提出了"年代—区域假说"(age-area hypothesis),即文化是一个由有机的整体,包括文化特质、文化丛、文化类型、文化带、文化区等各个层次,每个文化区域中文化特征都会有从中心向外围扩展的趋势。根据"年代—区域假说",

---

[1] 雷晴岚.博厄斯及其学术思想[J].社会科学论坛,2010(14).

[2] Kroeber A L. Cultural and Natural Areas of Native North America [M]. Berkeley: University of California Press, 1939.

[3] 龚东林.一代人类学巨擘——克罗伯[J].世界民族,1999(3).

[4] Clark Wissler. Man and Culture [M]. New York: Croewell, 1923: 52.

随着时间的增长，文化特质的分布会越广，时间越久，扩散地越远。虽然文化区域的外围远离文化中心区域，但外围区域的文化保存着中心区域较早期的文化特征，而中心区域的文化特质早已发生了新的变化，产生了新的文化特征。与普遍思维所认为的"文化中心区域的文化特征明显、离文化中心区域越远文化特征越不明显"不同，"年代—区域假说"呈现出区域文化空间中的动态性特征。

雷德菲尔德通过"俗民社会和都市社会的城乡连续统一体"的视角，研究了"俗民社会"区域的现代化过程。雷德菲尔德于1930年开始，对墨西哥南部的尤卡坦（Yucatan）地区进行了连续16年的田野考察，发表了《提波兰，一个墨西哥村庄：俗民生活研究》等多部学术著作。雷德菲尔德选取了四个处于不同发展阶段的社区，其中查安考姆（Chan Kom）代表俗民村落，涂斯伊克（Tusik）代表氏族村落，齐塔维（Dzitas）代表小镇，梅里达（Merida）代表都市，这些社区共同构成了"俗民—都市社会的连续统一体"。雷德菲尔德的研究认为，在尤卡坦半岛的地理空间中，梅里达形成了区域的现代化辐射中心，新的技术、思想和文化从梅里达由远及近地向齐塔维、涂斯伊克和查安考姆扩散。离梅里达越远，传统性、集体性和连贯性越强，而离梅里达越近，则世俗性、个性化和碎片性越强[1]。

可以说，当时以博厄斯为首的众多美国文化人类学学者共同建构和发展出了"文化区域"的相关概念，他们结合纵向的历史背景与横向的部落文化关系，试图在当代的空间中通过文化特质分布来追寻某个族群文化的历史，为区域社会的研究奠定了最初的基础。但是，其对于文化与环境之间关系的分析比较简单，并且过于注重用文化空间上的分布取代文化历史的发展。

20世纪50年代以后，在埃文斯·普里查德的号召下，彼得斯、皮特·里弗斯和坎贝尔等一批年轻学者展开了"更为复杂社会"的区域研究，以牛津大学为代表的地中海区域人类学研究取得了一定的成就。地中海区域研究主要形成了两种主要的范式，一种是庇护的政治和经济关系的扩展方式，一种是荣誉与耻辱的文化观念[2]。

苏联民族学界在20世纪中叶提出了"历史民族区"的概念，其与"经济文化类型"概念一样，在苏联民族学中具有重要的影响力[3]。"历史民族区"是指一个由共同

---

[1] Robert Redfield. The Folk Culture of Yucatan [M]. Chicago: The University of Chicago Press, 1941: 14—18.

[2] 刘珩. 区域研究：人类学的多元理论地带 [J]. 西南民族大学学报（人文社会科学版），2016（5）.

[3] 任国英. 俄罗斯民族学的成就与走向 [J]. 中央民族大学学报（哲学社会科学版），2000（3）.

的社会经济发展和人们的长期交往和相互影响而在居民中形成类似文化生活（民族）特点的人们居住区①。"历史民族区"强调共同的文化区域内各民族的联系、影响与共同的历史命运，其概念属于历史的范畴，加深了"文化区域"的时间深度。

在考古研究的领域，人类学家贝内特于1948年提出了"区域共同传统"（Area Co-tradition）的概念，其强调区域内文化的连续性以及区域内各子文化之间的相互影响和互动。卡德威尔在1964年又将此概念用于北美荷比文化区的研究中，深入地探析了区域间葬礼、宗教方面的相互作用、影响，奠定了"相互作用圈"（Interaction Sphere）的研究基础。卡德威尔归纳出不同文化群体间的"互动与沟通的过程与模式"，他认为荷比文明的形成是建立在历史上不同地方性文化的互动过程中②。

西方人类学界的区域社会研究在延续传统民族志方法的同时，也开始从单纯了解某一"他者"区域的文化转向视野更加宽广和新颖的命题，如区域间人、物品、资源的流动和由此引发的族群关系，全球化背景下区域市场的研究，以及关于移民、道路等人类学区域研究③。

区域研究的发展对民族志来说也是一种超越和提升。区域研究将区域和文化两个概念结合起来，提供了一种跨文化的比较观以及"从特殊个案走向整体"的思考方式。

二、国内外对中国区域社会的研究

对于早期关于中国人类学的研究来说，村落社会是传统而经典的研究对象。研究者们通常从村落的个案研究入手，试图以此为途径来达到对区域整体的认知。19世纪末美国传教士明恩溥、20世纪初荷兰的高廷、美国的葛学溥等西方人类学学者

---

① 〔苏联〕H·H·切博克萨罗夫. 民族·种族·文化[M]. 赵俊智等译, 北京: 东方出版社, 1985: 207、250.

② 潘海英. 文化合成理论在区域社会与文化类型研究中的应用[A]. 张江华, 张佩国. 区域文化与地方社会——"区域社会与文化类型"国际学术研讨会论文集[M]. 上海: 学林出版社, 2011: 4.

③ 周大鸣, 詹虚致. 人类学区域研究的脉络与反思[J]. 民族研究, 2015（1）.

在研究中构建起一种"中国乡村是这个王朝的缩影"的西方式中国观[1]。

这一范式也影响着20世纪初的中国学者，吴文藻先生将美国芝加哥学派人文区位理论和英国的结构—功能论引入中国的乡村社区研究中，创立了燕京学派。当时，拉德克利夫—布朗在短短的访学交流时间中，在燕京大学开设了"比较社会学"课程和"中国乡村社会学调查"研讨班，并撰写了《对于中国乡村生活社会学调查的建议》，极大地推动了中国乡土社会的研究[2]。在这一背景下，海外求学归来的费孝通、林耀华、杨懋春、许烺光、杨庆堃、田汝康等学者以中国乡村社区研究为切入点，创立了中国人类学区域研究的"社区范式"，从而开启了"人类学中国化"的道路。中国20世纪上半叶的区域社会文化研究，主要为在田野调查基础上的文化人类学研究和社会人类学的社区研究。[3]

关于文化人类学研究方面，林耀华在田野调查的基础上进行宗族研究，将宗族研究从历史的维度拓展到现实的维度，其在美国哈佛大学留学时的著作《金翼》[4]，通过闽江下游黄村的故事呈现了中国传统乡村社会的家族体系缩影，还展现出了地域的社会生活共同体。杨庆堃[5]、田汝康[6]在田野调查的基础上主要研究了中国社会的民间宗教，为以后中国区域社会与民间信仰的研究奠定了一定的基础。20世纪40年代初，许烺光通过云南"魁阁"社会学实地调查工作完成了对云南大理喜洲镇的区域田野研究，运用心理人类学的方法探讨了中国传统社会以"父子关系"为轴心的祖先崇拜文化人格[7]。

关于社会人类学的社区研究方面，费孝通在开弦弓村调研的基础上完成了其博士论文《江村经济》，运用了田野调查法、功能分析法、类型比较法等方法，以"小村落反映大社会"[8]，不仅在国际学术界引起了反响，也为中国社会学、人类学的发

---

[1] 田阡.村落·民族走廊·流域——中国人类学区域范式转换的脉络与反思[J].社会科学战线，2017(2).

[2] 王建民.中国民族学史（上卷）[M].昆明：云南教育出版社，1997：141—144.

[3] 李培林.20世纪上半叶社会学的"中国学派"[J].社会科学战线，2008(12).

[4] 林耀华.金翼：一个中国家族的史记[M].庄孔韶等译，北京：生活·读书·新知三联书店，2015.

[5] 杨庆堃.中国社会中的宗教[M].范丽珠等译，上海：上海人民出版社，2007.

[6] 田汝康.芒市边民的摆（民国万象第一辑）[M].福州：福建教育出版社，2016.

[7] 许烺光.祖荫下.中国乡村的亲属、人格与社会流动[M].王芃、徐隆德译，台北：南天书局，2001.

[8] 费孝通.江村经济：中国农民的生活[M].北京：商务印书馆，2001.

展树立了里程碑式的意义。杨懋春也对自己家乡的乡村社区进行了研究,他以社会关系、家庭关系和村落关系为视角来分析村际关系和市镇对村落的影响[①]。杨懋春的研究关注了村落与外部世界的联系,认为城乡之间是一个有序的良性互动。张之毅、史国衡等学者则关注了20世纪三四十年代乡村副业、乡村手工业、作坊工业在乡村区域的发展[②]。

纵观中国区域社会的研究脉络,早期传统的社区研究侧重于村落社区内部的结构与功能,很大程度上忽略了社区与周边区域的关系,具有一定的局限性。但早期的社区研究为后来学者们有意识的研究提供了比较研究基础,并在此基础上形成了一定的区域研究观。

20世纪四五十年代以来,对中国区域社会的研究逐渐开始走向了"超越村庄"的范式,弥补了村庄社区个案研究的局限性,打开了独特的视角和思路。"超越村庄"研究范式主要以施坚雅、黄宗智、弗里德曼、杜赞奇等学者为代表。

美国人类学家施坚雅在对四川集市研究的基础上,提出了"基层市场"的相关理论,他认为基层市场区域的大小与人口密度呈现反方向变化,而且,大多数基层市场的范围可以让最边远的村民很方便地步行到达。因此基层市场区域自然而然的就成为农民进行各种社会交往的社区,市场不仅仅是空间的和经济的体系,还是社会和文化的体系[③]。施坚雅对基层市场的研究通过探索更大范围区域内部的社会经济结构及其性质,改变了人们通常从行政区划视角来研究中国区域社会的思路,将宏观与微观、经济与社会、上层国家与低层村落结合起来。

弗里德曼反对把村庄作为研究单位,而是将宗族关系放置于区域社会的大背景中,通过宗族来研究超越乡村的区域社会。在弗里德曼看来,宗族是超越村庄而存在,宗族之间关系连接起来所展示的图景足以呈现出区域的特征,并且宗族网络可以延伸至区域社会的边界,宗族内的各种亲属关系以及械斗、合作、联姻等互动关系共同构成了区域社会[④]。弗里德曼的理论反映了无须通过局部反映整体,而需以"宗族网络"这样的研究单位为切入点,在更大、更广的空间维度中探索中国社会的

---

① 杨懋春. 一个中国村庄:山东台头[M]. 张雄译,南京:江苏人民出版社,2001.
② 张之毅. 易村手工业[A]. 费孝通、张之毅. 云南三村[M]. 北京:社会科学文献出版社,2006.
③ [美]威廉·施坚雅. 中国农村的市场和社会结构[M]. 史建云,徐秀丽译,北京:中国社会科学出版社,1993.
④ [英]莫里斯·弗里德曼. 中国东南的宗族组织[M]. 刘晓春译,上海:上海人民出版社,2010.

运转。

不同于费孝通的"村庄功能范式"和施坚雅的"基层市场范式",黄宗智从新古典经济学的方法入手,在农户经济关系的层面考察了乡村结构与社会关系。黄宗智主要通过满铁在华北和长三角村庄的调查材料进行了研究,实现了宏观层面与微观层面的对接,提出了将国家与村庄、国家与农民连接起来的"三角关系"理论[1]。此外,黄宗智还对研究的村庄进行了村庄的拓展与区域的比较,试图探索中国农村的演变型式。

杜赞奇也运用了满铁在华北地区的调查资料,深入研究了20世纪30年代华北地区国家政权建设中国家与乡村的关系,提出了"权力与文化网络"这一独特的解释模式[2]。杜赞奇以"政治权力"和"社会权力"为载体将国家与乡村社会联系起来,弥补了施坚雅只注重"经济权力"的不足,也在方法上理想地改变了"传统村落范式"无法看见国家的弊端。杜赞奇通过文化概念整合了社会中的各种关系和权力,从而将农民、农户与社会相联系,实现了村庄与社会、村庄与国家、微观与宏观的连接。

施坚雅、黄宗智、弗里德曼、杜赞奇的"超越村庄"范式对中国区域社会的研究带来了巨大的影响,也启发许许多多中外学者的研究。如20世纪70年代,施坚雅的学生克瑞斯通过对中国台湾彰化地区的研究,提出"文化崎区"现象和"磁吸理论"[3]。科大卫在珠江流域宗族制度的研究中提出了"入住权"理论,在一定程度上补充了弗里德曼研究中宗族与地域社会关系。科大卫的研究呈现出宗族的多层次性,并关注于宗族与整个区域社会的运转[4]。

弗里德曼的思想和问题意识也对中国台湾地区的学界产生了影响,尤其是引起了"浊大计划"中一些学者对"祭祀圈"概念的思考。1972年7月,由张光直策划的"台湾省浊水、大肚两溪流域自然与文化史科际研究计划(简称'浊大计划')"正式启动,涵盖了土壤学、地质学、地形学、动物学、植物学、考古学、民族学等多个学科。"浊大计划"中的民族学研究本来偏重对台湾原住民族传统社会的研究,但在研究过程中也逐渐扩展到了对台湾汉人社会的研究。在"浊大计划"中,施振民、许

---

[1] 黄宗智.长江三角洲小农家庭与乡村发展[M].北京:中华书局,2000:330.

[2] [美]杜赞奇.文化、权力与国家——1900—1942年的华北农村[M].王福明译,南京:江苏人民出版社,1992.

[3] 庄英章.人类学与台湾区域发展史研究[J].广西民族学院学报,1998(2).

[4] 科大卫.皇帝与祖宗:华南的国家与宗族[M].卜永坚译,南京:江苏人民出版社,2009.

嘉明等学者对"祭祀圈"进行了定义，均强调了"主祭神"、共同的祭祀和一定的地域范围。到20世纪80年代，台湾学者林美容又进一步推动了"祭祀圈"的研究，她在对草屯镇田野研究的基础上，不断地完善"祭祀圈"的理论与方式，并且提出了"信仰圈"的概念。总的来说，"祭祀圈"和"信仰圈"的理论范式强调了区域神灵信仰与地域社会形成之间的联系，比较注重文化意义[①]。

在"超越村落"的范式中，学界由对中国微观社区的研究走向了更宏观的区域研究，打破了"特殊与一般""局部与整体""微观与宏观"的断层，从市场关系、经济关系、宗族关系、权力关系等方面发展出了"微观与宏观对接""村落、地方社会与国家相联系"的空间与网络视角。

从20世纪80年代开始，在受到欧美及日本学界影响的同时，中国内地关于区域社会的研究也逐渐走上了一条蓬勃发展之路。广东、福建地区的一批人类学、历史学者展开了对区域社会史的探索，如郑振满、刘志伟、萧凤霞等学者走进田野、收集民间资料，深入研究了地方社会与国家之间的关系，促进了"华南学派"的兴起。其中，郑振满通过与市集圈、乡绅理论的对话，提出了"以神庙为中心的神庙祭典模式"这一具有地方特色的区域发展模式[②]。科大卫和刘志伟的研究认为，宗族意识是在国家与地方的互动中形成的，人们在宗族组织所形成的地方秩序的同时也产生了对国家形成的认同[③]。萧凤霞和刘志伟在对珠三角族群历史的研究中，则注重了族群互动中文化仪式、商业手段和国家话语的作用[④]。

20世纪90年代，伴随着区域社会研究逐渐兴起，中国学界针对"区域研究"理论与方法也进行了深入的对话、交流与反思。陈春声认为"区域"是一个动态的分析工具，具有一定的开放性以及广泛、多样的外部联系，并不一定与地理边界对应[⑤]。杨念群对区域社会研究中的"宗族""庙宇"和"地方性知识"等人类学概念进行了深入剖析，并提出了"地方感"的概念，即外来者进入一个区域时应该培养与当地情境

---

① 孙振玉.台湾民族学的祭祀圈与信仰圈研究[J].中南民族大学学报(人文社会科学版)，2002(5).

② 郑振满.神庙祭典与社区发展模式——莆田江口平原的例证[J].史林，1995(1).

③ 科大卫，刘志伟.宗族与地方社会的国家认同——明清华南地区宗族发展的意识形态基础[J].历史研究，2000(3).

④ 萧凤霞，刘志伟.宗族、市场、盗寇与蛋民——明以后珠江三角洲的族群与社会[J].中国社会经济史研究，2004(3).

⑤ 陈春声.从地方史到区域史——关于潮学研究课题与方法的思考[A].区域社会史比较研究中青年学者学术讨论会论文集[C].2004.

相契合的"地方感觉"①。杨念群认为区域是一个流动性的概念,区域的边界没有什么意义,而关键在于问题意识,即我们面对什么问题以及如何去解决问题,因此只有在面对问题并想要去解决的时候区域才会呈现出来。潘海英则将区域看成是"人群互动和文化建构—合成"的关系网络,提出了文化合成论②。此外,吴滔则尝试从"城市—市镇—农村的连续体"的视角去关注区域研究③;成崇德带着跨区域研究与"大历史"的意识,通过考察农业、牧业、亦农亦牧等不同的生态经济区域,认为农牧分界线并不是简单的几何线条,而是亦农亦牧、农牧交错的过渡地带④。

进入 21 世纪,"水利社会研究"作为某一"核心价值"较突显的区域研究异军突起,华北区域的研究受到了关注。行龙将目光集中在"山西水利社会",探索人口、资源与环境的相互联系,以明清以来山西水资源的匮乏及其相关的问题为切入点,构建出"以水为中心"的区域社会研究模式,从而反映出山西地方的社会变迁⑤。赵世瑜则在水利社会的研究中,展现了人们如何利用权力与象征达到对公共资源的控制⑥。张小军将布迪厄对资本的分类引入了水利社会的研究⑦。总的来看,以往的区域社会研究主要围绕"土地",而区域水利社会的研究模式则提供了超越"土地"的独特分析框架。

道路研究为区域研究带来了新的跨学科探索,周永明在对川、青、藏、滇区域道路的人类学研究中,将"路学"概念引入学术视野,并于 2014 年在重庆大学人文社会科学高等研究院人类学中心举办了首届国际路学工作坊,出版了论文集《路学:道路、空间与文化》⑧。围绕路学,赵旭东提出了"由场所聚焦到线索追溯"的

---

① 杨念群."地方性知识"、"地方感"与"跨区域研究"的前景[J].天津社会科学,2004(6).
② 潘海英.文化合成理论在区域社会与文化类型研究中的应用[A].张江华,张佩国.区域文化与地方社会——"区域社会与文化类型"国际学术研讨会论文集[C].上海:学林出版社,2011:1—29.
③ 吴滔.略论明清南京地区的市镇发展[J].中国农史,1999(3).
④ 成崇德.历史上北方农牧界线的变迁与人类活动的关系[A].区域社会史比较研究中青年学者学术讨论会论文集[C].2004.
⑤ 行龙."水利社会史"探源——兼论以水为中心的山西社会[J].山西大学学报(哲学社会科学版),2008(1).
⑥ 赵世瑜.分水之争:公共资源与乡土社会的权力和象征——以明清山西汾水流域的若干案例为中心[J].中国社会科学,2005(2).
⑦ 张小军.复合产权:一个实质论和资本体系的视角——山西介休洪山泉的历史水权个案研究[J].社会学研究,2007(4).
⑧ 周永明.路学:道路、空间与文化[M].重庆:重庆大学出版社,2016:1—11.

"线索民族志"思路①。周恩宇在道路人类学民族志的实践中创立了包括"观念的优先性""空间形态的文化表达"及"空间影响力"的三位一体解释框架②。周大鸣在山西省介休市大靳村的田野调查中,研究了道路网络变迁对中国城乡结构的影响③。杜华君以"道路人类学"的视角,通过对宁夏北部重镇黄渠桥的田野研究,探索了道路对回汉民族共栖地域共同体地方生活、民族关系、文化变迁的影响④。

国内区域人类学研究在兴起过程中开始通过区域研究取向来理解历史的构建,打破了"区域边界"并聚焦问题意识,展现了改革开放以来中国的社会结构转型以及不同社会群体、族群的互动和关系。

三、中国民族学的区域研究视野

费孝通先生通过对"文化区域"的探索和归纳,在"何为中国"的中华民族格局宏观建构的思考中,提出了"民族走廊"的概念,并在此基础上建立了"中华民族多元一体格局"理论⑤,为中国的人类学区域研究提供了民族学的视野。

全国性的首次"藏彝走廊"专题学术会议"藏彝走廊历史文化学术讨论"于2003年召开,在学界产生了重要的影响。"藏彝走廊"的学术讨论引起了区域族群关系与族际互动研究的热潮,如王铭铭在藏彝走廊的研究中引入了"中间圈"的概念⑥;李绍明⑦、李星星⑧等学者从历史文化的层面探讨了藏彝走廊;石硕关注了藏彝走廊的文明

---

① 赵旭东.线索民族志:民族志叙事的新范式[J].民族研究,2015(1).
② 周恩宇.道路研究的人类学框架[J].北方民族大学学报(哲学社会科学版),2016(3).
③ 周大鸣.聚落与交通:"路学"视域下的中国城乡社会结构变迁[J].广东社会科学,2018(1).
④ 杜华君.黄渠桥之"道"——一个宁北回汉共栖地域共同体的民族学研究[D].兰州大学博士学位论文,2018.
⑤ 费孝通.中华民族多元一体格局[M].北京:中央民族学院出版社,2018:17—46.
⑥ 王铭铭.中间圈."藏彝走廊"与人类学的再构思[M].北京:社会科学文献出版社,2008:44—91.
⑦ 李绍明.藏彝走廊民族历史文化[M].北京:民族出版社,2008.
⑧ 李星星.李星星论藏彝走廊[M].北京:民族出版社,2008.

起源与民族源流①；袁晓文、李锦②、高志英③和刘志扬④等学者则关注了藏彝走廊边缘的族群与文化变迁的研究。关于岭南民族走廊区域，周大鸣、麻国庆、刘秀丽、张超等学者围绕该区域的族群交往、民族文化等方面进行了研究⑤。关于西北走廊区域，首届"西北民族走廊的文明、宗教与族群关系研讨会"于 2011 年在北京召开。在具体的研究中，秦勇章⑥论述了西北民族走廊的地理范围与民族文化格局；陈庆英、赵桐华等学者研究了西北民族走廊的历史渊源与民族迁徙⑦；马慧兰⑧、崔明⑨等学者着眼于西北民族走廊的文化特点。近些年，也有学者将区域社会的研究聚焦于"流域人类学"，如田阡梳理了中国人类学的研究范式从村庄社区研究到民族走廊研究再到流域研究的发展路线图⑩。

在都市与族群关系的研究中，关于区域社会中族群的认同层次，顾定国从居住区域和移居的角度分析了都市的族群认同层次⑪，他还认为族群认同层次最基础的是阶级、亲属关系、村落、本地行政区划、方言社区、省或区域，最后是像西北、西南这样的大区域⑫；张文宏、雷开春等学者主要从文化、族群、地域、职业、职位等方面的认同入手，研究了城市新移民认同结构，分析其差异与联系⑬。马建福从情境

---

① 石硕.藏彝走廊.历史与文化［M］.成都：四川人民出版社，2005.
② 袁晓文，李锦.藏彝走廊东部边缘族群互动与发展［M］.北京：民族出版社，2006.
③ 高志英.藏彝走廊西部边缘民族关系与民族文化变迁研究［M］.北京：民族出版社，2010.
④ 刘志扬.藏彝走廊里的白马藏族——习俗、信仰与社会［M］.北京：民族出版社，2012.
⑤ 梁宏章.概念与走向——2013 年"南岭民族走廊"学术研讨会综述［J］.民族论坛，2013（12）.
⑥ 秦永章.试议"西北民族走廊"的范围和地理特点［J］.中央民族大学学报（哲学社会科学版），2011（3）.
⑦ 陈庆英，赵桐华.关于西北民族走廊的思考［J］.西北民族大学学报（哲学社会科学版），2012（2）.
⑧ 马惠兰，刘源.关于西北民族走廊的文化特点和文化建设的思考［J］.中南民族大学学报（人文社会科学版），2012（6）.
⑨ 崔明.多元宗教生态系统与和谐民族关系构建——以西北民族走廊为例［J］.中南民族大学学报（人文社会科学版），2016（3）.
⑩ 田阡.村落·民族走廊·流域——中国人类学区域研究范式转换的脉络与反思［J］.社会科学战线，2017（2）.
⑪ 顾定国.都市内部的移居以及潜在的族群聚居区［J］.社会学研究，1990（3）.
⑫ 周大鸣.论族群与族群关系［J］.广西民族学院学报（哲学社会科学版），2001（2）.
⑬ 张文宏，雷开春.城市新移民社会认同的结构模型［J］.社会学研究，2009（4）.

互动的视角研究了生态移民区中的民族关系与族群认同[1]；周大鸣研究了澳门族群的认同层次[2]。在城—乡流动人口的研究中，王春光从社会时空的角度研究了新生代农村流动人口的认同过程和变迁意义[3]；周大鸣研究了珠三角本地人与外来工的族群关系[4]。也有许多学者关注了少数民族的城市化移民与社会适应，如王琛研究了苗族流动群体在城市谋求生计发展时的文化资本与交往边界[5]；汤多先研究了少数民族新生代农民工的社会适应与市民化[6]。杨文炯关注于西北城市回族社区，研究了城市少数民族在现代化转型中的文化自觉与生存发展[7]。

在"构建各民族相互嵌入式的社会结构和社区环境"提出之后，关于"民族互嵌式社区"的研究近来也受到了很大关注。在理论层面，严庆从民族关系或族际关系入手来阐释"民族互嵌"[8]；王希恩探讨了民族融合、交融和互嵌间的内在逻辑关系[9]，郝亚明分析了民族互嵌与民族交往交流交融的内在逻辑[10]；杨鹍飞研究了民族互嵌型社区建设的特征及定位[11]；闫丽娟、孔庆龙提出构建民族互嵌型社区的理论维度与现实基础[12]；曹爱军提出民族互嵌型社区的功能目标和行动逻辑[13]。在具体的实证实践中，

---

[1] 马建福. 日常生活中的民族关系：关于宁夏红寺堡生态移民区的研究[J]. 北方民族大学学报（哲学社会科学版），2015（6）.

[2] 周大鸣. 多元与共融——族群研究的理论与实践[M]. 北京：商务印书馆，2011：138—189.

[3] 王春光. 新生代农村流动人口的社会认同与城乡融合的关系[J]. 社会学研究，2001（3）.

[4] 周大鸣，田絮崖. "二元社区"与都市居住空间[J]. 山东社会科学，2016（1）.

[5] 王琛. 都市生存的文化策略与族群认同——对一个苗族流动群体的个案研究[J]. 深圳大学学报（人文社会科学版），2006（5）.

[6] 汤多先，王建伟. 我国少数民族新生代农民工研究的回顾与展望[J]. 北方民族大学学报（哲学社会科学版），2016（1）.

[7] 杨文炯. 互动、调试与重构：西北城市回族社区及其文化变迁[M]. 北京：民族出版社，2007.

[8] 严庆. "互嵌"的机理与路径[J]. 民族论坛，2015（11）.

[9] 王希恩. 民族的融合、交融及互嵌[J]. 学术界，2016（4）.

[10] 郝亚明. 民族互嵌与民族交往交流交融的内在逻辑[J]. 中南民族大学学报（哲学社会科学版），2019（3）.

[11] 杨鹍飞. 民族互嵌型社区建设的特征及定位[J]. 新疆师范大学学报（哲学社会科学版），2015（4）.

[12] 闫丽娟，孔庆龙. 民族互嵌型社区建构的理论与现实基础[J]. 新疆师范大学学报（哲学社会科学版），2015（11）.

[13] 曹爱军. 民族互嵌型社区的功能目标和行动逻辑[J]. 新疆师范大学学报（哲学社会科学版），2015（11）.

王平、严学勤对新疆塔城多民族和谐关系表征及形成原因进行了系统解析[①]；温士贤通过珠三角地区的案例研究，探讨了城市民族互嵌社区的多元类型与建设理念[②]；也有学者关注乡村区域的民族互嵌社区，如沙彦奋对多民族村落共同体建设与民族地区基层社会治理的研究[③]。

2014年中央民族工作会议和党的十九大会议上习近平总书记关于"中华民族共同体"的话语表述使"中华民族共同体"成为内涵丰富和外延稳定的概念，开始引起学界广泛的关注，形成了丰厚的研究成果。现有关于中华民族共同体的研究主要可以分为历史取向、理论取向和实践取向三类。历史取向的研究包括中华民族共同体的形态、演变发展过程等；理论取向包括中华民族共同体的内涵、意义、理论渊源、结构、形成机理、功能等；实践取向包括从政治、经济、文化、心理对中华民族共同体实践路径的探索研究等。中华民族共同体的相关研究为铸牢中华民族共同体铺设了坚实的理论基础，推进了中华民族共同体话语体系的进一步构筑。

中国民族学视野下的区域研究具有明确的实践性，其结合了"人文与地理""微观与宏观"以及"理论与实际"，注重区域的经济发展、区域经济协作、自然生态与人文生态之间的平衡，在正确认识中国的基础上寻求如何有效发展中国的路径。

四、关于洮州区域文化的研究

关于历史上的洮州区域，王玉祥[④]、杨士钰[⑤]、杜常顺[⑥]和丁汝俊[⑦]等学者研究了明

[①] 王平，严学勤.论民族互嵌与和谐民族关系的构建——以新疆塔城市的实证研究为例[J].新疆师范大学学报（哲学社会科学版），2015（9）.

[②] 温士贤.城市民族互嵌社区的多元类型与建设理念——基于珠三角地区的案例研究[J].贵州民族研究，2020（4）.

[③] 沙彦奋，马丹妮.多民族互嵌式村落共同体建设与基层社会治理转型——基于宁夏AH移民村的调查[J].贵州民族研究，2023（4）.

[④] 王玉祥.论朱元璋经略洮州[J].甘肃社会科学，2003（6）.

[⑤] 杨士钰.明初加强洮州卫建设的原因探析[J].中央民族大学学报（哲学社会科学版），2010（5）.

[⑥] 杜常顺.从"西番诸卫"看明朝对甘青藏区的统治措施[J].青海师范大学学报（社会科学版），1988（4）.

[⑦] 丁汝俊.论明代对西北边陲重镇洮州卫的经营[J].西北民族研究，2003（6）.

朝对洮州地区的开发、建设和经略；武沐、金燕红等学者从河湟多民族走廊的视野研究了洮州地区的建制、制度、经济、民族和文化[①]，重点关注了洮州地区的朝贡贸易和茶马贸易；晏波[②]、卢永林[③]关注了洮州地区明朝时的汉族移民；沙勇关注了明朝对洮州卫的经济管理[④]，还对明朝中后期洮岷地区汉族、藏族、回族等民族之间的互动进行了研究，认为在该时期居于这一区域的汉族、藏族、回族等民族在社会生活和文化交流等方面相互影响，共同发展，形成了互惠共生的良性互动关系[⑤]。

关于经济与族际互动，马磊对清朝和民国时期甘肃西南部边区市场进行了研究，认为在网络的诸多结点上，回商与蒙藏人民进行着广泛民间民族经济交往，对各级市场的兴起、发展起着重要作用[⑥]；敏文杰对临潭回商的商业结构变迁、商业类型变迁等方面进行了深入的研究[⑦]；敏俊卿等学者则从"中间人"的视角研究和探讨回商在青藏高原区域经济贸易所扮演的角色[⑧]。

关于洮州地区地域文化与社会互动的研究也吸引了许多学者的目光，这些研究也涉及了洮州地区的民间信仰与族际互动。关于民族文化，满珂、白蓉认为回族、汉族、藏族等民族文化的交融与共享使得民族间产生一定程度的相互认同，并为其进一步深入交往提供了前提[⑨]。李胜、傅育红探究了临潭新城的端午节"龙神赛会"习俗，阐释了这一节日文化具有象征性和文化寓意[⑩]。严学勤探讨了洮州龙神民间信仰的巡

[①] 武沐，金燕红.13—19世纪河湟多民族走廊历史文化研究［M］.北京：中国社会科学出版社，2017.

[②] 晏波.明初洮岷河湟地区的江淮移民研究——基于移民群体类型、来源地和数量的考察［J］.兰州学刊，2012（12）.

[③] 卢永林.明代汉族移民对洮州地区的影响［J］.求索，2016（4）.

[④] 沙勇.明朝对洮州卫的经济管理［J］.常州大学学报（社会科学版），2011（2）.

[⑤] 沙勇.明中后期洮岷地区汉族、藏族、回民族互动关系研究［J］.青海民族大学学报（社会科学版），2013（1）.

[⑥] 马磊.清代民国时期甘青藏区回商、市场与族际互动［D］.兰州大学博士学位论文，2016.

[⑦] 敏文杰.临潭回族的商业变迁研究［D］.兰州大学博士学位论文，2008.

[⑧] 敏俊卿.中间人：交流与交换—临潭旧城回商群体研究［D］.中央民族大学博士学位论文，2009.

[⑨] 满珂，白蓉.民族文化交融与民族关系研究——以甘肃省临潭县为例［J］.西南民族大学学报（人文社会科学版），2016（10）.

[⑩] 李胜，傅育红.临潭县新城端午节"跑佛爷"文化习俗探究［J］.西北民族大学学报（哲学社会科学版），2008（5）.

游和实际供养区域"马路"背后的文化边界问题①,认为"马路"作为一种特殊的地方性概念,对于理解多元文化地域的文化关系具有重要意义和价值②。王淑英在洮州地区龙神信仰的研究中认为,常爷崇拜打破了村落和族群的边界,在汉族、藏族、土族、回族等多族群共存的时空中实现了人们跨村落、跨族群的不同层次上的文化交流与认同③。阙岳在对民间文化认同的研究中认为,在近六百年的时段里,民间文化遂成为洮州各族民众认同并共享的地方性知识④。陈芳芳在研究中认为,龙神信仰是洮州地区族际互动的重要平台,对洮州地区族群关系的良性发展有着重要的作用⑤。

关于洮州青苗会,王淑英对青苗会的权力结构进行了研究,认为在青苗会组织中,神圣与世俗、精英与民间权力并存,权力类型较为多元⑥;范长风关注了洮州青苗会中的族群合作,认为青苗会作为最基本的社会组织形成一个个跨族群、跨村落的"星团",面对不同族群不同信仰的文化现实,创造了共享文化与知识的文化模式,使得地方社会与国家的关系在很长时段里保持稳定和有序状态,对我国边陲地区的多民族团结与社会治理起到了一个良好的示范效应⑦;阙岳关于洮州青苗会的研究,展现了这一传统中国社会组织的产生,以及如何将不同民族的过往结合起来,并在时代变迁中发挥着作用,成为凝聚多民族社会的重要事物,形成了一套包含不同群体互利共享的社会秩序⑧。

对洮州地区族际互动、民族关系的研究已经形成了一系列丰富的成果,提供了

---

① 严学勤.多元与共存——甘肃南部洮州地域宗教格局研究[D].兰州大学博士学位论文,2013:112—115.

② 严学勤.马路背后的文化边界——甘肃南部农牧结合区的文化边界与地方性知识研究[J].游牧社会研究,2016(2).

③ 王淑英,郝苏民.洮州龙神信仰现状的考察报告——以常遇春(常爷)崇拜为中心[J].西北民族研究,2009(4).

④ 阙岳.民族地区的民间文化认同——明清以来洮州地区汉民俗的传播与传承[J].西北民族研究,2011(1).

⑤ 陈芳芳.民间信仰中的族际互动研究——以洮州龙神信仰为中心[D].兰州大学博士学位论文,2015.

⑥ 王淑英,郝苏明.村落:民间社会的文化等级——以甘肃洮岷地区青苗会权利类型为例[J].西北民族研究,2010(3).

⑦ 范长风.青藏洮岷地区跨族群与联村型青苗会组织——兼论文化多样性的国家治理策略和地方性实践[J].华东师范大学学报(哲学社会科学版),2016(5).

⑧ 阙岳.第二种秩序:明清以来的洮州青苗会研究[M].北京:中国社会科学出版社,2016:11.

多民族地区民族文化交融共生、跨族群互惠合作与文化认同的社会实例,从区域经验展现了中华民族建立在多元多样性基础上的共同性、互嵌性和聚合性。洮州地区族际互动的研究或集中于历史渊源、文化格局,或以区域社会内部的社会及文化机制为出发点阐释多民族社会的凝聚与文化生产。而透过洮州这一多民族地区的社会文化空间、社会格局和历史脉络,可以看到洮州地域社会内生的文化秩序在民族交往互动、社会变迁中发挥着一定的调适作用,促进着洮州社会的内部维系以及洮州与外部社会的联系。而这种社会聚合、社会联结所具有的有机性、黏合性建立在一定的地域社会共同体基础上,通过内外多重力量的塑造,构筑了共同性的社会空间。由此,研究通过社会文化空间与地域社会共同体的视角将微观的社区研究与区域社会空间联系起来,探索在共同性空间下地方文化秩序、地方文化能动性所发挥的影响,关注民族交往交流交融、中华民族共同体区域基础中的族际互动与中华民族共有精神家园构筑。

第三节　研究设计与理论视角

一、研究思路

　　对于本书所研究的"洮州地区"而言,"洮州"这一概念具有相对性与变动性,其地域文化的意义是在社会互动与文化建构中形成的。本研究选取了洮州文化核心区域的微观社区,再通过区域性的文化线索和立体的区域空间结构,将微观社区与整个文化区域联系起来观察区域内外的多层次互动,以此来探索区域文化、跨区域文化及主流社会文化相协调的社会文化结构与民族交往路径。

　　多民族地区的地方社会为不同民族的交往交流提供了和谐共生的社会文化空间,跨族际的地缘性交往加强了多民族地区的社会纽带,并反映着各民族的人们对自然环境、人文环境的适应。一定地域的人们在与自然环境和社会环境的互动中为寻求生计发展、维持社会平衡而逐渐自发形成了区域性的社会秩序与规则,包括人们在互动中自发形成的社会交往、社会风俗、社会心理以及社会结构等社会事实。因此,通过对多民族社会文化空间中的地方文化秩序进行研究,可以看到地域性的民间社会文化在社会整合中所发挥的作用,及其如何将区域社会中的社会聚落、人、事、物紧密联系起来,如何协调地方社会的运转,最终对地方社会中人们的生产生活、社会互动产生影响。在洮州地区,多民族社会文化空间中的地方文化秩序维系着社会文化纽带,再加上重要的地理区位优势与文化交流传播效应,促进了区域文化、跨区域文化及主流社会文化的协调发展,创造了多民族地区良好的社会文化生态。

　　基于此,本研究的思路是:将洮州地方社会置于特定的地理和社会文化空间中,探索多民族区域中的地方文化秩序,研究地方文化秩序所发挥的社会效应,及其对洮州地区地域文化共同体和社会文化生态的影响。研究主要围绕以下几方面展开：第一，在洮州地区地理人文和经济社会背景的基础上，从行政建制、历史记忆和民间话语等方面来阐释洮州地域文化，并描述洮州地区的生计文化与民族分布。第二，分析洮州历史上民族走廊的民族交融、中央王朝对洮州地区的治理与经略以及多民族共同的生活场域，呈现出洮州多民族社会的历史脉络。第三，通过探索洮州地区的地方文化秩序，以此来分析洮州地方社会的文化构建、文化资源整合，以及联村社会的结构基础。第四，分析洮州文化区域民族社会的互惠合作和联村交互的社会特征，研究洮州地区跨村落、跨族际的生产性协作、仪式性合作，以及多民族共享的民间社会文化空间。第五，研究洮州在跨区域社会交换网络中所形成的社会联结，分析跨区域族际互动中的社会纽带。第六，在社会文化空间与地方文化秩序影响的基础上研究洮州地区多民族共生与交融的地域共同体，分析多民族地域共同体的社会空间、心理空间，以及多民族地域社会的共同性基础与社会凝聚。最后，总结洮州地域社会纽带的联结以及地域社会共同体的社会效应和意义。

二、研究意义

本研究的意义体现在理论与现实两个方面：

在理论方面，首先，本研究把握区域社会的相对性与变动性，从社会互动与文化建构的动态视角来研究洮州地方社会，探索地方文化秩序所发挥的作用和影响；其次，本研究关注多民族社会在地方文化秩序的调适中如何建立共生交融的族际社会纽带，探索洮州地区族际互动的社会空间，以及地域社会在人们与自然环境、人文环境互动中所发挥的能动性；最后，本研究将微观社区与大的区域性社会空间有机地结合起来，从区域文化、跨区域文化及主流社会文化的协调发展过程中来呈现洮州地区的社会文化空间与地域社会共同体。

在现实方面，其一，洮州地区多元文化的格局使各民族在地理分布、经济生活和文化习俗上既具有差异性又相互联系，并且民族间的交往、交流频繁，民族文化也发生着一定程度的交融。在多民族地区的地方社会中，不同民族的人们在频繁的交往与交流中产生了跨族际的地缘性交往，构筑了多民族和谐共生的社会文化空间与地域共同体，同时也为铸牢中华民族共同体意识提供了地方经验与区域视野。因此，关于洮州地方文化秩序与地域社会共同体的研究，对于探索民族交往交流交融的路径、民族地区经济社会发展、维护地区稳定、民族团结、铸牢中华民族共同体意识以及新时期的民族工作都具有重要的意义。其二，在乡村振兴的背景下，充分发挥地方文化资源，在现代化发展的同时更好地维持城乡协调发展，保护乡村振兴所依赖的社会文化生态显得尤为重要，而洮州地区作为文化交融的多民族地区，对区域社会文化生态的研究具有一定的文化借鉴意义。

三、研究方法

本研究将田野调查与文献研究相结合，遵循民族学、人类学与社会学所强调的研究方法，并注重人文主义的传统、实证主义的传统以及文化相对主义的传统。

田野调查作为民族学、人类学最基本的研究方法，注重对现存文化或当下社会的研究、分析，是获取"地方知识"、民族志撰写的重要途径。20世纪初，在马林诺夫斯基、布朗等人类学学者的主张下，实地调查的方法得到了肯定。马林诺夫斯基在特洛布里恩群岛的长时间田野调查中，通过学习"土著"语言、参与当地的活动、融入当地生活来近距离观察研究对象，获取了特洛布里恩群岛岛民生活的一手资料，并在对资料质性分析的基础上撰写民族志《西太平洋的航海者》。继马林诺夫斯基之后，经普里查德、格拉克曼、利奇等人类学学者的实践，民族志田野工作的模式被不断完善，最终成为现代人类学的标准模式。

参与观察和访谈是田野调查最广泛使用的调查法。在参与观察中，研究者通过进入田野调查地的社会生活中，从当事人的视角观察和理解调查地区一系列的文化事项，发掘文化场域中的行动意义，从文化脉络中对理论进行诠释。在访谈中，精心选择有阅历的报道人、知情人或是具有典型性的访谈对象。研究者围绕访谈对象自身的情况，了解嵌入在文化结构中的访谈对象的经历、状况、当地人的观念、想法以及其他问题，以结构访谈和无结构访谈的方式获取研究资料。此外，田野调查还可以配合调查会、问卷、谱系调查法、自传调查法、定点跟踪调查法等方式。本研究将田野调查作为主要的研究方法，采用了观察与参与观察、结构访谈、无结构访谈来收集资料。

通过对甘南洮州地区的历史、社会文化和民族互动等背景知识的了解，笔者产生一些思考,即各民族如何在交往交流交融中建立起互惠共生与共享的民间社会文化。人类学研究的资料虽然主要来源于田野调查,但对历史文化的搜集和利用也十分重要。历史文献往往可以作为田野调查中所观察到的各种现象的背景和注解[①]。笔者在调研前查阅了关于区域社会、民族关系、族际互动、民间信仰等方面的文献,并查阅关于洮州地区文化、地理、历史、民族等方面的相关资料,对洮州地区的历史文化、经济社会背景进行深入了解。本研究查阅和运用的资料包括古典文献、地方史志资料、民间文献等。

2017年7月至9月期间,为第一阶段的调研,主要在临潭县城——城关镇、初布乡的普藏什村、古战乡的尕路田村、大尕村、九日卡村、拉直村、卓尼县申藏乡的申藏村、下甘藏村、上甘藏村、郭大村以及柳林镇和朹哇土族乡进行了走访,做了一些关于民族交往、族际互动的访谈和简单的问卷调查,对洮州地区的历史地理、社会人文和民族关系的背景有了深入的了解。在这次调研中,我还认识了临潭、卓尼社会各界的许多朋友,包括公务员、事业单位人员、文化部门工作的人、当地的非遗传承人、民俗文化爱好者、商人、村民和牧民等,他们在调研中给予了我很大的帮助。

在调研的时候,我认识了大尕村的藏族大叔包白马,他带着我参加了大墩山的祭山神会。我还参加了兰州大学同一专业的回族同学马婧的婚礼,她的家乡也在临潭县,我通过这次婚礼看到了临潭回族独特的婚俗。此外,我还受当地朋友邀请,参加了几次浪山活动……调研结束离开临潭后,我回到学校撰写开题报告并准备开题答辩。2017年12月份顺利通过开题后,我于2017年12月底至2018年4月份主要在临潭县城关镇、临潭县古战乡、卓尼县申藏乡[②]进行第二阶段的深入调研,主要了解村落社区与跨村落的族际互动;春节期间了解洮州春节的民俗文化,其中去羊沙乡白土坡村观看了纸马舞的非遗展演,参加了出路村的一场三格帽藏族的婚礼;还利用冬天洮商们返乡的时机,走访了许多洮商,进行了深度的访谈。2019年5至6月、2020年12月、2023年8月进行了补充调研。

---

① 王积超. 人类学研究方法[M]. 北京:中国人民大学出版社,2014:157.
② 在田野调查时的行政区划为古战回族乡和申藏乡,后来改为镇。

四、理论视角

结合本书的主题和相关的问题,社会空间理论、社会交换理论和文化适应理论为本研究提供了重要的视角。

(一)社会空间理论

早期的社会学家倾向于通过客观的物理环境来理解空间。马克思在他的理论论述中隐含着一些空间的因素,将空间视作包括生产场所、市场领域以及资本运作等所依托的物理情境,并间接地触及了社会—空间辩证法的基本问题,为超越客观环境论的空间理论发展提供了一定的基本条件[1]。涂尔干从社会决定论的角度发展了空间理论,在他看来,不同的社会赋予了空间以不同的意义,即空间划分的社会差异性[2]。齐美尔除了空间的客观环境论,还从"心灵与互动"的视角对空间进行了思考,他认为"并非空间,而是它的各个部分的由心灵方面实现的划分和概括,具有社会的意义"[3],这种划界的思想构建出一种不同于客观物质环境的社会性空间,丰富了社会学的空间想象力。戈夫曼则通过舞台的类比,使用"前台""后台""局外区域"等概念,探讨日常生活中自我呈现的区域化问题,深入研究了空间区域的制度化特征与行动者的情境互动之间的内在联系[4],呈现出了空间化的社会学思想。

社会学之外的现象学思潮也为社会学空间研究注入新的思考,如海德格尔以人类主体的存在为中心来认识空间[5],梅洛—庞蒂则通过身体对世界的感知来理解

---

[1] Soja, E. W. Postmodern Geographies: The Reassertion of Space in Critical Social Theory [M]. London & New York: Verso, 1989: 126—127.
[2] [法]涂尔干·爱弥尔. 宗教生活的基本形式 [M]. 渠东,汲喆译,上海: 上海人民出版社, 1999: 22.
[3] [美]齐美尔·盖奥尔格. 社会学——关于社会化形式的研究 [M]. 林荣远译,北京: 华夏出版社, 2002: 460.
[4] Goffman, E. The Presentation of Self in Everyday Life [M]. New York: Doubleday, 1959: 251.
[5] [德]马丁·海德格尔. 存在与时间 [M]. 陈嘉映,王庆节译,北京: 三联书店, 2006: 128.

空间[1]。20 世纪中期以来，随着城市化发展，城市化空间对社会产生了巨大的影响，列斐伏尔以此建构起一个空间本体论的社会理论框架，他认为空间实践和社会的空间之间存在着微妙的相互作用的辩证关系[2]。关于空间的演变，列斐伏尔指出，空间实践（spatial practice）、空间表象（representations of space）与空间的表现（representational spaces）是互为一体的，依次对应着空间的物理维度、精神维度和社会维度。列斐伏尔的空间理论体现了社会关系的生产与再生产，生产实践是其过程，也是结果。由于涉及人类学社会关系的整合、重组与构建，空间生产又可以理解为"社会秩序的空间化"。在社会空间中，行动者们通过其行动进行着空间关系结构的生产与再生产，而空间的关系结构则生成和制约着行动者们的空间性的行动。

对于本研究所涉及的洮州地区而言，洮州地域文化的构建也可以理解为是一种空间生产实践的过程与结果，人们在社会互动中进行着社会空间秩序的构建，而社会空间秩序也在影响人们的行动。社会空间理论也延伸了洮州地域社会的空间想象，从而可以深入探索洮州地域社会空间中的社会纽带和内生文化秩序。

（二）社会交换理论

社会交换理论的思想最早来源于古典经济学中的交换思想、文化人类学中的交换思想以及心理行为主义与现代交换论，于 20 世纪 60 年代发育成熟。霍曼斯、布劳、科尔曼和埃默森等思想家都展开了对交换理论的探索，他们认为社会理论的特征是，生活于其中的行动者在同他人的关系中受其得到的酬赏或效用的需要的驱使而彼此交换资源[3]。社会交换理论在经典社会学中占据了重要的地位，在今天依然是广泛使用的方法，具有一定的影响力。

霍曼斯试图通过经验直接观察人类行为，在心理规律的基础上建立由心理学命题构成的演绎体系。霍曼斯提出了人类交换行为的五个命题，即成功命题、刺激命题、价值命题、剥夺—满足命题和攻击—赞同命题，以此来表示群体特性间的关系

---

[1] Merleau-Ponty. Phenomenology of Perception [M]. Translated by Colin Smith, London & New: Routledge, 2002: 115.

[2] Lefebvre, H. The Production of Space [M]. Translated by Donald Nicholson-Smith, Malden, Oxford, Carlton: Blackwell Publishing Ltd, 1991: 38.

[3] [美] 乔纳森·特纳. 社会学理论的结构（上）[M]. 邱泽奇，等，译. 北京：华夏出版社，2001: 274.

或群体特性与个人特性间的关系。但是，霍曼斯的理论主要基于人际层次的微观视角，倾向心理还原论，对社会结构的解释力有限。

布劳的交换理论将微观与宏观的视野结合起来，提供了兼顾个人互动与结构关系的分析框架。布劳在其著作《社会生活中的交换与权力》一书中对社会交换理论进行了系统的阐述。在布劳看来，社会交换理论描述的是一种社会现象的原型——人类在社会生活中的一切行为都会受到某种能够带来奖励、报酬或者其他需求的交换活动的支配，人类的一切社会活动都可以归结为一种交换行为，通过交换，交换双方不仅可以获得自身所需，而且通过交换过程形成了各种交换关系。布劳关于社会交换的研究从人际间较为简单的过程入手，逐步到大型社会结构中更为复杂的交换过程，他指出对社会交换过程进行研究的目的在于：通过分析人们之间的各种交往过程，作为分析由交换关系而形成的社会结构的基础，并指出由交换形成的复杂力量可以导致社会结构的变迁[1]。

埃默森将交换理论与网络分析结合起来，在他看来，社会结构是由行动者之间为寻求强化其资源价值而构成的。埃默森强调"依赖"是权力之源，资源的价值及其稀缺性则决定着依赖的程度。如果交换双方均有意于对方的资源，且所需资源均难以替代，两个行动者将表现出高度的相互依赖，在交换过程中相互之间都有绝对的权力，从而提高了结构性凝聚力[2]。埃默森的合作者库克关注了交换网络中行动者对其交换对象履行的义务，以及网络中的确定性对资源分配的影响[3]。库克与山岸俊男认为在网络一般性交换中，参与者之间在交换网络中存在着联系，行动者向他们提供资源的同时，他人也向其他的行动者提供利益。所以，网络一般性交换中的参与者要比群体一般性交换中的参与者更有可能合作，信任也更有可能得到发展[4]。劳勒继续拓展了埃默森的权力依赖理论，解释了交换关系中的情感性义务是如何产生的[5]。劳勒认为，高度的相互依赖与平等性会提高交换频率，而后者的提高会减少支

---

[1] [美]彼得·布劳.社会生活中的交换与权力[M].李国武译，北京：商务印书馆，2012：35—48.

[2] Richard M. Emerson. Power – Dependence Relations [J]. American Sociological Review, 1962 (1).

[3] Karen S. Cook and Richard M. Emerson. Power, Equity, and Commitment in Exchange Networks [J]. American Sociological Review, 1978 (5).

[4] Toshio Yamagashi and Karen S. Cook. Generalized Exchange and Social Dilemmas [J]. Social Psychology Quarterly, 1993 (4).

[5] Edward J. Lawler and Jeongkoo Yoon. Commitment in Exchange Relations: Test of a Theory of Relational Cohesion [J]. American Sociological Review, 1996 (1).

付的不确定性,唤起温和积极的情感,这两个因素分别或共同提高关系的客观化水平,使这种关系成为一个满足性整体,在本质上,超越了任何一次特定交换中具体的讨价还价与支付。客观化与关系性凝聚力一起提高了对交换关系的依赖与义务,而后者提高凝聚程度与群体构成水平[①]。摩尔姆补充了劳勒的理论,认为义务、信任与规范性期望的出现,是交换交易由一个依赖结构向相互依赖结构转型的结果[②]。

在洮州地区多民族社会的形成过程中,各民族之间的交往交流也伴随着社会交换的过程,通过共同生产生活场域中的互惠协作、经济互补与文化互动,在交换网络中通过社会吸引、信任、情感、义务等因素,在增强相互依赖的同时,也加强了社会结构的凝聚力。

(三)文化适应理论

20世纪30年代,罗伯特·雷德菲尔德、拉尔夫·林顿和梅尔维尔·赫斯科维茨三人在共同起草的《文化适应研究备忘录》中对文化适应进行了权威的界定。他们认为文化适应就是"用以解释如下一些现象:即当具有不同文化的各群体进行持续的、直接的接触之后,双方或一方原有文化模式因之而发生变迁"[③]。西格尔和沃格特于1954年也对文化适应进行了定义,他们将文化适应看作"是由两个或多个自立的文化系统相连结而发生的文化变迁"[④]。加拿大学者贝瑞通过对移民和土著民族的调查,提出了"跨文化适应模型",他认为:"完整的文化适应概念应该包括两个层面,一是在文化层面或群体层面上的文化适应,也就是文化接触之后在社会结构、经济基础和政治组织、风俗习惯等方面发生的变迁;另一个层面是指心理或个体层面上的文化适应,也就是文化接触之后个体在行为方式、价值观念、态度以及认同等方面发生的变化。"[⑤]贝瑞还认为文化认同过程面临两个重要问题,一个问题为"是否保

---

① [美]乔纳森·特纳. 社会学理论的结构(上)[M]. 邱泽奇,等,译. 北京:华夏出版社,2001:346—347.

② Linda D. Molm. Dependence and Risk: Transforming the Structure of Social Exchange [J]. Social Psychology Quarterly, 1994(3).

③ 马戎. 西方民族社会学的理论与方法[M]. 天津:天津人民出版社,1997:93.

④ Rudmin, Floyd W. Critical history of the acculturation psychology of assimilation, separation, integration, and marginalization [J]. Review of General Psychology, 2003, 7(1): 3-37.

⑤ Berry J. W. Psychology of Acculturation [J]. Nebraska Symposium on Motivation Nebraska Symposium on Motivation, 1989, 37: 201—234.

留本民族的原有文化特色和民族认同",另一个问题为"是否愿意发展与主流文化成员密切的关系,并接受他们的价值观"。并在此基础上提出了文化认同的四种策略,即整合、同化、分化和边缘化,其中最不利于文化适应的是"边缘化",而"整合"因为在原有文化与主流文化之间起到重要的平衡作用,成为了文化适应中的最佳策略[①]。从洮州地区民族交往交流交融的状态来看,洮州地区各民族之间在文化互动中的文化适应符合贝瑞理论中的"整合"策略,既在某些方面保留原有文化,也注重采用主流文化,形成了多元共生的文化生态。

五、田野点介绍

本研究选取的主要田野点为临潭县的古战镇、城关镇、新城镇以及卓尼县的申藏镇(原申藏乡),其中以临潭城关镇为中心的洮州西路区域(包括古战镇、申藏镇)作为田野调查的核心地点,洮州西路外围的区域作为田野调查的辅助地点。

(一)临潭县古战镇

古战镇位于临潭县西部,东与城关镇隔山相对,北接卓尼县阿子滩镇,南临术布乡,属山地、沟谷相间地形。辖古战、九日卡、拉直、甘尼、卡勺卡5个村委会,有25个村民小组,13个自然村。古战镇有1337户,5683人,其中汉族人口约占48%,回族人口约占33%,藏族人口约占19%。古战镇的调研范围主要选取了相邻的古战村、尕路田村、九日卡村、大尕村和拉直村。

古战村是古战镇政府的所在地,村民主要为汉族,靠近省道213线,交通十分便利。古战村的地势较为平坦,人口居住集中,房屋道路井然有序,形成有一定规模的集镇路坊。古战村里有龙神庙,供奉着安世魁(镇守西海感应五国都大龙王)。

从古战村顺着山沟向西约700米是尕路田村。尕路田村有汉族、回族、藏族三个民族,共42户,二百多人。最早迁到尕路田村的是肖姓的回族和李姓的汉族。1930年左右西道堂在尕路田村购置田地,几户西道堂的回族在此进行农业生产并沿山放牧。现在,尕路田村的回族西道堂信众有15户,华寺、北庄门宦的信众共有6户。

---

① 杨宝琰,万明钢.文化适应:理论及测量与研究方法[J].世界民族,2010(4).

尕路田村有清真寺一座，还保留着西道堂在集体农庄时期修建的大房子。尕路田村大房子于 2011 年被列为第七批省级文物保护单位，2020 年被列为第八批国家级文物保护单位。

从尕路田村向西 500 米的岔口再向西北方向为九日卡村和巴舍村（巴舍村一部分归卓尼县阿子滩镇），岔口向西南方向为大尕村。九日卡村、巴舍村、大尕村均为汉藏两族混合居住的村落。村落原来在附近的山上，后来由于地质灾害，村子于 2008 年实施了易地搬迁，迁入山下的沟谷地带。九日卡村、巴舍村、大尕村最早为藏族村落，属于杨土司管辖下的包吾什旗。村子里的汉族主要是由吃田地迁入或是集体公社时期从大古战（古战村）迁入。

大尕村向南的山坡上是拉直村。拉直村为回族村落，共 116 户，六百多人。在明朝初年的时候，就有几户回族人家迁到了拉直山上开垦田地，以农为主兼有畜牧业。拉直村老人口传最早迁入拉直村的是马姓和黎姓两家回族，马姓回族来自陕西，黎姓回族是从广州随军而来。民国十八年的兵变，拉直村也受到波及，部分村民遇难，也有逃亡外地的。1934 年之后，部分人重返家园。

（二）卓尼县申藏镇

申藏镇是以"姓氏"而得名，随音译逐渐演变为"申藏"（གཤིས་ཚང་）。申藏镇距卓尼县城 32 千米，北面是卓尼县恰盖乡，西临卓尼县阿子滩镇，东南与临潭县接壤，距临潭县城仅 7 千米。全镇辖区 7 个村委会，45 个村民小组，1717 户，共 8073 人，是一个藏族、汉族、回族杂居的地方。申藏镇地貌为中低山地形，海拔 2700 米左右，属高原性大陆气候。耕地面积 26270 亩，人均 3.15 亩；可利用草地面积 17 万亩，蔬菜大棚 373 座。粮食作物以小麦、青稞为主，主要经济作物有油菜籽、洋芋、燕麦等。畜牧业以牦牛、藏羊为主。有农牧民合作社 49 所，公司 2 个，互助社 3 所[①]。申藏镇的调研范围选取了申藏村、下甘藏村、上甘藏村和郭大村四个相邻的自然村。

申藏村是申藏镇政府所在地，总共有 133 户，554 人，民族格局为汉族与藏族杂居，村里的藏族妇女穿三格帽服饰。根据口述资料，申藏曾为回族、藏族、汉族杂居。在民国十八年的战乱后，因申藏人口不足，故从太平寨、流顺、长川、羊永等各地迁移了一些汉族、藏族耕种定居。申藏村的藏族主要有安、乔、张、李等姓，

---

① 马永寿. 卓尼县政区概览 [M]. 兰州：甘肃文化出版社，2016：146—147.

汉族有申、桑、安、张、王、雷、艾等姓。村里有藏传佛教寺庙一座，隶属于卓尼禅定寺教区。每年六月初一要祭祀村里的山神，六月十五与周边村落一起在奴那也山祭祀大山神①。每年的腊月、四月要请格鲁派的僧人念嘛尼。

下甘藏村位于申藏村偏西北的河沟向北约 3 千米，有 92 户，532 人，是一个回族村落，主要生计方式是经商和务农。据口述资料，现在下甘藏的回族中三分之二是甘藏本地，还有三分之一曾是申藏的回族。受民国十八年事变的影响，部分没有上庄的申藏回族迁到了郎木寺、夏河。下甘藏村回族的姓氏主要有敏、丁、马、黎，有清真寺一座，属于伊赫瓦尼派。关于历史记忆，村里老人说下甘藏村的教门原来是北庄门宦，最后归信了伊赫瓦尼。下甘藏村与附近塔那、长川及临潭城关古城等村的伊赫瓦尼信徒同属古城清真寺，每周五下甘藏的回族要前往临潭县城的古城清真寺参加主麻。开斋节、古尔邦节会礼的时候，由于古城清真寺面积有限，下甘藏、长川、塔那等村的伊赫瓦尼信众要在下甘藏村附近一个山顶的大草甸上礼尔德。下甘藏村还有几户西道堂的回族家庭，如今已经搬迁到了临潭县城。

下甘藏村顺沟往北约 1.3 千米为上甘藏村，有 56 户，241 人，也是一个汉族与三格帽藏族杂居的村落，其中还有两户蒙古族。据口述资料，上甘藏在中华人民共和国成立前有 8 户藏族和 8 户汉族。其中藏族是老户，汉族是当年吃田地者，来的时候同属于一个沙尼，发展到现在已有二十多户。上甘藏村的藏族有杨姓和乔姓两个姓氏，汉族有王姓和李姓。田野调查了解到，上甘藏村的乔姓藏族当年属于昝土司管辖的百姓，以前乔姓人出家是到玛奴寺。上甘藏村的蒙古族为王姓，祖辈是来自内蒙古察哈尔的鞋匠，如今生活习惯已经融入藏族。上甘藏村与申藏村在文化和生计方面相似，村子有藏传佛教寺庙一座，并祭祀自己的村落山神。

上甘藏村顺沟往北约 1.7 千米处为郭大村，共有 52 户，281 人，为藏族村落。郭大村的藏族属于牧区藏族，方言为安多藏语，与下甘藏村、申藏村的藏族在语言、服饰和文化方面有较大的差异。在对族群的称呼方面，下甘藏村、申藏村的藏族将郭大村的藏族称为"卓挂"，郭大村的藏族将下甘藏村、申藏村的藏族称为"戎哇"。郭大村的藏族信仰藏传佛教，属于恰盖寺的教区。郭大村由四个"哇固尔"组成，"哇固尔"与现在农村的"队"和"村民小组"相类似，汉语的意思大概为"帐篷组成

---

① 附近的上甘藏、郭大、仓科、古巴、长川等村的藏族和汉族也祭祀奴那也山神。

的集体"①。郭大村是一个由移民户陆续迁移所形成的藏族村落，后来杨土司的一个亲房也落户到了郭大。郭大村藏族的生计方式主要是半农半牧，其中牧业在其经济生产中比较重要，外出务工和经商的人相对较少。

（三）临潭县城关镇、新城镇

城关镇是临潭县政府所在地，古称"洮州旧城"，处于一个被大山环绕、北高南低的南北狭长谷地。城关镇的经济以农业为主，总耕地面积约 1.92 亩。城关镇辖 3 个社区 12 个行政村，包括城南社区、城中社区、城北社区、范家嘴村、青崖村、杨家桥村、教场村、西庄子村、城内村、上河滩村、下河滩村、郊口村、古城村、左拉村、苏家庄村。全镇人口 24268 人，其中汉族约占 32%，回族约占 62%，其他民族约占 6%②。城关镇的回族主要分布在古城村、城内村、郊口村、苏家庄村、左拉村、上河滩村、下河滩村、教场村、达子沟村、南寺巷、西庄子、大庙河、小咀庙、土毛滩。汉族主要分布在青崖、关背后、杨家桥、东城角。城南社区、城中社区和城北社区分布着各类科级单位、特殊行业单位以及居民住宅楼。总的来说，城关镇呈现出民族交错杂居的互嵌居住格局。

新城镇在临潭县城东 35 千米，为洮州卫城和老临潭县城所在地，地势起伏不平。新城镇的经济也以农业为主，兼有牧业，总耕地面积约 45852 亩。新城镇辖 20 个行政村，包括南门河村、东街村、西街村、后池村、端阳沟村、晏家堡村、丁家山村、东南沟村、东山村、扁都村、刘旗村、红崖村、李家庄村、羊房村、哈尔滩村、肖家沟村、吴家沟村、下川村、张旗村、口子下村等。全镇人口 23250 人，其中汉族人口约占 83.8%，回族人口约占 9%，藏族人口约占 7.6%③。

---

① 迟玉花.当代藏区村落社会研究［D］.兰州大学博士学位论文，2013：86—87.
② 临潭县志编纂委员会.临潭县志［M］.兰州：甘肃人民出版社，2008：38—39.
③ 临潭县志编纂委员会.临潭县志［M］.兰州：甘肃人民出版社，2008：39.

第二章
洮州地区的人文与自然空间

"洮水出西羌中,北至枹罕东入河"①,《汉书·地理志》记载了洮河的发源和流向。秦汉时期,人们对洮河流域已经有了较为清晰的地理认知。从临潭县和卓尼县境内发现的马家窑文化、齐家文化、辛店文化和寺哇文化的遗址和文物来看,早在新石器时代这里就有人类繁衍生息。在藏语中,洮河又被称为"碌曲",意为"鲁神之河"。洮河孕育着这片土地,而洮州的得名也与洮河有关。在历史的发展过程中,洮州既是行政建制的名称,也是洮河中上游流域的地域文化指代,行政建制的设置与洮州地方社会的发展共同影响着洮州地域文化的形成。本章主要概括洮州地区的自然地理和社会文化背景,叙述洮州地区的建制沿革、自然地理环境、民族经济状况、民族生计、文化格局以及民族结构与人口等。

---

① 〔东汉〕班固.汉书[M].北京:中华书局,1962:1610.

第一节 行政建制、历史记忆与民间话语

一、作为行政建制的洮州

《洮州厅志》记载了历史上洮州行政建制的废置无常,"秦汉以来为诸戎地。晋为吐谷浑所居,筑旧洮城守之。后周武帝逐吐谷浑而得其地,置洮阳郡,寻立为洮州"①。

洮河流域所在的河湟民族走廊区域,被古代汉文献称为"羌戎之地"。学界普遍认为辛店、寺哇文化与以游牧文化为主的羌戎诸族有着很大关系,属于氐羌文化②。《诗经·商颂·殷武》写道:"昔有成汤,自彼氐羌,莫敢不来享,莫敢不来王,曰商是常。"③可以看出当时羌戎诸族与中原的华夏族团发生着密切的联系与互动。

秦汉时期,洮州所在的洮河流域成了中原王朝的西部疆界,秦朝时为陇西郡临洮县(今岷县)辖地,汉朝时为凉州刺史部陇西郡临洮县辖地。《后汉书·西羌传》记载:"先零种复寇临洮,陇西太守马援破降之。"④秦汉时期是汉民族形成的重要时期,中原农耕地区形成了统一王朝的国家形态,加快了向边地的辐射拓展,洮州所处的半农半牧地理过渡区域自然地成了中原王朝与羌戎游牧部族争夺的地带。汉朝

---

① 〔清〕张彦笃、包永昌纂修.(光绪)洮州厅志[M].卷2,舆第·沿革,张俊立校注,北京:中国文史出版社,2013:104.
② 周星.黄河上游史前遗存及其族属推定[J].西北史地,1990(4).
③ 〔周〕诗经[M].周振甫译注,北京:中华书局,2018:517.
④ 〔南朝宋〕范晔.后汉书[M].卷117,西羌传,北京:中华书局,1965:2878.

对边地的羌人设官置尉,切断其与北方匈奴人的联系,有些羌人迁入塞内屯垦,形成了汉朝的一道军事保卫屏障。

魏晋南北朝时期是中国历史上统一之后的一次分裂时期,战乱频繁、政权更迭。在那个时期,从东北迁到青藏高原的鲜卑慕容部族建立了吐谷浑政权,统治着当地的羌戎诸族。公元491年,北魏孝文帝招谋权篡位的吐谷浑王伏连筹入朝,伏连筹则上表说自己有疾病,实际上"辄修洮阳、泥和城而置戍焉"[①],将洮州地区纳入吐谷浑的统治范围。

图 2-1 临潭县古战镇的吐谷浑"牛头城"遗址(2017年7月9日 耿宇瀚摄)

公元559年,吐谷浑王夸吕侵扰了凉州,北周明帝派贺兰祥、宇文贵讨伐吐谷浑,夺取了洮阳、洪和二城。公元561年,北周武帝置洮阳郡,在历史上首次设立了洮州。在此后的一千三百多年间,作为洮河中上游区域的行政建制,"洮州"一名被多次沿用。

进入隋朝,洮州的名字被保留下来,并下设了美相县,后并入了临潭县。隋炀

---

① 〔唐〕李大师,李延寿.北史[M].卷96,吐谷浑传,北京:中华书局,1974:3184.

帝时期，洮州被废，设置了临洮郡，即洮阳，"郡城三面临洮水，甚险"①。唐朝初年，"洮州"作为州一级的建制得到了恢复，根据《元和郡县图志》记载，洮州治所于630年（贞观四年）移至洪和故城（今临潭县新城镇附近），719年（开元七年）废入岷州，739年（开元二十七年）又将开元二十年设置的临州改为洮州②。隋唐时，洮州治所名称的改易、治所的不断迁徙，反映了洮州重要的军事战略位置，以及唐朝势力与吐蕃势力之间的争夺与博弈。隋唐时期，吐蕃王朝从雅鲁藏布江流域兴起，统一了西藏的各部，并不断向东扩展，吞并了吐谷浑。763年（广德元年），洮州被东进的吐蕃势力所攻陷，纳入到吐蕃王朝的控制之下。洮州地区的各族群也在吐蕃的东扩过程中逐渐被吐蕃化，形成了今天该地区藏族的雏形③。五代十国的后唐长兴四年（933），洮州地区的吐蕃势力归顺后唐，洮州被升为保顺军节度，实行羁縻政策，成为塞外十镇。

11世纪初洮州地区被吐蕃赞普后裔唃厮啰统治，北宋加封了唃厮啰保顺军节度使兼任藐川大首领，之后又封洮、凉两州刺史。后来，唃厮啰政权衰落，北宋于宋神宗熙宁年间对唃厮啰的势力范围展开了军事行动，"修复熙州、洮、岷、叠、宕等州，幅员两千余里，斩获不顺蕃部万九千余人，招抚小大蕃族三十余万帐"④。北宋与吐蕃继续在陇右地区上演着拉锯争夺，"元符二年，尝得之，寻弃不守。大观二年收复，改临洮城仍旧为洮州；三年升团练，建炎后没于金"⑤。在女真人建立的金朝兴起后，洮州地区被纳入其统治范围，设通佑堡和铁城堡。南宋与金也进行着领土的争夺，虽然洮州地区于公元1161年被南宋吴玲收复，但是后来又成为金的领地。

元朝统一后，洮州地区"属巩昌路，后属吐蕃宣慰司"⑥，下设可当县。元朝设立

---

① 〔清〕张彦笃、包永昌纂修.（光绪）洮州厅志［M］.卷2，舆第·沿革，张俊立校注，北京：中国文史出版社，2013：104.

② 〔唐〕李吉甫.元和郡县图志［M］.卷39，陇右道上·洮州，贺次君点校，北京：中华书局，1983：997.

③ 王文光，李宇舟.从吐蕃到藏族：一个多源合流的历史发展过程［J］.云南民族大学学报（哲学社会科学版），2014（4）.

④ 〔南宋〕李焘.续资治通鉴长编［M］.卷247，熙宁六年九月辛巳，北京：中华书局，1992：6022—6023.

⑤ 〔清〕张彦笃、包永昌纂修.（光绪）洮州厅志［M］.卷2，舆地·沿革，张俊立校注，北京：中国文史出版社，2013：104.

⑥ 〔清〕（乾隆）洮州卫志［M］.张俊立校注，北京：中国文史出版社，2013：32.

了三大宣慰司都元帅府来进行涉藏地区的军政事务管理，洮州属于其中的吐蕃等处宣慰司都元帅府（治所在河州）。《元史》载："洮州元帅府，秩从三品，达鲁花赤一员，元帅二员，知事一员。"[1] 建立元朝的蒙古统治者采取"因俗而治"的统治方式，结合当地的藏传佛教创立了"政教合一"的制度，设立宣政院来统领涉藏地区的世俗事务和宗教事务，将涉藏地区纳入国家政治体系中。

明洪武二年（1369），朱元璋对洮州地区用兵，扫除残元势力。明洪武四年（1371），明朝在洮州地区设置洮州军民千户所，隶属河州卫。明初实行的是军政合一的卫所制，洮州属于陕西都指挥司管辖，是西北地区防线重要的一部分。洮州于成化九年（1473）才在军政分置中设立了州一级的行政机构，隶属巩昌府，改军民指挥司为卫。明朝参照元朝对涉藏地区的"因俗而治"，承认世居土官、酋豪首领们的世袭继承，在此基础上驻派汉族流官，采取军事卫所的行政建制，实行"以流管土、以土治番"的政治模式[2]。清朝初期，洮州沿袭明朝的卫所制度，继续实行军政分治。顺治十二年（1655），洮州卫的左、前、后三所被裁撤，洮州卫也于雍正三年（1725）划归巩昌府管辖。清乾隆十三年（1748），洮州卫被改为洮州厅，隶属巩昌府管辖，原来的土司僧纲制度得到保留。

民国二年（1913），洮州厅被改为临潭县，作为行政建制名称的"洮州"不复存在。民国二十六年（1937），甘肃政府又在洮州的卓尼地区成立卓尼设治局，卓尼地区从行政区划上不再受临潭县的管辖。1949年9月11日临潭解放，中华人民共和国临潭县人民政府在"洮州"新城成立，属岷县专区管辖，1950年5月25日临潭县又划归临夏专区。1950年10月1日，中国共产党卓尼自治区工作委员会和卓尼自治区行政委员会成立，隶属岷县专区管辖，卓尼末代土司杨复兴宣布废除了卓尼的土司制度。1953年6月11日，临潭县政府的驻地由新城迁到了旧城（今临潭县城关镇），同年11月21日，甘肃省人民政府又将临潭县划归甘南藏族自治区[3]。1953年10月1日，卓尼县正式成立，属甘肃甘南藏族自治州管辖。1958年12月31日，卓尼县的建制撤销，合并到临潭县。1961年12月25日，卓尼县的行政建制又得到恢复。

洮州的得名与洮河流域有着重要的联系，在历史的发展过程中，洮河流域的行

---

[1] ［明］宋濂，王祎. 元史［M］. 卷87，百官三，北京：中华书局，1976：2195.
[2] 刘星，曹群勇. 羁縻与怀柔：论明王朝对安多藏区的治理［J］. 青海民族大学学报（社会科学版），2013（3）.
[3] 1955年7月1日甘南藏族自治区被改为甘南藏族自治州。

政建制在"洮州""临洮"和"洮阳"之间变换①,这些名称也成为了洮河中上游流域的区域地理文化象征。在秦汉时期,洮河流域代表着王朝疆界;而在中原王朝与吐蕃势力的争夺中,洮河流域又成了流动的文明边界,不同的文化也在文明的互动中交流交融;随着元明清时期多民族国家的统一,洮河流域在各民族的交往交流中产生了和谐共生的族际关系与共享的地域社会文化。因此,作为行政建制的洮州在历史的发展过程中构建了洮州的地域文化和历史记忆,也形成了洮州地方文化的基础。

二、作为历史记忆和民间话语的洮州

作为行政建制的"洮州"虽然已经不再沿用,但作为历史记忆和民间话语的"洮州"依然鲜活地存在于洮河中上游流域的地方文化中。在行政建制取消之后,洮州厅虽然被临潭县和卓尼县取代,但是"洮州"作为一种文化惯性影响下的地理文化区域概念仍然在被使用。"洮州"所承载的地域文化对区域社会的影响是深远的,它在塑造地方社会历史记忆的同时,也唤起了人们的地域情感和认同。在地方知识分子、外来学者与民间社会共同的文化自觉和文化探索中,"洮州"作为民间话语的地域文化概念在地方文化互动中发挥着重要作用。

(一)地理概念与文化惯性

从公元561年北周置洮州一直到民国二年复设临潭县,"洮州"在洮河中上游流域地区留下了深深的文化烙印,在行政建制发生变化后,它成了一种嵌入在地域文化中的地理概念。20世纪30年代,在顾颉刚、王树明等一行人对洮、河、陇、岷地区的考察中,王树明将临潭、卓尼的部分考察报告命名为《洮州日记》,他依然使用"洮州"来指代这一地理区域范围。同样在那一时期,于式玉在临潭的考察中也摘抄记录了私立第二完小学生演唱的《洮州歌》:"黄叶菜,黄又黄,洮州是我的老故乡。"②可以看到,不论是对外地人还是本地人来说,都还是习惯于用"洮州"来称呼

---

① 历史上洮河中上游流域的行政地名经常在"洮州"和"临洮"间变换。历史上的临潭郡治所并不是在今天的定西市临洮县,而是隋唐时在今天的临潭。今天的定西市临洮县在古时称为武街、狄道。
② 于式玉.黑错、临潭、卓尼一带旅行日记[A].于式玉藏区考察文集[M].北京:中国藏学出版社,1990:143.

临潭、卓尼所代表的洮河中上游地域。

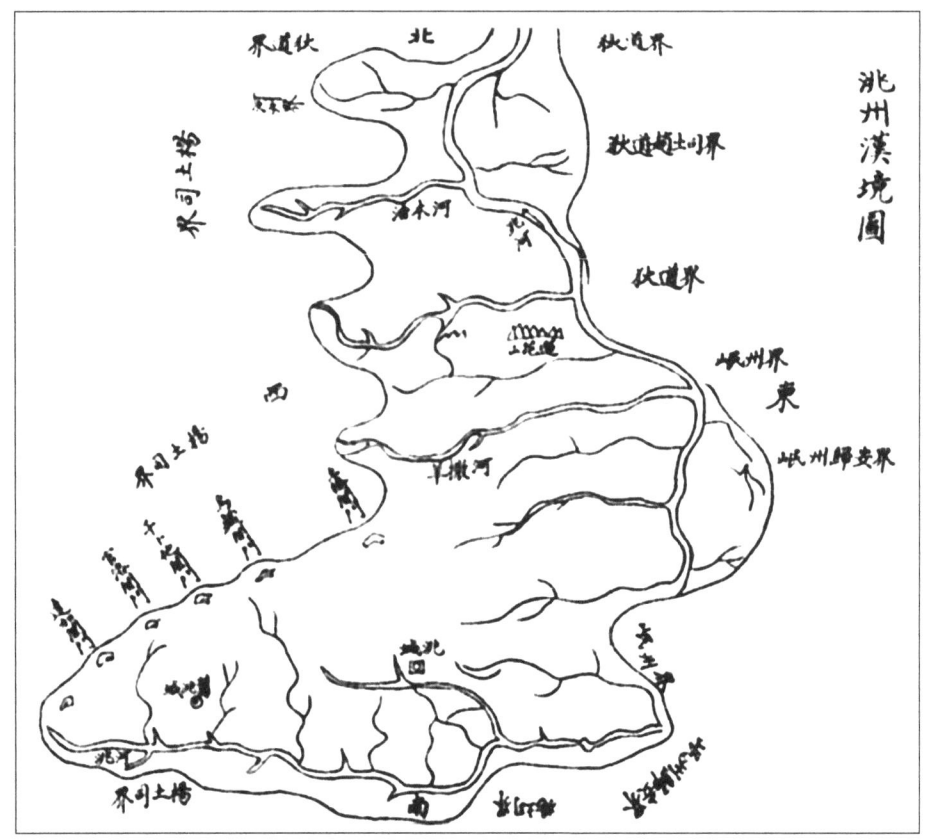

图 2-2 洮州汉境图（清光绪版《洮州厅志》）

《洮州厅志》卷二《舆地》记载了清光绪年间洮州的大致疆域：

> 东西距 180 里，南北距 170 里。东至元山坪（今岷县维新乡境内）接岷州界 90 里，西至甘卜他（今卓尼县阿子滩镇境内）暗门 90 里，南至洮河 30 里，北至京古城（今景古镇）接狄道（今临洮县）州界 140 里，东南至西番壕（今临潭县三岔乡、洮滨乡与岷县西寨镇交界处）接岷州界 60 里，东北至官堡接渭源界 90 里；西南至答家（今卓尼县阿子滩镇境内）暗门 90 里，西北至上八角山顶石礅接河州界，110 里。环疆 780 里，面积 21507 方里。①

---

① 〔清〕张彦笃、包永昌纂修.（光绪）洮州厅志［M］·卷 2, 舆地·疆域. 张俊立校注，北京：中国文史出版社，2013：103—104.

《洮州厅志》所描述的疆域大致上包括了洮州文化区域的范围,由于从明朝时洮州就在"因俗而治"和"土流参治"的基础上形成了多元复合的多民族共同参与管理、防御的社会体系,因此洮州的民族格局是"民族杂居与民族聚居"并存,具有民族交融、互嵌和多元的文化特征。在自上而下的官方文化与扎根土壤的地缘性民间文化的融合中,洮州地区通过地域文化的构建形成了一定的方言、民俗、民间信仰、民间传说、风土人情等。再加上处于多民族地区和民族走廊区域,因而洮州文化受民族文化交融的影响很深。

明朝是洮州地方文化形成的重要时期,明朝对洮州的经略很大程度上奠定了这一地域的社会格局与民族格局,构成了洮州地方文化的社会基础。洮州从农耕文明与游牧文明之间流动的边界,到明朝时逐渐开始形成稳定的民族互嵌格局,地方文化秩序在其中发挥着调节作用,维系着洮州地区的社会纽带,并且对更大范围跨区域的文化互动也产生了影响。从明朝的军屯、土地开发,到地方社会的民族交往互动,再到多民族地域文化共同体的形成,洮州地方文化所产生的文化惯性也在无形中对地方社会产生了一定的社会效应,并在社会互动的过程中不断影响着地方文化的整合与构建。

(二)历史记忆与社会情感

顾颉刚在《西北考察日记》中写道:"此间汉族、回族人士,问其由来,不出南京、徐州、凤阳三地,盖明初以戡乱来此,遂占地为土著;其有家谱者,大都皆都督佥事、指挥佥事,及千户、百户之后。"[①]在田野调查中,临潭、卓尼地区的很多汉族、回族,不论是城里人,还是乡村的农民,总会有意或无意地提到自己的祖先来自南京纻丝巷,认为自己是明朝军屯的后裔,这样的群体历史记忆在整个洮州地区有着广泛的民间基础。甚至还有本地的知识分子曾向南京地方志办公室的陈济民先生写信探讨交流,询问当年的应天府有没有"纻丝巷"这个地名以及移民的情况。同时,《南京晨报》的记者也对此事进行了关注,在报道中谈到了甘肃甘南洮河一带仍然保留着南京的传统习俗,如女子的发型、服饰具有江南特色,明代的移民出发点"竹子巷"和"都司巷",以及明初徐达对洮河流域的征伐。南京地方志办公室的陈济

---

① 顾颉刚.西北考察日记 [A].甘肃文史资料选辑第28辑:甘青闻见记 [M].兰州:甘肃人民出版社,1988:60—61.

民也在回信中这样写道：

> 传说毕竟是传说，众口相传，天长日久是会走样的，但两地相距千里，六百余年来传说的主要内容惊人地相似，不能视为无稽之谈，应该说它传达了历史的某些信息，兴许是历史的印证。南京的故事发生地是七家湾，那么七家湾其地以前是否叫纻丝巷，现已无从查考，但当地人的家谱及众人口耳相传，不能是空穴来风。这种思祖寻宗的情感理应得到充分的尊重。今日七家湾已是繁盛的居民区，祝愿两地居民永远幸福祥和。[①]

在历史上，洮州地区屯田的承担者主要包括明朝经略洮州过程中从江淮一带迁徙来的汉族、回族随军民户，从内地派到洮州卫任职的流官及其部下和家属；也包括被招募的陇右、关西地区的流民，流徙边地的罪犯，还包括逃荒避乱等自愿归附的移民等。因此，明朝以来洮州移民人口的来源地区构成是多元的，但是在新的洮州地方文化的形成过程中，明朝洮州卫的设置和开发的历史对地方社会产生了重要影响，奠定了地方社会文化的民间基础，也在文化互动中构建起地方社会的历史记忆。保罗·康纳顿认为："个人生活的叙述，是相互关联的一组叙述的一部分；它被镶嵌在个人从中获取身份的那些群体故事中。"[②]在地域文化的形成过程中，人们的认同感也在加强，并产生了强烈的地域文化归属感。而明朝经略洮州的历史记忆不断地在文化互动中被构建，最终成为一种习以为常的民间叙事，使人们将地域文化的认同嵌入在群体记忆中。

虽然行政建制发生改变，但关于"洮州"的历史记忆深深地扎根于地方社会的文化土壤中。"洮州"也成了地方文化中的精神象征，唤起人们对地域文化的集体情感，也激发了"历史记忆"中的"江淮情怀"。而作为多民族地区，洮州地区在族际互动过程中也产生了多民族共享的民间社会文化与文化传统，使洮州文化以核心区域向洮州管辖和影响范围下的牧区和民族地区扩展，最终洮州地域文化也成为洮州地区与周边民族区域的文化纽带。

---

① 中国人民政治协商会议临潭县委员会文史资料委员会.临潭文史资料第九辑：茶马古道上的临潭[M].兰州：甘肃民族出版社，2018：20—34.

② [美]保罗·康纳顿.社会如何记忆[M].纳日碧力戈译，上海：上海人民出版社，2000：18.

(三) 文化自觉与民间话语

"洮州"作为地域文化的精神坐标，不仅构建了洮州的历史记忆、唤起人们的地方情感，也在一定程度上推动了人们在地方文化场域中的文化自觉。

对于洮州地区的普通民间百姓而言，洮州地方文化是与日常生产生活紧密联系在一起的，其文化互动的实践有时候在无意识中就会产生。在长期的地方文化构建中，洮州地区的民间传说、民间艺术、年节民俗、民间信仰、花儿以及地方知识等都是地方文化体系中的重要组成部分，不仅协调着地方生产生活的运行，也影响着人们的文化心理，并在文化互动中构筑了民间文化的话语体系。因此，洮州地方文化所蕴含的内生力量也在日常生活中影响着人们的文化认知与文化意识。一方面，人们在地方文化的互动中，完成自身所需的生产生活实践，另一方面，也通过地方文化的互动加强了地域性的社会纽带。民间社会中有意或无意的地方文化互动过程也存在着某种文化秩序，在社会的运行中发挥着一定的社会效应。在这一互动中，每个人都通过文化实践被联结在地方文化的意义之网中。

在地方政府的推动和地方社会文化的交流互动过程中，地方知识分子、文化名人、学者以及各社会群体也是地方文化自觉的推动力量。他们在地方文化认知过程中产生的文化自觉也是建立在洮州地方社会的民间基础上，同时又在现实层面通过文化生产影响民间社会的文化自觉。在地域社会中，人们对地方文化有着一定的历史记忆与地域情感。临潭本土作家敏奇才谈道："我的创作源泉来自对洮州故乡的挚爱和眷恋，多年来，是故乡的历史人文、风物景致滋养着我、召唤着我、激烈着我。"[1] 如在洮州地区，地方作家、文学爱好者、文化爱好者、非遗传承人等文化群体组成的文化组织、朋友圈，通过各种文化活动、自发的文化研究、文化创作，不断地挖掘和构建洮州文化，也为洮州地方文化注入了活力的源泉。如《临潭县志》、《临潭县志（1991—2006）》两部社会主义新方志的编修凝结了许多洮州文人和地方学者的心血。像新城东陇诗社和新洮文学社这样的文化组织也推动着洮州本土文学发展[2]。

《洮源花树》是临潭当地的甘南州洮州民俗文化研究会主办的地方杂志，不仅向外宣传和介绍洮州文化，也成了当地民间文化学者的学习交流平台。在《洮源花树》

---

[1] 马桂珍.洮州深处的乡村牧歌——访作家敏奇才[N].甘南日报，2022-06-01（3）.

[2] 中国人民政治协商会议临潭县委员会.百年临潭实录·新中国卷（上册）[M].北京：中国文史出版社，2019：330—356.

创刊五周年时,研究会举办了一场关于"发掘传统文化遗产,弘扬民族精神风貌"的恳谈会。在会上,洮州花儿协会的武锐先生对洮州文化谈了一些看法:

> 首先我想界定一下洮州这个文化地理概念,自从洮州厅这个行政地理概念随着民国的到来而消失在漫漫历史长河中后,这块大地由临潭县、卓尼县等取而代之,然而洮州这个文化地理概念是不会消失的,它在地界上北起康乐县景古城,西界阿拉双岔,南接迭部县下迭,西壤岷县西寨,也就是说洮州包括今天的临潭、卓尼全部,还包括迭部、碌曲、康乐、岷县的部分地区,然后环境使然,交流着共同洮州方言,形成了共同的历史积淀,共同的地域心理,共同创造了洮州灿烂的多民族多元文化……这一切都是影响洮州民俗文化的多元支柱,这一切也是研究洮州民俗文化的多元模块。我个人觉得我们洮州的民俗文化研究发掘才刚刚起步,值得做的工作还很多很多,还需要爱好文化的研究者们付出更大的努力。①

2020年,临潭县政协委员会启动了洮州边墙的考察工作,临潭各单位一些地方文化爱好者自愿参与并组成考察队。经过一年多的时间,考察队对临潭、卓尼境内的洮州边墙及其相关的城堡、关隘、墩台、壕堑等遗迹进行了实地的走访、勘测和拍摄,使洮州的边墙文化得到了有效的搜集、整理和挖掘。洮州边墙遗迹大部分都在荒郊野外或深山密林之处,有些地段需要考察队员们带着干粮徒步前往,考察工作充满了艰辛。

考察队员彭世华考察记录节选②

2021年3月8日

第一次进入公众视野的暗门。据当地牧民说此沟为龙多(隆德)。边墙最高处为5米,宽4米,顶宽约1.5米。北为大斜坡,被灌木覆盖,南侧夯筑明显。河东墙体坍塌殆尽,临绝壁。现存墙体上有拱形暗门,高约1.1米,宽约1米。西有边壕向崇山峻岭延伸。进入此沟,甚为不易,五菱宏

---

① 甘南州洮州民俗文化研究会.洮源花树珍藏版(内部资料)[Z].2012:7—8.
② 该资料由彭世华提供。

光沿牧道行程约半小时，沟内冰雪覆盖，滩涂难行，只能弃车步行，择路前往，约一个半小时，方到达目的地。

2021年4月21日

为探考洮州边墙最东段，出冶力关，入景古，采访，踏访了明洮州卫与临洮府界景古古城和旧城，后从下戚家入沟，想抵达扎那山东侧一探究竟。山极高，弯极急，还好，天晴，路是水泥路。上盖寺拉尕，过大山沟村，穿石潘家，登尼那墩。远望莲花山耸入云端，拱北石林横亘眼前，洮河环绕在群山之中，栅子山白雪苍茫。下墩采访，说由放羊路可到扎那山，是当年走八角的便道，现在林木茂密，怕已无人走了。可以说，洮州边墙东止于康乐与临潭县插花的扎那山的说法是可信的。

2021年6月4日

昨日踏考第一段边墙，接白石山林中边壕，从冶海小三峡峡门开始，边壕沿北坡直上，穿行于桌坪山的沙棘丛中，好几段都需钻行，到白杨沟梁后分两叉，左侧环绕小三峡右侧斜坡，大体至天然石墙，右侧直抵白杨沟石崖。往北，则是青土坡梁，有一圆柱体石崖突兀于山坡之巅。半走半歇，至石崖旁，发现本是石群，再向北，又是石崖，沿山梁斜插。远远巡视，惊喜发现这山梁就是青崖山，木栅河边壕在东南方山坡上。此坡难下行，直陡无路，林木臻密，直线距离约百米处，为青土坡东侧边壕。第二段边墙行程，考察队从边古梁山口开始，沿草甸向南端山谷挺进，至梁南边时，地势起伏，山谷罗列，边壕若隐若现，红桦、白杨、青松、野杏等树木将群山装扮得美丽无比，空气也格外清爽。多处边壕密不透风，只能择坡绕行，挂杖协助，以防滑脚，而坠落万丈高的康多峡谷。下行半程后，林间地势稍缓，边壕弯弯曲曲迂回，阳光透入林间，更添无限风光。谷中水声渐渐响亮，大致推断应接近三岔河了。队员长啸高歌，相互照应，缓解乏意。继续下行，突然发现谷底公路，顿觉希望明朗，精神更添百信，的确是三岔河交汇处，三岔河景区的红房子就在眼前了。边壕更急更陡了。壕头伸向嘴东河滩（已成断崖），路则偏向嘴西，直达合冶路。止此，三岔河至八角大山段边墙踏考工作基本完成。

考察队的工作人员在长达一年多的考察中不仅有着踏踏实实、不畏艰辛的精神，还有着对家乡故土和洮州文化的满腔热爱。这一次洮州边墙考察活动不仅为洮州边墙留下了翔实、宝贵的资料，也是洮州文化人、知识分子的一次深入的文化交流与文化探讨，使人们对洮州文化以及洮州的边墙文化有了新的认知，同时也为洮州地域文化赋予了更多的文化活力和文化内涵。

从作为行政建制的洮州，到作为历史记忆的洮州，再到作为民间话语的洮州，洮州地区的人们在民间文化的实践以及地方文化的构建中，完成了文化自觉的过程。"洮州"这一文化地域概念不仅是洮河中上游流域民间社会中的文化象征，也与一定的地方文化秩序联系起来。

第二节　地理空间看洮州

本节首先分析洮州的自然地理空间，然后从多民族走廊与区域视野探析洮州与外界的区域联系，从而更为立体地看洮州的自然形貌与自然资源分布，认识洮州地域的自然环境背景。

一、洮州的自然地理空间

洮州区域内的临潭县和卓尼县位于甘肃省南部的甘南藏族自治州，向东通向岷县、漳县，向北通向康乐、和政，向南通向迭部、四川省若尔盖，向西通向合作和碌曲。从行政区划上看，临潭县和卓尼县呈犬牙交错状的插花分布，临潭的北、西、南三面被卓尼环绕。这样的行政划分并没有分割作为文化统一连续体的临潭和卓尼，两县在日常的经济、文化以及社会生活中的联系仍然十分紧密。

从总体的自然地理状况来看，洮州区域内的临潭县、卓尼县主要是沟壑纵横的高山丘陵地带，而这横贯洮州全境的山脉属于西顷山的山系。西顷山是昆仑山系巴颜喀拉山的支脉，其主体在甘南州的玛曲、碌曲两县境内。西顷山的主峰哲格拉臣肖（海拔4510米）位于玛曲县尼玛乡境内，山系向西延伸至青海省境内，向东延伸至洮州区域内，大致呈现出南、中、北三支。洮州地区的人们在日常生活中将南支山系称为"南山"，将北支山系称为"北山"，"南山"和"北山"与他们的生计文化有着密切的联系。在田野调查中，当地人经常会回忆起以前去南山林或者北山林捡柴的经历。

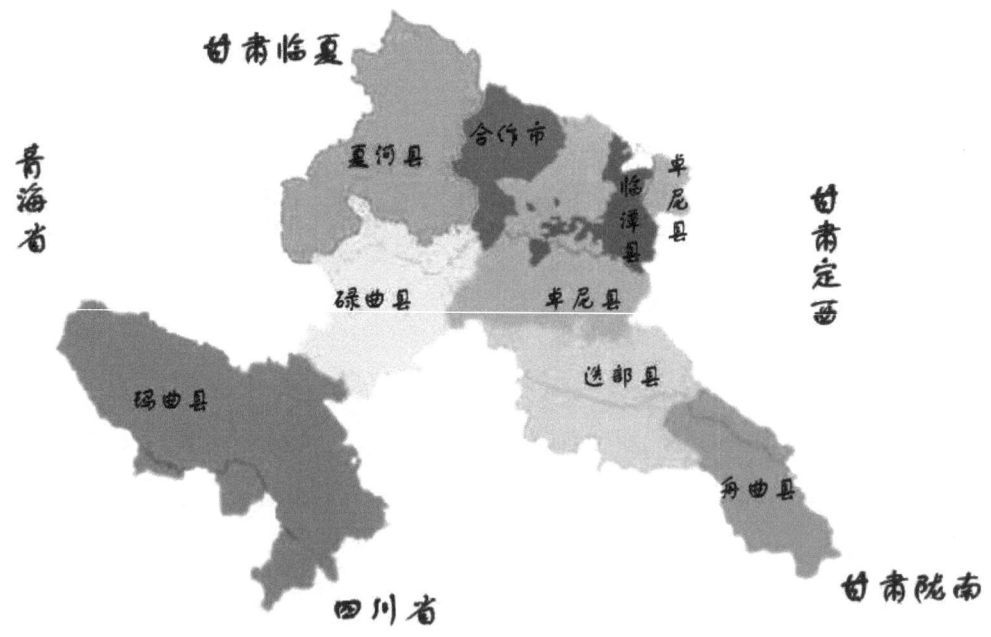

图 2-3 甘南藏族自治州行政图　耿宇瀚绘

洮河发源于青海省海南藏族自治州境内的西倾山北麓勒尔当，在群山起伏中向东奔流，穿过碌曲、合作境内，然后进入临潭、卓尼一带。《水经注》记载了洮河的发源："洮水与垫江水俱出嶂台山……洮水同出一山，故知嶂台，西倾之异名也。"[①] 可以看到公元 6 世纪的人们就已经对洮河的地理方位有了一定的认知。洮河从扎古录镇进入卓尼境内，流经临潭的术布乡之后又再次进入卓尼境内，在岷县北折又经过临潭的陈旗、卓尼的洮砚、藏巴哇等地，之后流出洮州地域。洮河拥有延曲、周科河、科才河、括合曲、博拉河、卡车沟、车巴沟、大峪沟、迭藏河、羊沙河、冶木河、三岔河及广通河等主要支流，径流较为丰富。在洮州沟谷纵横的地理空间中，泉水、溪流和支流最后汇入洮河干流，构成放射状的水系网。

洮州境内东西流向的洮河夹在南支山系与中支山系之间。洮河以南的南支山系是洮河与白龙江的分水岭，山体较为险峻，主要山峰包括华尔干山、别瓦隆、桑布梁、光盖山等，海拔均在 4000 米以上。卓尼南部与迭部交界处的山脉又称为迭山，其主峰扎伊克噶海拔高达 4920 米。在临潭、卓尼调研时，南支山系犹如屏障，经常会映入眼帘，其中一段山体有一个大缺口，被当地人称为"石门"。迭山的山脊岩石

---

① 〔北魏〕郦道元. 水经注校正 [M]. 陈桥驿校正，北京：中华书局，2007：45—46.

裸露，经常可以看到积雪，这一景观在历史上被洮州的文人称为"迭山衡雪"，并被列入"洮州八景"之一。南支山系还分布着广袤的森林资源，主要以寒温性针叶林为主，还有温性松林和落叶阔叶林。

图 2-4　洮州地形图①　耿宇瀚绘

洮河以北的中支山系，相比于南支山系和北支山系海拔较低，沟坡较为平缓、开阔。中支山系主要由腊利大山、斜藏大山、大石山和业利大山等山峰组成，山麓之南的依山居住地也被洮州当地人称为"半山"：

> 就像你走的那个卓逊卡尔，那一道，我们这个地方叫"半（bang）山"。他们住在半山腰，所以叫作半山。山上的村庄有个特点，就是半农半牧区，背靠大山，它适宜放牧，面朝耕地，适合耕地。（WR，男，45 岁，汉族，医生，临潭长川人；访谈地点：临潭县城关镇；访谈时间：2017 年 9 月 17 日）②

---

① 图片来源：百度地图，耿宇瀚标注。
② 由于田野调查跨年度进行，书中同一被访者的年龄按所调查年度的年龄。

中支山系以北的北支山系，也被称为"北山地区"，主要由阿尼威当山、保儿子山（太子山）、白石山、庙花山、候旗大山等山峰组成，为甘南藏族自治州与临夏回族自治州之间的天然屏障。山体大多为裸露的岩石，也分布着一些森林资源，以及峡谷森林草甸、高寒亚高山草甸和灌丛草甸等类型的草场。羊沙河、冶木河两条洮河流域较大的支流由西向东穿过北支山系险峻的高山峡谷地带。

综上所述，西顷山东段的南、中、北三支山系，以及径流丰富的洮河水系网，共同构成了洮州地区的地理空间。总的来说，在洮河流域至中支山系区域，山势较为低缓、开阔的川地较多，为农业生产较为集中的区域，分布着洮州主要的城镇和农业村落；洮河以南和南支山系区域森林资源较为丰富；中支山系以北的"北山地区"分布着许多草场，主要为牧区。

二、民族走廊与区域视野

费孝通先生于 1978 年首次提出了"藏彝民族走廊"的概念，之后又概括出了"西北民族走廊"和"岭南民族走廊"。费孝通认为："六江流域天然的河谷通道，民族种类的繁多，支系复杂，相互间密切接触和交融。对这条走廊展开文献和实地田野调查"，"能对'中华民族多元一体格局'有一个比较生动的认识。"[①] 在费孝通看来，北部草原地区、东北部高山森林区、西南部青藏高原区、云贵高原区、沿海区和平原区等六大板块，连同藏彝走廊、西北走廊、岭南走廊三大民族走廊，共同构成了中华民族的聚居区。在费孝通的基础上，李绍明在 1994 年的"'藏彝走廊'历史文化学术讨论会"上也对"民族走廊"的概念做了界定："民族走廊是费孝通先生根据民族学界多年来的研究提出的一个新的民族学概念。民族走廊指一定的民族或族群长期沿着一定的自然环境——如河流或山脉——向外迁徙或流动的路线。在这条走廊中必然保留着该民族或族群众多的历史与文化沉淀。"[②]

---

① 费孝通. 给"'藏彝走廊'历史文化学术讨论会"的贺信 [A]. 石硕. 藏彝走廊：历史与文化 [C]. 成都：四川人民出版社，2005.
② 李绍明. 藏彝走廊研究与民族走廊学说 [A]. 石硕. 藏彝走廊：历史与文化 [C]. 成都：四川人民出版社，2005：10—11.

正是由于民族走廊上丰富的历史与文化积淀，关于民族走廊的研究就像是了解民族关系的一把钥匙，对区域与族际互动、民族交往交流交融等研究都具有重要的启示。三大民族走廊之一的西北民族走廊主要由河西地区、河湟地区和洮岷地区组成，洮州地区正好处于西北民族走廊的区域范围内。民族走廊区域表现出生态的多样性、较强的文化变异性和流动性。而将洮州置于民族走廊区域的大视野中，不仅可以看到洮州地域文化在形成过程中是如何伴随着与周边区域的交流互动，还可以从动态视角来分析作为区域纽带的地域共同体如何发挥民族交往交流交融的作用。

从走廊区域的地理环境来看洮州，虽然西倾山脉的北支山系和南支山系犹如天然屏障一样将洮州地区环绕，形成一个相对隔离的地域社会，但是走廊地带的区位又使得洮州与外界发生着广泛而频繁的交流与互动。在古人看来，洮州"西控诸番，东屏两郡，南俯松叠，北蔽河湟，西南之要害也"[①]。洮州具有重要的军事战略地位，作为古代西北边防重要的一环，对于区域的控制以及边地社会的安定都具有重要的意义。由于位处民族走廊地带，其在跨区域的文化交流、民族交往、社会互动中都发挥着一定的纽带作用。

西北民族走廊上的民族迁徙，大致分为两个主要阶段。第一个阶段是早期氐羌、月氏等古代族群为寻求新的牧场和耕地所进行的自然迁徙；在第二个阶段，除了一些自然性的迁移，主要是秦汉以来周边民族政权或者王朝在各方势力此消彼长的过程中所进行的有目的和计划的迁移[②]。经过几千年的交流与互动，早已形成了以三大走廊、六大区域为框架构成的"中华民族多元一体"格局。

对于西北民族走廊上民族分布状况，费孝通先生曾谈道：

> 这条民族走廊正处在青藏高原东麓和横断山脉及中部平原之间的那一条从甘肃西北部沿祁连山脉向南延伸到沿甘肃边界和四川北部的狭长地带。在这里居住着一连串人数较少的民族，如裕固族、保安族、土族、东乡族、撒拉族以及羌族等。他们夹在汉族、藏族、蒙古族和回族等人数较多的大民族之间，他们的语言、宗教和生活方式都各自具有其特点，同时又和上

[①] 〔清〕张彦笃、包永昌纂修.（光绪）洮州厅志[M].卷2，舆地·形胜，张俊立校注，北京：中国文史出版社，2013：106.

[②] 陈庆英、赵桐华.关于西北民族走廊的思考[J].西北民族大学学报（哲学社会科学版），2012（2）.

述的较大民族有密切的联系。①

如今的民族走廊区域,虽然在文化上具有多元性、差异性的特点,但却通过跨区域的交往、交流,在经济、文化、社会等方面产生着跨区域、跨族际的互补、互惠与互助。对于洮州地区来说,正是民族走廊地带上的跨区域社会互动与交流,使其在保持地域文化特色的同时,又与其他区域发生着密切的联系文化、社会联系。

---

① 费孝通.青春作伴好还乡——为"甘肃土人的婚姻"中译本而写[A].费孝通文集(第14卷)[C].北京:群言出版社,1999:178.

第三节　生计文化与民族分布

洮州地区正好处于童恩正所提出的"边地半月形文化传播带",即"数千年来,中国从东北到西南,始终存在着一个边地半月形文化传播带,这一传播带由大兴安岭沿长城沿线至河套一带,再由河湟区域转而南下,然后沿青藏高原的东缘,直达滇西北与西藏山南地区"[①]。而民族走廊上的"横断山区""河湟洮岷"等很大一部分区域正好位于"边地半月形文化传播带",并且这些区域也是民族文化多元、农牧交汇的自然过渡地带。自然环境与民族的经济文化类型有一定的关系,也在一定程度上影响着民族的分布。对洮州地区而言,在海拔 2700 米以下多为农业区,以农业种植为主兼有少量畜牧业;从 2700 米往上开始的半农半牧区,随着海拔的升高,农业种植减少,畜牧业的比重在增加;2900 米以上为纯牧区,生计以畜牧业为主[②]。洮州地区由于多元、复杂的自然地理环境,因而产生了多元的民族生计文化。

一、农业经济带与城镇聚落

洮州地区所在的农牧交错带地形复杂,人们在生计发展中产生了"河谷—高地"两种自然环境、人文环境的二元区分现象。在长期的生计发展过程中,洮州地区的河谷产生了一些农业聚落,有着简单的农业种植,但由于自然地理条件的限制,农业经济规模较小。明朝对洮州地区的军屯开发,以及有计划和有目的性的农业人口

---

① 童正恩.试论我国从东北到西南的边地半月形文化传播带[A].文物与考古论集[C].北京:文物出版社,1987.

② 宗喀·漾正冈布等.卓尼生态文化[M].兰州:甘肃民族出版社,2007:209.

迁移，使洮州地区逐渐形成了嵌入在牧区中的农业经济带和城镇聚落。这一区域主要分布着汉族、回族和生计方式为农业或半农半牧的藏族。

（一）农业经济带

洮州地区的农业种植区主要分布在洮河流域谷地以及洮河与中支山系之间的川谷地带。其中，临潭的大部分地区为农业种植区；卓尼的洮河谷底、北山低谷、冲积滩地带，还有东北部洮河东岸的藏巴哇、洮砚等地也以农业为主。洮河沿岸的河谷区，如石门、王旗乡等河谷川地，具有一定的灌溉条件，气候较为温暖，农作物的成熟也要早于洮河与中支山系之间的丘陵、谷地。洮河与中支山系之间的丘陵、谷地，也就是洮州的中、西部半干旱丘陵区①，只有少量的清泉流水和多数的干涸山谷，耕地的分布也十分碎片化，存在许多梯田。受自然条件的限制，中支山系一带基本不具备灌溉条件，只能依靠自然雨水浇灌，再加上气候冷而干旱，因而有多灾低产的特点。

洮州地区的主要农作物有小麦、青稞、油菜、洋芋、燕麦、豌豆、大豆等。在进行田野调查的洮西地区很少能见到小麦，以青稞和其他农作物为主。笔者于2018年冬季在卓尼县申藏村对农民生计状况进行了了解②，申藏村及周边村落的粮食作物主要是青稞和大豆③。农民生产的青稞主要换成面粉，油菜籽用来榨油，一般情况下可以自给自足。大豆和小豆一般是出售或是用作饲料，燕麦留作草料。也有一小部分村民这些年尝试种植中药材，AYX④种了33亩当归，但因为缺乏经验，他认为近年的尝试不太成功。在镇政府的推广下，申藏村大概有10户人家种植了大棚反季节蔬菜。ZGX⑤的家有两个蔬菜大棚，主要种植辣椒、西红柿、黄瓜和西葫芦，一共种

---

① 这一区域包括临潭的城关镇、新城镇、流顺、羊永、长川、城关、古战、卓洛等，还有卓尼阿子滩、申藏、喀尔钦乡的部分区域。

② 笔者在申藏镇政府获得的经济作物的亩产和单价数据如下，亩产为：小麦300—400斤，青稞350—450斤，油籽200—250斤，豆子250—350斤，洋芋1000斤左右；单价为：小麦1元/斤，青稞1.25元/斤，油籽3元/斤，大豆2.6元/斤，洋芋1元/斤。每亩平均费用包括籽种、肥料、农药、播种收割打碾雇佣机械和人工等费用，小麦、青稞豆子、油籽每亩大约需要150—210元，洋芋每亩需要70—120元。

③ 大豆在以前并不种植，是由于这几年因为气候变暖才开始种。

④ AYX，男，汉族，35岁，务工，卓尼县申藏村人；学历：小学；访谈地点：卓尼县申藏村；访谈时间：2018年1月4日。

⑤ ZGX，男，藏族，51岁，电工，卓尼县申藏村人；学历：高中；访谈地点：卓尼县申藏村；访谈时间：2018年1月6日。

了六年，每年能挣大约三万多元。部分村民兼有养殖，以猪和藏羊为主。

农业生产的收益有限，再加上近几年的农业机械化使人们有了更多闲散的时间和精力，申藏村的汉族和藏族青壮年劳动力在春季播种之后便外出务工。由于人力资本有限，大部分村民主要是在一些工地从事临时的水泥、水暖小工之类的工作。

> 种了20亩地，其中10亩是青稞。平时还在外面打水泥小工，一天挣120元，主要是在4—10月。11月份去左拉村干了太阳能光伏的工作，一个月工资是4500，是姑舅（舅舅儿子）给介绍的工作。前几年还养牛羊，这几年打工就顾不上养了。①

申大叔②的家庭在包产到户时分了50多亩地，三个兄弟结婚后每人分得了17亩。申大叔的土地中有青稞有5.5亩，油菜3亩，大豆2亩，豌豆3.5亩，洋芋0.5亩，还留了2亩空闲地。申大叔还于2008至2010年在内蒙古乌拉特前旗、达拉特旗、呼和浩特等地的建筑工地打工，后来还在柳林中学当了一学期的厨师，目前回到老家一边经营小卖部一边务农。申大叔说：

> 这几年收割开始用收割机，用了三年了。机器是租的，一亩地60块钱。第一年推广的时候，有些人还不用，最近两年基本普及了。青稞一亩400斤，清明过了种，处暑收，留点喂牲口，剩下的去临潭换粮食。（青稞）每斤1.2，一年换了10袋面，500斤，够三个人吃一年。油菜一亩100到150斤，清明过了种，立秋收，自己留着榨油，400多斤榨个180到190斤，够一年，油菜赚不到。大豆留了两袋，剩下全卖了。洋芋做粉条，有500到600斤。

申藏村是处于中支山系"半山"居住地的汉藏杂居村落，属于洮州的农业文化区，人们的生计方式主要是务工、务农、养殖和经商。申藏村附近的上甘藏村也为

---

① WYF，男，46岁，汉藏通婚家庭，务工，卓尼县申藏村人；学历：初中；访谈地点：卓尼县申藏村；访谈时间：2018年1月6日。
② 申大叔，男，汉族，52岁，农民，卓尼县申藏村人；学历：初中；访谈地点：卓尼县申藏村；访谈时间：2018年1月3日。

汉族、藏族杂居，生计状况和申藏村相似。申藏村旁边的下甘藏村为回族村落，主要生计方式是经商和务农。下甘藏村回族经商范围主要在四川、青海、西藏、福建等地，大多从事旅游纪念品、古玩、虫草等行业，也有人开杂货铺或饭馆，留在本地的人多从事牛羊贩运或者选择务工。也有部分回族年轻人前往青、藏、川地区，在亲戚或老乡的商铺里打工。村子养牛的户数较多，并有几个专业养殖合作社。下甘藏村的女人，不管老少都会一些刺绣的手艺，有些妇女还通过刺绣活赚些零花钱。上甘藏村北面的郭大村、尕郭大村为藏族村落，生计方式为半牧半农，其中牧业所占的比重较大。郭大村的藏族与申藏、上甘藏的藏族在文化、语言、服饰等方面有一定差异，牧区特色非常明显。

洮河与中支山系之间河谷地、低谷地和冲积滩地上的村落由于以农业为主的经济文化类型，其在军屯开发的过程中逐渐形成了嵌入在牧区中的农业经济带。在明朝以来长期的历史过程中，农业生产成了洮州文化核心区域的重要生计方式，与人们的日常生产生活、风俗习惯、民间信仰、文化秩序都发生着密切的联系。

（二）城镇聚落

洮州地区城镇体系的两大中心是新城（今新城镇）和旧城（今临潭县政府所在地城关镇）。位于农牧交错地带的洮州，不仅通过周期性的贸易集市满足着农业定居者的生产生活需求，也通过农牧互补的经济纽带成了与周边牧区重要的交易市场。施坚雅认为，市场不仅是空间的和经济的体系，还是社会和文化的体系[①]。我们可以把洮州地区基层市场区域看作是各民族社会交往的社区，市场空间结构在民族经济交往和生计文化中有着重要的影响。

洮州新城也就是今天的新城镇，最早为明朝修筑的洮州卫城。《洮州厅志》载：

> 明洪武十二年己未，西平侯沐英始建。周围九里，计长一千四百五十二丈尺。底宽二丈四，收顶二丈，高三丈。垛墙二千三十五堵，城门四座，城楼四座，东西南三瓮城，每处建碉楼三座，共碉楼九座。东曰武定门，

---

① [美]威廉·施坚雅.中国农村的市场和社会结构[M].史建云，徐秀丽译.北京：中国社会科学出版社，1993.

南曰迎熏门，西曰怀远门，北曰仁和门。池深一丈五尺。①

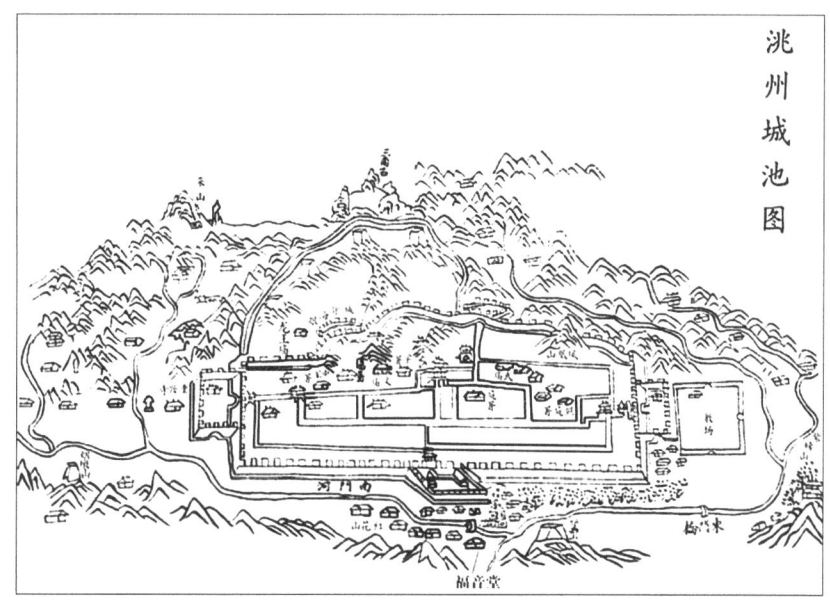

图 2-5 《洮州厅志》洮州城池图

洮州卫城的城墙遗址基本保存了下来，从临潭县驱车快要到达新城镇的时候，就可以在半山腰远眺到恢宏的古城址。洮州卫城和传统的城池相比具有很强的不规则性，东、南、西三面城墙围成矩形矗立在河谷地带，较为平整，东北、北、西北面的墙体沿山脊而建，有数座烽火台，显得十分有气势。如今，新城镇的主体主要在城墙内的平地部分，卫城城墙内的区域还有很大一块山地部分，主要是农田和空地。

临潭县城所在地城关镇被民间称为旧城，位于洮州新城之西，约有 39 千米的路程，之间隔着连绵的丘陵山地。洮河的一条支流小河穿过洮州旧城，现已干涸。洮州旧城所在川谷地较为开阔，城池规则。旧城的城墙没有保存下来，但是城内的巷道格局大致保留。《洮州厅志》载：

> 晋永嘉中吐谷浑所筑，后周逐吐谷浑而得其地。唐为临洮郡。明初城尽圮，始筑为洮州卫。城周二里，高二丈，长五百八十丈，底宽二丈，收

---

① 〔清〕张彦笃、包永昌纂修.（光绪）洮州厅志［M］.卷3，建制·城池，张俊立校注，北京：中国文史出版社，2013：139.

顶一丈三尺。设南西二门，南曰镇夷，西曰得胜。自改建新城，以其地为寨（塞），寻更为堡。万历元年，操守杨继芳重加修筑。其城西控生番，北枕番族，南通叠部，正东毗连新城，洵洮州之门户，华夷之枢纽也。①

虽然明洪武十二年洮州的治所由旧城迁往新城，但是洮州旧城依然具有重要的军事战略地位和经济地位，其经济地位要比洮州新城更胜一筹，固有说法："旧洮为洮州旧地，较新城为繁富，其俗重农善贾，汉回杂处，番夷往来，五方人民贸易者络绎不绝。"②民国时期，陈宝全在《甘肃的一角》中这样描述洮州旧城，"为内地与边民贸易中心，犹如察省（察哈尔）之张家口，其繁盛冠于洮岷"③。笔者在2018年冬天的田野调查中，也感受到了春节前置办年货期间临潭县城热闹非凡的场景，可以在熙熙攘攘的人群中看到丰富多彩的民族服饰。在2019年端午节的龙神赛会上，一位新城的老爷爷回忆中华人民共和国成立前的情景：

> 旧城最繁华，生意繁华的很。一挂是藏族，吃糌粑，挑粮食，一挂旧城街上要行着上去呢，他要吃呢。（旧城）每天都是逢集，天天有人，天天就是上去交流生意。临潭县在新城呢，十天一营的逢集。从前有小营就是五天，五日人少。初一、十一、二十一就人多。④

新城与旧城在洮州农业经济带上具有重要的作用，不仅构成了洮州区域空间体系的两大中心，也发挥着重要的政治、军事和经济的功能。在历史上，新城在明朝卫所制度下具有一定的社会与文化权力象征，而旧城由于茶马交易和大规模的商品集散成了名副其实的商业贸易中心，两座城镇相得益彰。在今天，临潭县的行政中心迁入旧城即今天的临潭县城关镇，但曾经的洮州治所——新城镇在洮州地方性民

---

① 〔清〕张彦笃、包永昌纂修.（光绪）洮州厅志［M］.卷3，建制·城池，张俊立校注，北京：中国文史出版社，2013：140.
② 〔清〕张彦笃、包永昌纂修.（光绪）洮州厅志［M］.卷2，舆地·风俗，张俊立校注，北京：中国文史出版社，2013：126.
③ 陈宝全.甘肃的一角［A］.中国西北文献丛书第四辑：西北民俗文献［M］.卷141，北京：线装书局，2006：191—192.
④ LYY，男，汉族，70岁，农民，新城端阳沟村民；访谈地点：临潭县新城镇端阳沟村；访谈时间：2019年6月7日。

间文化中具有重要的地域文化意义。

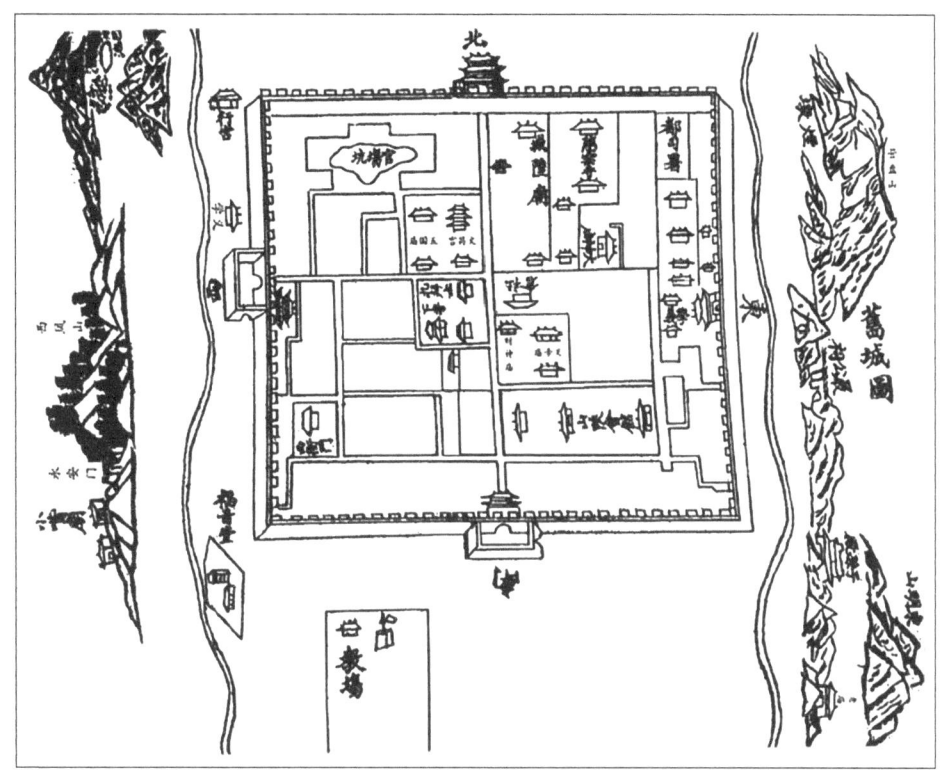

图 2-6 《洮州厅志》洮州旧城图

《洮州厅志》卷三《建置·墟市》记载:"六月寺集为骡马牛之所。十月寺亦然。此二集俱在卓尼。六月寺在六月初旬,十月寺在十月下旬,皆十日为期。"[①] 除了洮州新城和旧城,洮州地域范围圈内的禅定寺、郎木寺和电尕寺等藏传佛教寺院也形成了一些集市和商业聚落。

今天的临潭县城、洮州新城以及卓尼县城在城镇化发展中,现代化的超市、商场商铺雨后春笋般兴起,但还延续着传统的贸易场域,如传统的集市、庙会和自发性市场与农、牧民的日常生活联系十分密切。笔者在第一次调研时,看到了在西河滩西侧沿河的辅道,被当地称为背街,主要分布着一些经营布匹、衣服、鞋帽的小商铺。在洮州商城建立和中心街道改造以前,背街曾是临潭县城商业最繁华的路段,但衰落后每天也依然熙熙攘攘。2020 年底,笔者在临潭进行补充调研时,背街正在

---

① 〔清〕张彦笃、包永昌纂修.(光绪)洮州厅志[M].卷3,建制·墟市,张俊立校注,北京:中国文史出版社,2013:153.

被拆除，和消失的临潭骡马市场一样，成了临潭的历史记忆。而各商铺将被统一安置到新的商业交易场所，继续发挥其作用。每年春节前夕，是临潭县城商贸最为繁荣的时候，外出务工和经商的人返乡，汉族和藏族家庭也开始购置年货，洮州地区农、牧民们依然对商铺和自发性街边商摊的民族用品、生活用品有一定的需求。

二、草场与森林

洮州地区处于青藏高原的东缘，农区周围普遍的地貌是连绵起伏的群山和高原河谷，这些区域形成了以牧业为主，兼有农业和林业的人文生态。

（一）草场

洮州地区具有大面积的天然草场，分布着灌丛草甸草场、亚高山草甸草场、森林草甸草场、草原化草甸草场、草原草场等多样化的草场类型[1]，草场也被划分成了三个区[2]：（1）中山峡谷森林草甸山羊、牦牛放牧区；（2）中部草原化草甸改良牛、羊饲养区；（3）高寒亚高山草甸草场、灌丛草甸草场牦牛、藏羊放牧区。

总的来说，临潭县的大部分乡镇和卓尼县的柳林镇、纳浪乡、洮砚乡、藏巴哇乡以农业为主，卓尼的喀尔钦乡、扎古录镇、阿子滩镇、申藏镇、木耳镇、杓哇土族乡、临潭的术布乡等地为半农半牧，卓尼的尼巴乡、刀告乡、完冒乡、恰盖乡、康多乡等地主要以牧业为主。

笔者调研的卓尼县郭大村是藏族居住村落，现在主要的生计方式为半农半牧。在调研中，笔者对郭大村牧民SRJ[3]家里的生计状况进行了解。包产到户后，SRJ家承包16亩土地（按家里人口，平均每人4亩），分到6头牛、11只羊、1匹马。后来，SRJ的父亲在卓尼县大峪沟附近承包牧场。

> 那时候郭大村有45户，三百多人，村里的100头牛分给了这三百多人。1997年的时候，我父亲在卓尼大峪沟附近承包了牧场，一年大概

---

[1] 宗喀·漾正冈布等.卓尼生态文化[M].兰州：甘肃民族出版社，2007：208.
[2] 卓尼县志编纂委员会.卓尼县志[M].兰州：甘肃民族出版社，1994：266—267.
[3] SRJ，男，藏族，36岁，牧民；学历：小学；访谈地点：卓尼县申藏镇郭大村；访谈时间：2018年9月14日。

2000—3000元左右，后来我承接了父亲的牧场。刚开始承包有50头牛，现在有一百八十多头。

SRJ反映牧场的工作十分辛苦，他的妻子常年在牧场工作，夏天的时候每天要挤三次牛奶，凌晨3点一次；凌晨5点要将牛放到草场，上午11点多在草场用塑料壶挤一次；下午3点到4点，将牛赶回来，用木桶挤一次。SRJ家还亲自做酥油，每年通过酥油的销售能挣2—3万元。牧业的副产品主要有酥油、曲拉以及牛羊绒。牛羊绒一公斤能卖一百多元，一般是4月份的时候收绒，由SRJ亲自剪，有临夏、广河过来的商人收购。牛羊交易一般在八九月份，一张皮能卖200—300元。此外，地里种的草料主要供牧场的牛羊吃。SRJ说：

> 一斤能卖个四十元左右，回族、汉族都喜欢吃，旁边上甘藏、下甘藏的回族、汉族都会向郭大村的藏族买酥油，看望病人和生孩子的妇女都会买点酥油带上。

表2-1 卓尼县的草场分布

草场类型	海拔	分布区域
中山峡谷森林草甸山羊、牦牛放牧区	2000—3500米	分布于洮河以南沿岸及中部、东北部的半农半牧区：纳浪乡、木耳镇的秋古、多坝、出纳、七车、博峪、叶儿；喀尔钦乡的大力、达子多、录巴寺；扎古录镇的麻路、强岔、塔扎；刀告乡的盘桥龙多；恰盖乡的脑索、力加；杓哇、康多的光尕、大庄、白土咀、多玛、岔巴；藏巴哇乡的巴都、柏林等地乡镇和牧民聚落。
中部草原化草甸改良牛、羊饲养区	2500—3300米	申藏乡、阿子塘乡、柳林镇、喀尔钦乡、木耳镇、扎古录镇的洮河北岸，完冒乡的康木车等农区和半农半牧区。
高寒亚高山草甸草场、灌丛草甸草场牦牛、藏羊放牧区	3200—4900米	尼巴乡、刀告乡、完冒乡的更沙、俄化、沙冒后、沙冒多。申藏乡的斜藏、郭大；恰盖乡的角缠、温布滩；康多乡的卡维；木耳镇的吾古、大峪沟牧场；原喀尔钦的格古；原藏巴哇乡的柏林牧场、石大滩等地。

注：表格内容参照《卓尼生态文化》。

畜牧业一直以来都是卓尼地区重要的生计方式之一，但是随着严重的草原草场退化问题，卓尼县从 2003 年开始实施退牧还草工程，包括适当的休牧和禁牧政策。

> 前年是羊价跌的不成了，再划不来养嘛，养的越多，亏的越多，所以大家都把这个卖过。卖过以后你看，河南、河北那个人，人家生意赚了，我们这牛羊就少哈了，现在少的很。出去打工，我们是牧民，牧民出生嘛，没有啥技能嘛，出去就是个小工，一百二三的小工。我们这牛羊稍微多的人，年轻人不出去嘛，经营那个牧民（牧业）。以后这个牧业搞不进去以后，我们卖过以后，再没办法，以后（就去）打工。①

在郭大村还了解到，目前牧民外出打工的现象也多起来。几年前当羊肉价格下跌的时候，许多牧民觉得亏本就将羊卖掉，然后出去务工。后来羊的价格又开始上涨，但是已经远远高出之前牧民卖出的价格，而外出务工的村民由于人力资本受限，只能从事一些对技能要求低的劳力活。郭大村的村干部认为郭大村的草场面积不大而耕地面积还稍微大一些，比较适合经济合作社的发展模式。

（二）森林

洮河南岸南支山系的森林资源占洮州地区森林资源的一半以上，洮河两岸与洮州东北部的恰盖、康多、构哇等地也分布着大量的森林资源，主要为寒温性针叶林，还有温性松林和落叶阔叶林。洮州地区主要的植物种类有红杉、冷杉、油松、山杨、白桦、圆柏、红桦等。

"熙河山林久在羌中，养成巨材，最为浩瀚"②，早在宋朝时期，这一区域的森林资源就受到了重视。洮州地区广袤的森林也为人们的生计发展提供了一定的资源，与林业相关的生计文化也嵌入在洮州的社会文化中。人们在与自然的互动中，也产生了人与自然相协调的生态观，如藏传佛教寺院以及汉族村落的青苗会还有专门的神林，各民族在民间社会中也产生了一些约定俗成的护林文化。在洮州林区的村庄，自发形

---

① FD，男，藏族，45 岁，村干部，卓尼县郭大村人；学历：小学；访谈地点：卓尼县申藏镇郭大村；访谈时间：2018 年 4 月 19 日。
② 〔南宋〕李焘. 续资治通鉴长编［M］. 卷 247，熙宁六年十月庚辰条，北京：中华书局，1992：7528—7529.

成了联合轮流护林的习惯，对森林资源进行有限度的利用。卓尼纳浪乡纳浪村的护林碑（现保存于卓尼县文化馆）就反映了洮州地区的护林文化，碑文的汉文部分如下：

流芳百代

建立石碑，公议护林，以桥梁事为序出生陈维仁拙笔，石匠草马六十五巧手。

盖闻修桥铺路，济人之叨，求人之苦，人之所甚重者也。自我洮阳番地纳浪族寺前面，古有过桥一座，沟涤五岔，水势浩荡，车行水滔，不能坚固，不数年而兴工修盖，非木植，无以胜用。况我本族人民不顾后来忧虑，自图昭前之利息，伙拉兑脚。伐之者众，发生者少，山林何以茂盛？桥木何以足用？人无远虑，必有近忧，不意本年桥木朽废坠倾倒难以行走。合会动工至闰三月初旬，本族四十有馀，每人排木植一十三根，共用五百二三十根，此材由石礅湾出焉，护林人为此，不日告厥成功，因而什人垂立石碑，垂定护林地名：石礅湾、草滩湾接上下护林、小族山神林、房前神林止大嘴公护，倘有不支之徒，偷入护林砍伐者，罚猪一口，酒一缸。倘不受者，指名禀官，以全会规而重民生矣。

头目：梁六个、杨乔次力、李佛代。

功主：梁陆家代、梁拉目丁主、梁哈扎扎什、梁桑偕次力、杨哇哈扎。

老民：梁怕次力、梁大格主、刘哈西番。

什人等　杨次力丁主有施石板。

监工：梁郎州　梁哈求次力。

大清光绪二十四年（1898）岁次戊戌闰三月初八日建立。①

清末民初，洮州地区的林业开发兴盛起来，出现了以商业为目的的私营性木材买卖、生产、加工和运输。当时的木商主要分为兰州客、狄道客和洮岷客，主要为兰州、临洮、洮州、岷县一带的商号，达到了几百家。许多木材经洮河水运到达黄河，销往兰州、宁夏、绥远一带，随着陇海铁路和京包铁路的贯通又销往内地。除

---

① 中国人民政治协商会议卓尼县第十三届委员会文史资料委员会. 卓尼文史资料第十辑（内部资料）[M]. 2016：165—166.

此之外，洮州还输出柏油、木精、木醋、松油节和木酮等森林副产品。这一时期的砍伐活动对洮州的森林资源造成了一定的破坏，民国三十二年（1943）政府开始采取了对森林的保护措施。

1958年开始，林业资源归为国有，由国有林场进行管理。目前，临潭、卓尼境内的森林资源得到了合理的保护、利用和开发。同时洮州优质的自然生态环境也提供了大量的旅游资源，临潭、卓尼等地的旅游业也逐渐发展起来，如卓尼县的大峪沟、博峪沟、卡车沟、车巴沟，临潭县的冶力关、鹿儿沟等。

三、洮州地区的民族人口分布

（一）洮州地区的民族文化特征

洮州地区主要分布着汉族、藏族、回族和土族等民族，形成了多元共生和交融的民族文化生态。

1. 洮州地区的汉族

历史上，秦、汉、南北朝、隋、唐、宋等朝代都陆续有军屯或躲避战乱的汉人迁入洮州或洮州附近的区域。经过各政权势力的更迭，在元朝末年这些区域的很多汉人迁离或是已融入当地族群。在明朝的经略下，洮州及周边区域趋于稳定，大量的军人、随军民户、流官及其家属开始迁入，汉族逐渐成为洮州地区的主要族群之一。从明朝到清朝，一直有招募的流民、流徙的罪犯、逃荒避乱等自愿归附的移民进入洮州地区，民国时期也有大量躲避战乱的谋生之人。今天，洮州地区汉族的服饰、方言、节庆、民俗等都具有江淮文化的烙印。洮州地区的汉族妇女服饰极具特色，比如梳高髻的发式、穿凤头鞋以及头戴手巾的习俗。顾颉刚在1938年的《西北考察日记》中记录了洮州一带的汉族服饰文化："至岷县足渐大，至临潭则更修长，其履尖上翘，所谓'凤头鞋'也。头上云髻峨峨，盖皆沿明代迁来时装束。经行人丛中，如入博物馆，亦此生一快事。"[①]如今，洮州一部分汉族老年妇女还会用淡粉色的

[①] 顾颉刚.西北考察日记[A].甘肃文史资料选辑第28辑：甘青闻见记[M].兰州：甘肃人民出版社，1988：57.

帽子把头发裹起来，有些老人也会头戴手巾、穿深蓝色或黑色的大襟长衫。十八龙神信仰是洮州地区汉族重要的民间信仰，十八龙神的各个庙宇也遍布洮州四路的各个角落。

图 2-7　洮州汉族传统服饰（申藏村村民提供）

2. 洮州地区的回族

明初沐英西征带来的一部分回族军士定居在了洮州成为临潭地区回族最早的来源之一，还有一部分回族是通过经商、逃难等原因迁徙、定居在临潭。洮州地区回族的生计方式是经商和农业，其中对经商非常重视。进入清朝时期，回族由于一些限制，在社会流动上遇到一定的障碍，再加上内地商业的竞争，以小商小贩为传统的回商也面临一定的压力[①]。而回族由于重商擅贾，因而在汉族与其他少数民族之间的商业互动中扮演着中间人角色。综合上述原因，大量的回商进入了自然环境严酷、外地客商较少涉足的甘、青、藏、川高原区进行商贸活动。洮州回族受到洮州地域

---

① 马平. 近代甘青川康边藏区与内地贸易的回族中间商 [J]. 回族研究，1996（4）.

文化的影响较深，因而在民族文化的交融中具有自己的特色。

3. 洮州地区的藏族

洮州地区藏族的族源与两千多年前活跃于该地区游牧的羌戎诸族有着一定的关系，唐朝以后，羌、氐、吐蕃、吐谷浑、党项、蒙古等族群长期互动和融合，逐渐吐蕃化，形成了该区域安多藏族的雏形。在明朝的治边策略下，洮州的民族地区形成了"三土司、五僧纲"的格局。三土司即卓尼杨土司、资堡昝土司和卓逊小杨土司。此后，洮州的互嵌型民族格局开始形成，民族社会的发展趋向稳定。藏传佛教是卓尼地区的最主要宗教，以格鲁派为主，兼有萨迦派和宁玛派。卓尼地区的藏语方言总体上属于安多方言，大概可以划分为三类：第一类是北山完冒语群，也称为"卓盖话"，使用该语言的藏族主要居住在牧区；第二类是洮河沿岸语群，也被称为河边话，使用该语言的藏族主要居住在半农半牧区；第三种是东部藏巴哇话[①]。洮州地区的藏族具有多元的族群文化，因此也呈现出不同的经济文化类型，主要分为牧业型、半农半牧型、农业型。

洮州地区的藏族服饰具有较强的多样性，如按照妇女的服饰和头饰大体可分为：三格帽服饰（觉乃服饰）、车巴服饰、北山服饰、提提玛服饰和朸哇服饰。洮州地区男性藏族的服饰基本上是藏袍，各族群间差异不大，而妇女的服饰具有明显的差异性。其中，"三格帽"服饰是洮州地区独有的藏族服饰，具有强烈的地域特色。三格帽藏族妇女并不穿藏袍，而是穿一种类似旗袍的蓝色长裙和粉红色马甲的外套，头戴镶有玛瑙的石榴帽，发式有三根辫子，故当地方言又将穿三格帽服饰的藏族妇女称为"三缟髦"。从洮州地区民族服饰的多样性中可以明显地发现民族服饰是与族群的生计方式、经济文化类型以及自然地理环境有关系的。身着三格帽服饰的藏族族群其生计方式以农业为主，属于定居农业藏族，受到汉文化的影响较深，在日常生活中的交流主要以洮州方言为主。生计文化以畜牧业为主的藏族称定居农业藏族为"戎哇"，农业藏族又将游牧藏族称为"卓巴"，他们之间的语言也有一定差异。还有一种生计方式为半农半牧的"戎玛卓"藏族，其身着的服饰被称为"提提玛"，洮州当地人称穿"提提玛"服饰的妇女为"纽子婆"，其服饰的特色是在两鬓的银制圆环（阿隆）以下系有六七颗珊瑚，珊瑚以下发辫上系的"香子皮带"（麝皮带）上镶

---

① 宗喀·漾正冈布等.卓尼生态文化[M].兰州：甘肃民族出版社，2007：16.

嵌着铜制提提，两边的提提下垂到腰间系在腰带上。身穿"提提玛"服饰的藏族族群主要分布在阿子滩、完冒、扎古录和刀告等地的半农半牧区。车巴服饰分布于尼巴、刀告以及扎古录等海拔较高的牧区，北山服饰分布于西顷山中支山系与北支山系之间的北山地区。总的来说，牧区藏族其服饰以传统的藏袍为主，差异不大。此外，被称为"薪纳巴"的森林狩猎采集族群穿的服饰随着该族群融入其他族群而消失。①

图 2-8　洮州地区特有的"三格帽"藏族服饰（2018 年 2 月 20 日　耿宇瀚摄）

4. 洮州地区的土族

洮州地区的土族主要分布在卓尼县杓哇土族乡的光尕、拉巴、郭家咀、杓哇大庄等九个村庄。据杓哇土族乡的统计资料，杓哇的土族有 645 人，生产方式为半农半牧。"杓哇"是藏语 ཤོག，杓哇土族自称为"杓哇绕（ཤོག་རུ）"，也就是杓哇部落，周边的汉族称杓哇土族为"土户家"。在卓尼杨土司统治时，杓哇土族被划分到杓哇旗，整合进兵马田制度。杓哇旗包括力吾族、拉什族、的力族、术录族、江卜那族、瞎的族、郭加族、拉哇族和公哈族。杓哇土族虽然在民族识别时被甄别为土族，但与

---

① 马永寿. 卓尼服饰文化 [M]. 兰州：甘肃文化出版社，2013：21—27.

青海地区的土族有着非常大的差异。杓哇土族的服饰具有很强的特色，女子的头饰上有九块铜制饰物，耳旁系有"纳隆"银饰。在田野调查中，初路村的常先生谈道：

> 把我们定成土族不准，应该是藏族，我们信仰藏传佛教。我们可以听懂康多的藏话，我们说话和三格帽（卓尼农区藏族）相似。原来青海社科院的人来过，发现我们和青海的土族没一点相似，我们与三格帽相似的地方多。[1]

杓哇土族在日常生活中使用藏语，大部分会说汉语，饮食习惯偏向藏族，信仰藏传佛教，总体来说在文化上与藏族相似。关于杓哇土族的来源也有很多争议，主要有吐谷浑说、土著说和霍尔说。而杓哇土族对民族身份的认同也是十分模糊的，有的认为自己是"杓哇人"，有的认为自己是藏族。总的来说，杓哇土族文化正是洮州地区民族文化多样性的缩影。

（二）民族人口分布

从临潭县的民族分布来看（见表2-2），主要民族为汉族、回族和藏族。在约15万人口中，汉族人口占比约为72.7%，回族人口占比约为17.5%，藏族人口占比约为9.8%。从具体乡镇的民族分布来看，回族主要集中在临潭县城所在地——城关镇，以及城关镇周围的古战镇、卓洛乡和长川乡，而离县城远一些的新城镇、术布乡、羊永乡和流顺乡也有部分回族人口。在临潭县城关镇，回族人口的比例超过六成，汉族占三成左右。汉族在临潭县的分布较为广泛，遍布每一个乡镇，除城关镇、卓洛乡，其他乡镇的汉族人口均超过六成，其中冶力关镇、店子乡、三岔乡、羊沙乡、八角乡的汉族人口超过九成，新城镇、洮滨乡、王旗乡、石门乡的汉族人口超过八成。临潭县的藏族主要分布在洮河沿岸的术布乡，在其他各乡镇也均有零星分布。

表2-2 临潭县民族分布情况

地方	总人口（人）	汉族占比	回族占比	藏族占比
城关镇	24268	32%	62%	6%
冶力关镇	9795	97.9%		2.1%

---

[1] 常先生，男，土族，60岁，原村干部，卓尼县杓哇人；访谈地点：卓尼县杓哇土族乡初路村；访谈时间：2017年7月17日。

续表

地方	总人口（人）	汉族占比	回族占比	藏族占比
新城镇	23250	83.8%	9%	7.2%
古战镇	5687	62.2%	29.4%	8.4%
术布乡	3622	33.1%	4.9%	62%
卓洛乡	2875	5%	78%	17%
长川乡	9850	63.9%	23.5%	12.6%
羊永乡	8661	77.7%	15.5%	6.8%
流顺乡	9017	79.4%	11.4%	9.2%
店子乡	4945	97.5%		2.5%
三岔乡	3336	95%	4.5%	0.5%
洮滨乡	9064	82%		18%
王旗乡	15009	85.6%		14.4%
羊沙乡	6194	92.8%	1.2%	6%
石门乡	8731	87.7%		12.3%
八角乡	5314	99%		1%
总计	149618	72.7%	17.5%	9.8%

资料来源：根据《临潭县志》（临潭县2006年行政区划概览表）的数据进行统计计算。

从卓尼县的民族分布来看（见表2-3），主要以藏族（70%）和汉族（28%）为主。位于牧区的刀告乡、尼巴乡、完冒乡、恰盖乡、康多乡为藏族聚居区。申藏镇、阿子滩镇分布有汉族、藏族、回族三个民族，枸哇土族乡分布有汉族、藏族、土族三个民族。其他乡镇主要以汉族、藏族为主，其中柳林镇、扎古录镇、木耳镇、喀尔钦乡、洮砚乡、藏巴哇乡的藏族人口高于汉族人口，纳浪乡的汉族人口高于藏族人口。整体而言，洮州地区呈现出民族聚居与民族杂居并存的格局。

表2-3 卓尼县民族分布情况

地方	总人口（人）	汉族	回族	藏族	土族
柳林镇	19072	31.82%		67.3%	
扎古录镇	7097	26%	1%	73%	
木耳镇	9556	35.56%		63.97%	

续表

地方	总人口（人）	汉族	回族	藏族	土族
喀尔钦乡	10549	28.3%		70.68%	
刀告乡	4868			100%	
尼巴乡	5259	2.97%		97.03%	
纳浪乡	7667	62.1%		37.7%	
完冒乡	4083	2.18%		97.82%	
阿子滩镇	7139	13.7%	1.9%	84.4%	
申藏镇	8351	31.76%	6.48%	61.77%	
恰盖乡	3444	1.63%		98.37%	
康多乡	2459	0.98%		99.02%	
杓哇土族乡	1829	35.21%		31.27%	33.52%
洮砚乡	5655	45.38%		54.62%	
藏巴哇乡	8560	40.68%		59.32%	
总计	105588	28%	1%	70%	1%

资料来源：根据《卓尼县政区概览》[①] 的数据进行统计计算。

---

① 马永寿. 卓尼县政区概览[M]. 兰州：甘肃文化出版社，2016.

第三章
洮州地区民族格局形成的历史基础

  洮州地区民族格局的形成经历了长期的历史过程，其中明朝是今天洮州地区民族格局形成的重要时期。在明朝的治边策略下，洮州地区的民族社会格局趋于稳定，构筑了各民族共同的生活场域，加强了民族间的经济、文化与社会联系。在新的民族格局的影响下，洮州地区的汉族、藏族、回族、土族等民族之间呈现出相互依赖、相互依存、和谐共生和情感交融的局面。

第一节 多民族走廊上的你来我往

一、羌戎之地

2008年7月,临潭县陈旗乡的磨沟齐家文化墓地被中国社会科学院评为"2008年中国考古新发现"和"2008年全国十大考古发现"。从临潭县和卓尼县境内发现的齐家文化、仰韶文化的遗址和文物来看,早在新石器时期,洮州地域范围就有人类繁衍生息。

中原的仰韶文化向西延伸发展,在黄河支流的洮河、大夏河、湟水流域一带形成了马家窑文化。在马家窑文化时期(距今约5000—4000年),洮州地区的经济生活以农业为主,兼有渔猎、畜牧,人们以氏族部落为纽带过着定居生活。在距今4000—2000年的齐家文化时期,洮州一带进入青铜时代。在齐家文化晚期,家庭作为新的生产单位其经济力量开始壮大,而以公有制为基础的氏族社会开始衰弱瓦解。距今4000年左右的寒冷冰期对这一地域的气候、生态和植被生长造成了巨大的影响,草原和荒漠草原所占比重增加,从而引起该地域经济文化类型的转变,生计方式由原始锄耕农业转向以畜牧业为主。

在齐家文化之后,洮州地区开始了辛店、寺洼文化时期,羌戎诸族的先民逐渐形成。从经济文化类型的角度来看,羌戎诸族是具有相似生产生计方式和经济文化的族群,是中原农耕地区的华夏族团对半月形自然地理过渡地带从事牧业或半农半牧族群的泛称。在王明珂看来,东汉到魏晋时期被称作"羌"的人群广泛分布在青藏高原东部边缘和北部边缘,形成了一个包括天山南路附近、青海东北部(河湟)、甘肃南部、四川西部、云南北部的南北狭长的"带状羌人区域","氐、羌、戎"等族群称呼作为不断变迁着的地理人群的概念，正反映了华夏形成过程中西方族群的地理边缘变化[①]。半月形的自然地理过渡地带是我国西部重要的文化传播带，羌戎诸族就像是"族群的融合剂"，在拓展生存发展空间的过程中不断地迁徙流动并与四面八方的当地族群融合，并形成了今天汉族、藏族、白族、彝族、纳西族和普米族等汉藏语系民族的先民。

洮州所处的洮河流域正是羌戎诸族的活动区域之一，在秦汉时被称为羌中。《后汉书·西羌传》描述了羌戎诸族的特征："大者万余人，小者数千人，更相钞盗，盛衰无常；不立君臣，无相长一，强则分种为酋豪，弱则为人附落。"[②]其经济状况则是"所居无常，依随水草。地少五谷，以产牧为业"[③]。与以国家权威支配游牧部族的匈奴相比，羌戎诸族没有统一的国家政治形态，诸部落在盛衰无常中彼此攻伐、劫掠和争夺，部落之间的联系较为松散，没有稳定和集中的政治统治秩序。虽然部落间存在着短暂的联盟与依附，但是缺乏凝聚力，很容易发生冲突与瓦解。羌戎诸族与河湟地区安多藏族的生计方式在很大程度上较为相似，以畜牧业为主，伴随着游牧季节迁徙、狩猎和农业等辅助性的生计活动。

二、政权势力的角逐

秦汉时期，中原王朝的势力已经发展到了洮河流域，设立了陇西郡管辖这一区域。但是，羌戎诸族松散的社会组织形态对中原王朝的边疆统治带来了麻烦，各个分散的小集团不断地结盟与分裂，它们会一拥而上地归附，也会出其不意地叛离。在东汉时期，由于边民与羌人在农牧资源上的竞争，边疆地区的羌乱频发，对地区的经济生产造成了破坏。最终，部分内置的羌人也开始发展农业经济，融入到农耕文化中。总体来看，当时中原王朝的统治者还是难以对河湟洮岷地区的羌戎部族社会取得完全的控制，大部分的羌戎诸族依然处于不相统合的松散状态。

在公元3世纪，来自徒河青山（今辽宁省境内）的一支鲜卑慕容部落在辗转迁徙中来到了河湟洮岷一带，建立了吐谷浑政权。这次迁徙源于庶长子吐谷浑与继承

---

① 王明珂. 羌在汉藏之间：川西羌族的历史人类学研究 [M]. 北京：中华书局，2008：143—150.
② 〔南朝宋〕范晔. 后汉书 [M]. 卷87，西羌传，北京：中华书局，1965：2869.
③ 〔南朝宋〕范晔. 后汉书 [M]. 卷87，西羌传，北京：中华书局，1965：2869.

汗位的嫡弟若洛廆之间的摩擦，谁先率部迁至今内蒙古阴山一带，后又迁至陇地的枹罕（今甘肃省临夏市），并以此为据点向南、北、西三面不断地开拓发展，后来逐渐控制了今甘肃省南部、四川省西北和青海省等地范围的氐羌戎诸族。在统治过程中，迁徙的鲜卑部族融合了羌族、氐族、汉族、匈奴族、高车族、突厥族等民族，形成了新的吐谷浑民族共同体，吐谷浑也由部落首领的名字成了族名乃至国名。

在吐谷浑统治的初期，其地方统治制度在延续鲜卑慕容部政治传统的基础上，对羌戎诸族采取了类似羁縻制度的统治，形成了以吐谷浑部为主导的"酋邦部落联合"。在王希恩看来，酋邦社会是一种前国家社会的民族政治形态，首先，它是一个地位级别明显、实现世袭制的等级社会；其次，它的社会政治权力核心通常以一个绝对权威的酋长为主，并以贵族官僚为统治机器①。与之前羌戎诸部落之间部落联盟式的松散合作相比，吐谷浑统治下的羌戎部落社会相互之间的联系更加紧密，并且对吐谷浑部有着一定的向心力。而与传统意义上的酋邦社会相比，吐谷浑的统治形式又介于羁縻政治与郡县政治之间。从树洛干、阿豺的统治时期开始，吐谷浑的地方政治体制开始经历从酋邦部落制向宗族部落制的漫长过渡阶段，在伏连筹、夸吕统治时逐渐进入了汗国宗族部落时期②。虽然吐谷浑政权最终形成了汗国体制，但最终并没有摆脱部落体制。受制于自然环境和生计文化的影响，吐谷浑的地方统治制度更多地考虑到了游牧的生产生活方式，其统治制度的调适也是为了适应这种经济形态。除了"好射猎，肉酪为粮"的游牧经济生活，吐谷浑人"亦知种田，有大麦、粟、豆"③，进行着一些农业生产活动，并且"事惟贾道"④，在丝绸之路南道的商业活动中发挥着重要的作用。

洮州地区在很长的一段时间被吐谷浑控制，在南北朝时期的动乱纷争中又被许多割据势力争夺，如前凉、后赵、前秦、西秦、北魏、北周等政权均先后将洮州地区纳入其统治范围⑤。随着隋唐时期的统一，中央王朝又重新在洮州地区设立行政建制，而河湟洮岷地区经常受到吐谷浑和吐蕃等势力的侵扰和攻夺，如武德五年

---

① 王希恩.民族过程与国家［M］.兰州：甘肃人民出版社，1998：56—59.
② 李文学，王希隆.吐谷浑地方统治制度的演变［J］.民族研究，2005（5）.
③ 〔北齐〕魏收.魏书［M］.卷101，列传第八十九，吐谷浑，北京：中华书局，1974：2240.
④ 〔梁〕沈约.宋书［M］.卷96，列传第五十六，鲜卑吐谷浑，北京：中华书局，1974：2369.
⑤ 中国人民政治协商会议甘肃省临潭县委员会文史科教委员会.临潭县文化资料第四辑：临潭简史（内部资料）［M］.1991：57—65.

(622)六月,"吐谷浑寇洮、旭、叠三州,岷州总管李长卿败之"①。一些羌戎诸族部落受到吐谷浑的控制和策反,经常发生叛乱,贞观九年(635)"春正月,党项先内属者皆叛归吐谷浑,三月庚辰,洮州羌叛入吐谷浑,杀刺史孔长秀"②。

唐初,青藏高原上的吐蕃势力兴起,在完成统一后进一步向东扩张,吞灭了吐谷浑,将其军事力量侵入河西、陇右地区,与唐王朝展开了将近一个世纪的对峙,洮州地区被唐与吐蕃反复争夺。安史之乱后,吐蕃逐渐控制了今青海的全部、陕西西部、甘肃大部以及川西北、滇西北高原等地区,同时在河陇地区设立节度衙③等行政管理机构。吐蕃的统治将青藏高原东缘的羌人、吐谷浑人、党项人、汉人、回纥诸族等民族纳入节度衙下设的部落体制中,加快了这些地域中各民族的交融。在吐蕃的东渐中,这些从卫藏地区迁来的吐蕃屯戍部落后裔、被吐蕃政权整编的吐蕃化外族人,以及元、明后形成的新部落,在民族交融中构成了今天甘青区域藏族的族源,同时也形成了这一区域此后的藏族分布格局。

后来,吐蕃势力瓦解,11世纪初河湟地区形成了宗哥的李立遵、邈川的温逋奇、河州的耸昌厮均等互不统属的地方大部落。而具有赞普后裔高贵身份的唃厮啰被李立遵、温逋奇挟持到廓州,以其特殊身份来对河湟地区部族进行控制。而唃厮啰随着年龄的增长和势力的壮大摆脱了这些部族首领的控制,建立了青唐唃厮啰政权。宋仁宗景祐五年(1038),党项首领李元昊在兴庆府(今宁夏银川)称帝,宋夏关系加剧恶化。因此,北宋调整了对河湟地区部族的政策,加封唃厮啰为"保顺军节度使",给予了赏赐,实现羁縻政策,并得到其配合制衡西夏。宋神宗时唃厮啰政权开始衰落,北宋对河湟洮岷地区实施了武力开边的政策,设置了熙河路,开始加深对这一地区的开发。而在金朝的进犯中,宋朝又无暇顾及这一区域,加封唃厮啰后裔为安华郡王后便逐渐退出了河湟区域④。在宋金的争夺中,洮州被划入金朝版图,洮州地区的"通佑""铁城"两座堡寨驻防了金兵。当金朝被蒙古王朝所灭之后,洮州地区又被蒙元王朝所统治。

---

① 〔北宋〕宋祁等.新唐书[M].卷1,本纪第一高祖李渊,北京:中华书局,1975:14.
② 〔北宋〕司马光.资治通鉴[M].卷194,唐纪十,北京:中华书局,1956:6110.
③ 朱悦梅.吐蕃中节度考[J].民族研究,2010(3).
④ 杨文.北宋经略河湟吐蕃民族政策研究[M].北京:中国文艺出版社,2013:56—67.

三、地理环境与部族社会

虽然不同的政权势力在洮州这片土地上你来我往,但是很难对当地的部族社会进行长期和稳定的统治,只是通过羁縻政策或某一暂时兴起的少数民族势力对部族社会进行威慑,进而实行着间接和象征性的统治。在很长的时期,青藏高原东缘的"羌戎诸族""西番诸族"部落社会依然是类似"酋邦部落联合"的松散部族社会结构。与北方蒙古高原的游牧人群相比,青藏高原东缘与西北黄土高原交汇处的羌戎系游牧部族很难凝聚在基于国家的政权组织下,来自中原王朝或是青藏高原的政权对此地的统治也经常是短暂和不稳定的,很难改变其社会组织结构。从早期的"羌戎诸族"一直到吐蕃化后的"西番诸族",虽然经历了连续不断的民族融合,但是其生计方式、经济结构、部落社会特征还是基本没有发生太大变化。

"羌戎诸族"生存的区域为高原游牧与河谷经济并存,其在季节性游牧的基础上进行着狩猎、农业、贸易、掠夺等辅助性的生计活动。而在长期的历史中,相互攻伐的不相统属状况就成了这些部族社会的常态。与匈奴各部族配合国家行动进行对中原或其他区域的掠夺不同,当时的西羌部族除了自发侵扰汉王朝边地的城镇和屯堡据点,还对各自邻近的羌人部落进行劫掠。"西羌反时,亦先解仇合约攻令居"[①],羌戎部落之间充满了仇恨和猜忌,在结成临时短暂的联盟时还需要重新解仇、交换人质以及通过发毒誓来达成盟约。根据埃克瓦尔的记载,在20世纪上半叶,青藏高原东缘的甘、青、川一带的藏族部落间还存在着频繁的劫掠、冲突和仇杀现象[②]。

王明珂认为,河湟羌人所生活的环境资源相对匮乏,区域的高山、河谷地形造成了一定程度的封闭性,使得他们比较难以通过发展对外关系来获取遥远地方的辅助性生活资源[③]。因此,青藏高原东缘的部族社会一直在资源的争夺中陷入无休止的"仇恨"与攻伐,只有在外部政权或是临时的联盟结合中维持短暂的平衡。而明朝的

---

① 〔东汉〕班固.汉书[M].卷69,列传第三十九,赵充国传.北京:中华书局,1962:2972—2973.
② Ekvall R B. The Nomadic Pattern of Living among the Tibetans as Preparation for War [J]. American Anthropologist, 2010, 63 (6): 1250-1263.
③ 王明珂.游牧者的抉择:面对汉王朝的北亚游牧部族[M].桂林:广西师范大学出版社,2008:194.

军事行动与军事战略实现了对包括洮州在内的河湟多民族走廊区域的有效军事控制，建立了西北地区重要的防御体系，并对洮州地区松散的部族社会进行了整合，不断地增强其对中央王朝的向心力。在明朝的治理与经略之下，洮州地方社会开始了多民族互嵌格局的构筑之路。

第二节 民族互嵌型社会秩序的构筑

洮州在明朝的西北边防中有着重要的地位,与甘青地区的河州、西宁、岷州并称为"西番诸卫"[①]。特殊的军事战略位置、复杂的族群问题以及残元势力的隐患使明朝对这一区域格外重视。洮州不仅是西北防线的重要环节,也是内地与青藏高原民族地区经济贸易交往、文化交流的窗口,对周边的地区也具有一定的辐射力量,因此明朝在立国之初就十分注重对洮州地区的治理与经略。移民屯边以及土流参治等策略,改变了洮州地区民族人口结构,促进了洮州地区的经济社会发展,推动了民族互嵌型社会秩序的形成。

一、洮州卫的设置

河湟多民族走廊上的族群在吐蕃东扩的过程中逐渐被吐蕃化,形成了今天安多文化区域藏族的雏形,即《明史》中所称的"西番诸族"。"西番即西羌,族种最多,自陕西历四川、云南西徼外皆是。其散处河、湟、洮、岷间者,为中国患尤剧。"[②] 与早期的"羌戎诸族"相比,元末明初的"西番诸族"虽然经过一定的民族文化交融,但与"羌戎诸族"所处的自然生态环境、生计方式比较相似,属于同一经济文化类型,即在游牧的基础上进行一些辅助性生计活动。因此,"西番诸族"的社会组织特点也是不相统合的松散部落形态,很容易被残元势力所利用,其叛服无常的侵扰给明朝的边地稳定带来了挑战。

[①] 杜常顺. 从"西番诸卫"看明朝对甘青藏区的统治措施 [J]. 青海师范大学学报(社会科学版), 1988 (4).

[②] 〔清〕张廷玉. 明史 [M]. 卷330, 西域二, 北京:中华书局, 1974: 8539.

对于涉藏地区的军政事务管理，元朝设立了三大宣慰司都元帅府，包括吐蕃等处宣慰司元帅府、吐蕃等路宣慰司都元帅府和乌斯藏纳里速右鲁孙等三路宣慰司都元帅府，而洮州地区属于吐蕃等处宣慰司元帅府管辖。明朝建立后，在很大程度上继承了元朝对涉藏地区的军政管理系统，随着何锁南（元末吐蕃等处宣慰司宣慰使、宣政院使）于洪武三年（1370）的归顺，明朝不费吹灰之力地将元朝的吐蕃等处宣慰司元帅府管辖之下的各族招抚。在同一年，原洮岷地区吐蕃宣慰副使王星吉巴归附，授百户职；而不久后元洮州元帅府的世袭达鲁花赤虎舍那藏布也率部归属①。洪武四年，置洮州军民千户所，属河州卫管辖。洪武六年，"置洮州常阳十八族等处千户所六、百户所九、各族都管十七，俱以固元旧官鞑靼等为之"②。安多地区是三大涉藏地区中与中央王朝联系最紧密的，在中央王朝与乌斯藏等其他涉藏地区之间发挥着纽带作用，而对这一区域"西番诸族"的招抚为明朝在边地的统治奠定了很重要的基础。但是"西番诸族"部族社会的特征以及残元势力的影响还是给洮州等战略要地带来了一定隐患。洪武六年之后，以岐王朵儿只班为首的北元势力渗入了河岷洮地区，开始尝试与西域、藏地建立政教联系，并策反本地部族社会首领③。如明洪武六年，《明太祖实录》记载：

> 洮州三副使阿都尔等以出猎聚众约故元岐王朵儿只班寇边。朵儿只班等驻大通山、黑城子，入寇河、兰二州，西宁卫千户祈者公孙哥等领兵击之，斩其知院满答立等百余人。千户伦达力战死，寇遂解去。④

明洪武十一年，西番诸族的叛乱开始加剧，西平侯沐英受命"率都督佥事蓝玉、王弼将京卫及河南、陕西、山西马步官军征之"⑤。明洪武十二年，"洮州十八族番首

---

① 武沐，金燕红. 13—19世纪河湟多民族走廊历史文化研究［M］. 北京：中国社会科学出版社，2017：35.

② 〔明〕明太祖实录［M］. 卷79，洪武六年二月庚辰，台北：中央研究院历史语言研究所校印，1962：1439.

③ 胡箫白. 明洪武前期河岷洮地区的地缘功能调整与地方秩序变动［J］. 中国边疆史地研究，2022（3）.

④ 〔明〕明太祖实录［M］. 卷83，洪武六年七月己巳，台北：中央研究院历史语言研究所校印，1962：1492.

⑤ 〔明〕明太祖实录［M］. 卷121，洪武十一年十一月庚午，台北：中央研究院历史语言研究所校印，1962：1960.

三副使汪舒朵儿、瘿嗉子、乌都儿及阿卜商等叛,据纳邻七站之地"①。针对这一次叛乱,明朝予以了强烈的打击。而明朝军队不负众望,"征西将军沐英等兵击西番三副使之众,大败之,擒三副使、瘿嗉子等,杀获数万人,获马二万,牛羊十余万,遂班师"②。在沐英征讨叛军的同时,朝廷又派曹国公李文忠"整治城池,督理军务"③,在东笼山下的南川与金朝兴一起督工修筑了洮州卫城,并受命将河州两卫中的河州左卫调守洮州④。

这次军事行动基本铲除了洮州地区的残元势力,对"西番诸族"带来了强有力的震慑。在平定叛乱之后,虽然李文忠认为镇守洮州存在着"馈运甚艰,民劳不便"等困难,但是朱元璋意识到"西控番戎,东蔽湟陇"的洮州一直以来都是备边要地,如对其弃之不守,会带来边患的代价,遂坚持将士戍守,并将平叛中所获的牛羊分给军队作为两年的军饷⑤。此后,明朝以洮州卫城为中心向东西南北各重要之处增修关隘、军堡。"镇守洮州都指挥使李达奏,洮州大岭山路通河州,而去洮州城远,番寇往往潜伏其间,窥伺抢掠,请于大岭山北,增设关堡,以旗军二十人守备。"⑥由此可以看出,洮州地区军事建设在不断地加强。洮州于成化九年(1473)实行了军政分置,设立了州一级的行政单位,改军民指挥司为卫。而至明嘉靖年间,洮州卫已有28个堡寨⑦,在维护边地秩序中发挥着重要的作用。

明朝的军事行动与军事战略不仅使洮州所在的西北防线得到了有效控制,并且

---

① 〔明〕明太祖实录[M].卷122,洪武十二年正月甲申,台北:中央研究院历史语言研究所校印,1962:1972.
② 〔明〕明太祖实录[M].卷126,洪武十二年九月己亥,台北:中央研究院历史语言研究所校印,1962:2014.
③ 〔明〕明太祖实录[M].卷122,洪武十二年二月戊戌,台北:中央研究院历史语言研究所校印,1962:1974.
④ 〔明〕明太祖实录[M].卷123,洪武十二年三月庚午,台北:中央研究院历史语言研究所校印,1962:1982.
⑤ 〔明〕明太祖实录[M].卷123,洪武十二年三月庚午,台北:中央研究院历史语言研究所校印,1962:1986.
⑥ 〔明〕明宣宗实录[M].卷70,宣德五年九月甲子,台北:中央研究院历史语言研究所校印,1962:1652—1653.
⑦ 武沐,金燕红.13—19世纪河湟多民族走廊历史文化研究[M].北京:中国社会科学出版社,2017:98.

成功建立了西北地区重要的防御体系。更重要的是这些卫所将甘青土司管辖范围分割成了几个不相统合的区域，在一定程度上阻隔了各藏族势力的联合，制约了藏族土司势力的发展壮大，不仅加强了明朝对河湟洮岷区域的统治，也为洮州地区民族互嵌格局的形成奠定了一定的基础。在明朝的治边策略下，洮州地区在明朝的军事行动与洮州卫的设置中开始了新秩序的构建，这对洮州地区的民族社会发展有着巨大的推动作用。

二、移民屯边与农业经济带的形成

根据明朝的军屯政策，"临洮、岷州、宁夏、洮州、西宁、兰州、庄浪、河州、甘肃、山丹、永昌、凉州等卫军士屯田，每岁所收，谷种外余粮请以十分之二上仓，以给士卒之城守者"①。洮州地区屯田初期的主要承担者为从内地派到洮州卫任职的流官及其部下、家属，还有迁徙而来的汉族、回族随军民户等。这些军屯移民战时为兵，平时守城屯田，而军屯家属也迁来定居。移民的屯田不仅为戍边军民提供了粮食补给，也加强了洮州地区的土地开发。明朝对移民的垦荒十分鼓励，"凡治边地有能佃种者，无论军民、籍贯、顷亩，悉与为业，永不起科"②，即明确规定民户所开田地为私产，可免去税粮。

关于洮州戍边移民的来源，没有明确的记载，很多只是一些口头的流传。而从洮州地区遗留的明朝民俗和历史记忆来看，移民中江淮人的文化对整个移民社会带来了很深的影响③。在今天，洮岷一带的俗语、民歌、衣着等方面还保留着许多苏、皖古俗④。地方志所记载的卫所官员中有很多来自于江淮地区，如指挥佥事李达"原籍凤阳府定远县昌义乡人"，指挥佥事金朝兴"原籍南京纻丝巷人"，指挥佥事宋忠

---

① 〔明〕明太祖实录［M］. 卷216，洪武二十五年二月庚辰，台北：中央研究院历史语言研究所校印，1962：3184.

② 〔明〕明世宗实录［M］. 卷269，嘉靖二十一年十二月丁酉，台北：中央研究院历史语言研究所校印，1962：5308.

③ 晏波. 明初洮岷河湟地区的江淮移民研究——基于移民群体类型、来源地和数量的考察［J］. 兰州学刊，2012（12）.

④ 柯杨. 苏皖古俗在甘肃洮河流域的遗存［J］. 江苏社会科学，2000（3）.

原籍直隶二乡屯头村人，千户所千户范应宗"原籍直隶庐州合肥县人"，百户刘贵"原籍直隶庐州府六安州人"[①]。明朝将领沐英率领的一部分"'江左''淮泗'和南京的回回军士"也留在了洮州进行屯田，后来落籍为民[②]。

明朝将领李达于"永乐元年，成祖命，镇守洮州，抚安军民，招番纳贡……督屯租，练军马，修城墩，建卫学"[③]，为洮州的社会安定与社会发展作出了一定的贡献。李达去世后安葬在了洮州城西二里的石岭山下，其后代兴旺发展，如今遍布在洮州多地。

旧庄子李氏重修家谱序（节选）

临潭（洮州）西坟迁青莲堂旧庄子李氏有自来矣，始祖李达原本明代凤阳府定远县昌义乡二十三都人。元末同其父李胜，其弟李泰跟随明太祖朱元璋起兵，南征北伐，歼灭元军，讨灭群雄，屡立战功。朱元璋定鼎中原，国号大明，建元洪武，定都南京，改为太平府，遂将将官家眷迁居太平府集庆路朱氏巷居住。朱元璋下设大都督府，大都督府下设左中右前后五军都督府，五军都督府下设十三布史司，分领天下府、州、县及羁縻诸司，下设卫和军民指挥史司，下设千户、百户。李达之父李胜功升左军都督佥事，荣封三代二子，俱授都督，镇守辽东，在任寿终。遗家淮安，享年八十，葬坟凤阳。

李达于洪武二十一年升昭勇将军，三十五年升陕西都司都指挥使。永乐元年奉圣旨镇守洮州，洪熙元年镇守洮州，宣德元年提调修盖岷州广福寺，九年奉圣旨镇守洮州不动，十年升右府都督佥事，仍旧镇守，正统十年在任寿终。享年八十有八矣，礼部遣官大祭，工部修坟，安葬洮州城西二里石岭山下。夫人张氏先公卒。

李达继娶王氏封夫人，生六子八女，长曰璘，授洮州卫都指挥使，次

---

① 〔清〕（康熙）洮州卫志 [M]．卷11，选举·世袭表，张俊立校注．北京：中国文史出版社，2013：285—293．

② 谷苞．西北通史（第3卷）[M]．兰州：兰州大学出版社，2005：380．

③ 〔清〕张彦笃主修，包永昌总纂，张俊立校注．（光绪）洮州厅志·卷10，职官·名宦 [M]．中国文史出版社，2013：260．

曰瑄，三曰璟，居住岷州城西（今临潭县洮滨乡巴杰村），四曰琮，皆有才智可称也，五曰琛，授秦王府仪宾配华阴郡主，居住西安大市，六曰瑞尤孝友焉；八女，长适北京都指挥韦钊夫人，次适洮州卫守备都指挥陈玘夫人，三封仁宗皇帝贵妃，人称李家麻娘娘，四适巩昌卫指挥赵得淑人，五适巩昌卫指挥雷玘淑人，六早天化，七适本卫指挥杨谕淑人，八适分守凉州总兵官都督赵英夫人（会川伯土司赵安之子）。盖儿女各有家室，而其孙尤盛矣哉。因李达三子李璟去了当时的岷州巴杰居住，五子李琛去了西安秦王府招了郡主居住，所以洮州祖坟以及各房头的三房和五房祖坟不立祖，不葬人。大房的老三儿子就去侯家寺当和尚，人称庄子温布，就是寺院的世袭管家。老五儿子也去侯家寺当和尚或出门招女婿，或出嫁当道，祖坟只葬大房、二房、四房、六房四个房头。

宣德六年，李达用白银八十两，置买到百户朱亮原旧庄子的田园土地一份，房屋一处，今羊永乡庄子村的地土四址交界，除单位下放时给临近村社划出一部分外，大体就是当时置买时的四址。李达也住庄子村，现在还立有李达故里碑。庄子村现在只有大房、二房、四房、六房四个房头，其他各地的西坟李姓，都是从旧庄子村迁出去的，长川乡杨升村，千家寨村，流顺乡上寨村，洮滨乡巴杰村，马旦沟村，新堡村，秦失，上川，窑头，高楼子村，三岔乡王帽沟村，杨永乡西石沟村、李岗、业路，王旗乡磨沟、马旗沟，新城镇李家山，端阳沟、李家庄、河尼、羊房、土岭、口子下、店子乡七旗台子，羊沙乡新庄、小岭、羊沙、甘沟、下河、八大，冶力关镇李祯寨（池沟）、李子沟，高庄，八角乡莲花山上滩呢、马面咀；卓尼县恰盖乡恰地拉尕、打藏沟，纳浪乡石门乡拉尕城，河呢，李家湾，岷县堡子乡拉张沟，西寨乡。岷县小南门、吊桥，李家花园，卓尼县那子卡，卓洛、旧城、古战，卓尼阿子滩古战川，洮砚乡峡地、古路沟、古路坪、大古山、寺口下等地的李姓，都是西坟李姓，最早都是从旧庄子迁徙出去的。①

---

① 李希贤.旧庄子李氏重修家谱序（田野调查资料）[Z].2017.

洮州地区屯戍移民的来源地也是多元的，除了江淮移民，还包括其他地区不同时期的随军家属、犯屯、逃户、流民与商人等。大批随军家属进入屯戍地区解决了屯军心理和情感上的挂念，加强了移民社会的稳定。在洮岷地区方言遗留的俗语中，有些农村妇女骂男人时会说"你这个军犯"，骂孩子时说"你这个军犯娃"，可以反映洮州移民群体也包括那些因获罪而谪戍充军的军民、僧侣。明朝中期，受土地兼并、赋役剥削和自然灾害等影响，流民大规模爆发，一些流民、逃户进入了洮州。此外，在其他时期也有许多逃荒而来的人。通过茶马贸易以及其他的民间私营贸易往来，也有一些商人安家落户。明朝对洮州的军屯开发以及鼓励性的政策，不断地补充着洮州地区的农业劳动人口，使嵌入在牧区中的农业经济带得以形成，而农牧交错地带也在不断地扩展。

三、多民族互嵌的政治秩序

通过历史上中央王朝治边的政治智慧，洮州地区产生了多民族互嵌的政治秩序，形成了多民族共同维护边地稳定的局面，构成了民族互嵌型社会的重要基础。

（一）"土流参治"下的秩序整合

明初"西番诸卫"范围的叛乱频发，因此明朝对这一区域的政治秩序重新进行整合，将该区域范围的故元官吏、部落首领以及有影响力的僧侣重新纳入有效的统治序列和管理体系中。

明朝在西北边政的治理过程中，通过"因俗而治"的招抚方式来推动民族地区部落首领、政教势力的归附，实施"土流参治"的政治策略。如蒙古族身份的达鲁花赤王星吉巴于洪武三年归附，"从征瘿嗉子、朵尔只族、哈龙三幅使、搭鱼沟、叠州……皆有功，授洮州世袭百户"[①]。底古族昝南秀节，也就是洮州昝土司始祖，于明洪武十一年就率领部落归附了曹国公李文忠，洪武十二年参与了洮州卫城的督修，

---

① 〔清〕张彦笃主修，包永昌总纂.（光绪）洮州厅志［M］.卷11，选举·世袭表，张俊立校注.北京：中国文史出版社，2013：286.

洪武十九年随指挥马烨征伐叠州,"以功授本卫世袭中千户所百户之职"[①]。明永乐二年,卓尼杨土司的始祖些地"率领叠番达拉等族献地投诚;永乐十六年,以功授世袭指挥佥事兼武德将军"[②]。卓逊杨土司"始祖系洮州卫番人,于前明嘉靖间以功授世袭副千户,中马守边,管理土务"[③]。

"土流参治"是建立在民族地区"因俗而治"基础上的管理系统,主要涉及军事卫所建设、戍边屯田、土官制度和僧纲制度等方面。"土流参治"体系以流官机构为主、土官机构为辅,其中的正职由汉族流官担任,少数民族土官担任副职;土官机构参设于流官性质的卫所机构中,即土官机构只能在卫一级的流官机构之下保持相对独立[④]。明朝的"土流参治"延续了元朝对民族地区的"因俗而治",在此基础上承认世居土官、酋豪首领们的世袭继承,从而将这些少数民族首领等僧俗势力纳入国家的政治统治序列。这一"以流管土、以土治番"的政治模式,在很大程度上加强了川、藏、青、黔、滇等地区的民族社会对中央王朝的政治向心力,推动了多民族互嵌社会的进程。

在"土流参治"的制度之下,卓尼杨土司、卓土司、卓逊族小杨土司等洮州范围内(包括卓尼、迭部、碌曲等地)的世袭土官统帅其部族,执行着朝贡、守卫与征调的任务[⑤]。这些土官推动涉藏地区僧俗势力投靠并接受了明朝政府的册封,协助明朝政府安抚地方,在参与维护地方安定的事务中扮演着重要的角色。在明朝治边策略的影响下,洮州地区的"西番部落社会"得到了一定的整合,实现了民族社会的稳定与发展,这对边地秩序的维护产生了积极的作用。

---

① 〔清〕张彦笃主修,包永昌总纂.(光绪)洮州厅志[M].卷16,番族·番属,张俊立校注.北京:中国文史出版社,2013:413.

② 〔清〕张彦笃主修,包永昌总纂.(光绪)洮州厅志[M].卷16,番族·番属,张俊立校注.北京:中国文史出版社,2013:403.

③ 〔清〕张彦笃主修,包永昌总纂.(光绪)洮州厅志[M].卷16,番族·番属,张俊立校注.北京:中国文史出版社,2013:415.

④ 武沐,金燕红.13—19世纪河湟多民族走廊历史文化研究[M].北京:中国社会科学出版社,2017:138—147.

⑤ 丁汝俊.论明代对西北边陲重镇洮州卫的经营[J].西北民族研究,1993(2).

表 3-1　清末及民国时期洮州地区土司、僧纲的世袭、属地与属民情况

名号	始祖	世袭	属地和属民情况
卓尼土司	些地	19代	至民国时期，属地包括卓尼、迭部、插岗（舟曲），辖地一万多平方千米，属民一万三千多户，六万两千七百多人。
资堡土司	昝南秀节	16代	至十六代土司昝善庭，辖七旗二百九十户，二千二百余口，有士兵一百五十人，所辖地区包括今天术布、牙贯、羊坡庄、龙元山一带。
卓逊土司	杨秀寿	12代	至十二代土司杨廷选，辖七族四十九户，五百余口，领地为今卓逊沟一带。
侯家寺僧正	侯显		居侯家寺，管辖寺底下、木地坡等村民二十六户，一百四十余口。
禅定寺僧纲	杨宗基		政教合一，"兄为土司，弟为寺主，遇独生则身兼二职"，属民就是卓尼土司的署名。
牙当寺赵僧纲	阿旺老不藏		建有牙当寺、江口寺、录巴寺，属地有牙当、潘园、移子多、东主那等地，原辖十族、六十三户。
麻奴寺（麻尼寺）马僧纲	力车加绽	18代	至民国三十四年18代僧纲马彻霄管辖二十一族，二百六十五户，九百六十余口，管辖阳坡庄、普藏什、出路、牙扎等地，僧兵十八人把守达加暗门。
卓洛寺都纲	杨永鲁		中华人民共和国成立前都司杨彩云辖十八族，三十四户，一百六十余口，把守红腰岘隘一处，衙门在卓洛村。

注：根据《洮州厅志》整理。

洮州地区在土流参治的政治设置之下，朝廷委派的流官、军人领袖与当地少数民族首领共同治理洮州地方社会，汉族、回族、藏族、蒙古族等多民族共同参与管理地方事务，实现了政治秩序层面的民族互嵌。在这一政治秩序中，洮州卫发挥着治理"西番部落"社会的作用，解决部落间的争端，维持地方秩序稳定，如：

  永乐十九年九月，西番马儿藏等族头目阿束等劫掠沙剌族，事闻。命都指挥李达遣人谕之，令悉还所掠，各守疆界。如执悉不悛，发兵征之。[①]
  宣德元年六月，行在兵部奏："比者陕西洮州思曩日族番人屡窃思曩

---

① 〔明〕明太宗实录［M］. 卷241，永乐十九年九月壬申，台北：中央研究院历史语言研究所校印，1962：2290.

日、沙剌族牛羊等物，已有旨命陕西三司及守洮州都指挥李达体审是实，就谕以祸福，令还所窃。"①

经过土官势力的此消彼长，以及部分土官向洮州卫实职的转化，洮州地区后来形成了"三土司，五僧纲"的格局，三土司即卓尼杨土司、资堡昝土司、卓逊小杨土司，五僧纲即侯家寺僧正、禅定寺僧纲、牙当寺赵僧纲、麻奴寺（麻尼寺）马僧纲、卓洛寺都纲。卓尼杨土司、资堡昝土司、卓逊小杨土司等土官势力的壮大与他们配合中央王朝推动僧俗势力归附和立下战功有着重要的联系，也由此获得世袭军职，使后代受到荫泽。洮州地区的僧纲也相当于僧职土司，以寺院为中心，不仅领有土地，还辖治相当数量的土民，甚至还拥有少量士兵。洮州地区的僧纲担任着分守关隘和中马的职责，还参与一些明朝的军事政治活动，主要是通过著名僧侣的名望为明廷招降一些反叛部落，使这些部落不战而屈②。

（二）多民族共同对边地稳定的维护

"正德四年，蒙古部酋亦不剌、阿尔秃厮获罪其主，拥众西奔。"③随着蒙古土默特部俺答汗的势力向河湟地区的迁移，边地的安定受到一定影响。"西海虏正德初为小王子仇杀，率其余党假息西宁，春夏逐水草驻牧，收冬踏河冰掠洮、岷。"④万历十八年，"虏酋火落赤等入境攻围旧洮州古尔占堡，四散抢番。洮岷副总兵李联芳分兵追逐"⑤。这些蒙古部落势力抢掠影响到了河湟洮岷地区各民族的正常生产生活，也对边地的安定带来威胁。

而在"因俗而治"和"土流参治"的政治策略之下，洮州地区的各少数民族首领被纳入土官系统，成了中央设置的地方军政机构中的一部分，一部分隘口由少数民族负责把守。通过多民族共同参与的管理、防御体系，洮州地区汉族与少数民族之间的合作与联系得到了加强：

---

① 〔明〕明宣宗实录[M].卷18，宣德元年六月丁亥，台北：中央研究院历史语言研究所校印，1962：489.
② 武海龙.明代洮州卫僧纲司研究[J].宗教学研究，2013（2）.
③ 〔清〕张廷玉.明史[M].卷330，西域二，北京：中华书局，1974：8544.
④ 〔明〕明世宗实录[M].卷54，嘉靖四年八月戊子，台北：中央研究院历史语言研究所校印，1962：1327.
⑤ 〔明〕明神宗实录[M].卷224，万历十八年六月甲申，台北：中央研究院历史语言研究所校印，1962：4160.

抚属番，以重藩篱，住牧番族系进贡属夷，正宜抚驭，以资协力。其平素顺服张中桑思把等族、黄金榜等族、怕剌宛等族、柴隆剌麻等族、西纳国师等族，通计六七千人，纪名在官，就彼鼓舞，量给赏犒，主约分把关隘。虏犯某族，则某族应援；虏犯内地，统调拒堵。①

由于卓尼土司势力在抵御俺答汗势力的扰乱中发挥着重要的作用，因此受到安抚，在卓尼土司五代世孙旺秀入朝觐见明武宗时被赐姓杨名洪。卓逊土司杨寿于嘉靖年间也在维护洮州的地方安定中获袭副千户一职。在五代卓尼土司杨洪的发展下，其势力范围不断地扩大，还收容了一些明洪武初到洮州地区屯军、屯田的汉人，将其开垦的部分土地收为"兵马田"；此外，资堡昝土司与卓逊小杨土司也收容了一些濒临溃散的营田汉人②。

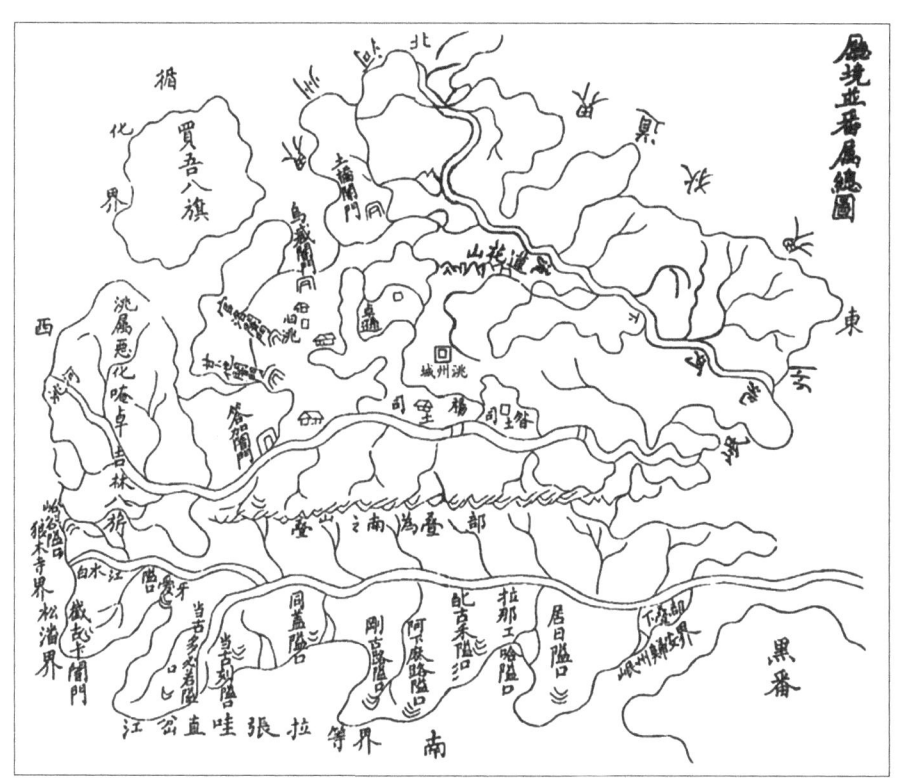

图 3-1　洮州厅境并番属总图（清光绪版《洮州厅志》）

---

① 〔明〕明神宗实录 [M].卷 523，万历四十二年八月丙戌，台北：中央研究院历史语言研究所校印，1962：9843.
② 杨士宏.卓尼杨土司略传 [M].成都：四川民族出版社，1990：32.

通过汉族与少数民族的共同防御与维护边地稳定，形成了"你中有我，我中有你"的民族互嵌型社会秩序，加强了边地少数民族对中央王朝政权的认同及行政归属感。随着俺答汗与格鲁派领袖索南嘉措的会晤、结盟，蒙古族社会开始广泛接受藏传佛教，蒙、藏文化的交流也达到了很高的程度，中央王朝也利用藏传佛教领袖控制了蒙古族部落势力[1]，涉藏地区社会也趋于稳定。

明万历年间，卓尼第七代土司杨葵明又控制了小板子、纳浪、朝勿、禾多、大峪沟、上下日扎、善扎、迭当什欧化、塔扎、车巴沟等地的藏系部落。在明清交替之际，边备松弛，洮州地区的术布、恶化、卡加、迭部等二十四部不参与中茶纳马的藏系部落发生反叛，烧杀掠夺，劫持汉族、藏族商客，影响了地方安定；卓尼第九代土司杨朝梁出击平定，收复了上迭部的亦哇、哇巴曼麻卡等旗，与明永乐时归顺的达拉等下迭部落连成了整体统一的地域[2]。归顺清朝的卓尼杨土司、昝土司等势力不仅维护着洮州民族地区的地方安定，还多次参与清朝的平叛行动，如平定了临夏吴长毛迎合"三藩事变"而进行的叛乱：

> 康熙十四年七月丁丑靖逆将军甘肃提督侯张勇等疏报，自逆贼叛变以来，土官杨朝梁及子杨威，矢忠报国，率本部土兵，并各族土官赵弘、昝承福等，勠力助战，于阶州、巩昌、临洮、岷州屡败贼寇，功绩最著者[3]。

卓尼第十一代土司杨汝松与蒙古阿拉善王爷摩达颜之女结亲，此后卓尼土司家族与内蒙古阿拉善王爷家族开始了多代的联姻关系。而阿拉善王爷与清朝皇室的关系密切，因此卓尼土司家族与阿拉善王爷家族的联姻也在一定程度上加强了卓尼土司与清朝的纽带。康熙四十八年（1709），西固（舟曲）山后武坪二十四部反叛清朝，杨汝松率兵平息，从此开始管辖黑番四旗[4]，再次为洮州地区的民族社会营造了稳定的局面。第十五代卓尼土司杨宗业（旦增仁钦青嘉）于清乾隆四十五年承袭，

---

[1] 秦永章.甘宁青地区多民族格局形成史研究[M].北京：民族出版社，2005：181—184.
[2] 杨士宏.卓尼杨土司略传[M].成都：四川民族出版社，1990：43.
[3] 〔清〕清圣祖实录[M].卷56，台北：华文书局，1969：761.
[4] 中国人民政治协商会议甘肃省临潭县委员会文史科教委员会.临潭县文史资料第四辑：临潭简史（内部资料）[M].1991：121—122.

因参与平定河州之乱,"以功奉尚三品顶戴,并赏戴花翎,领受兵部号纸"①。

卓尼杨土司将其势力不断地扩展和影响,最终形成了"十六掌尕和四十八旗"的格局和秩序,其中十六掌尕又分为十二掌尕和外四掌尕。旗指的是普通藏族百姓的编制划分,掌尕是指富有统治势力的藏族的编制划分,具有被选派担任旗长的资格。卓尼有句俗语:"四大家,八小家,还有二十四个穷富家。""四大家,八小家"指的是"十二掌尕",其属民均居住于卓尼城内;"二十四个穷富家"指的是"外四掌尕",其属民居于邻近卓尼城的十个村落。在每个掌尕中,都由属民推选德高望重的长者担任小头目。掌尕的小头目也称为"茶马督司",随时听命土司的差遣。因此,"十六掌尕"和"四十八旗"构成了卓尼土司管辖范围内的基层组织。掌尕的规模相当于一个自然村;"四十八旗"的每一个旗相当于一个乡,"四十八旗"包括:暗门内十八旗和外十二旗,合称前山三十旗;上迭六旗和下迭八旗,合称山后十四旗;还有靠近武都一带的黑番四旗。

卓尼虽然有"四十八旗"的说法,但其实只是形式上的说法。《洮州厅志》所列举的各旗名称只有四十一个,而按派有旗长的单位来算,实际上只有二十三个旗。旗长也称为长宪,由卓尼土司委任,长期住在旗里,督促头人或总管贯彻土司的军政命令。属于掌尕的藏族与属于旗的藏族在权利与义务上显著不同,属于旗的属民均有出兵马、支乌拉和贡赋的义务;各旗的旗长只能在属于掌尕的藏族中选派,而各旗的属民至多只能充当总管,不能当旗长②。

在卓尼土司所辖的各旗中,朱扎七旗所辖的村落和住户的数量最多。洮州的朱扎七旗并不是真的有七个旗,"七旗"与前面谈到的"四十八旗"一样,是一种虚称,实际上是一个旗单位(含九个小旗),只不过因辖地过大,卓尼杨土司派了两名旗长管理。朱扎七旗的辖地范围包括洮河干流从奋盖林至鞑子多的两岸村落(长约二十五里),还包括洮河支流卡车沟从鞑子多到卡车间的两岸村落(长约四十里)。朱扎七旗与其他旗在组织与职权上有着很大的不同,虽然卓尼土司派有旗长,但朱扎七旗的区域内有自己的大总承直接办理旗内公务,每个小旗又设1名小总承和2

---

① 〔清〕张彦笃主修、包永昌总纂.(光绪)洮州厅志[M].卷16,番族·番属,张俊立校注.北京:中国文史出版社,2013:404.

② 谷苞.卓尼藏区的土司制度[A].李正元主编.故土新知[M].北京:商务印书馆,2019:46—58.

名总管，旗长负责传达杨土司与朱扎七旗大总承之间的命令①。各旗的总管大多数是由卓尼土司任命，上叠部六旗与达拉沟的九个总管的产生则由自我世袭②。在清光绪年间，除了杨土司、昝土司和卓逊小杨土司的管辖外，买吾八旗、恶化五旗、唵着族、麦细族、吉札族、石藏族、双岔族、阿辣族等八族、大小村庄九十余处藏族村落直接归洮州厅管辖③。

王树民先生在《陇游日记之二洮州日记》中描述了卓尼"四十八旗"属民与土司衙门远近亲疏的关系：

> 卓尼四十八旗，依相沿习惯及其位置所在，可分为八大部，曰：七旗下，四什哈，北山，上叠部，下叠部，黑番，洮上各旗及洮下各旗，七旗下在卓尼附近，四什哈在旧城附近，均为与土司关系最密切者。其次，洮河上游及下游各旗关系亦尚较密。北山在四什哈之北，叠部（俗称铁布）在南方叠山与白水江之间，自西而东，分上、下二部。此三部与土司之关系已甚疏，而其人则极为强悍。黑番在东南方，夹处于武都、西固、文县及四川松潘之间，距离为最远，关系亦最疏，本为岷县多纳赵土司之属民，赵氏亡后拨归杨土司，人民亦较柔顺，故无多事可称。④

洮州地区的民族社会有着复杂和多元的族群文化，不同区域或部落在生计、语言、服饰、风俗等方面有差别。且各旗、各部落之间的关系也错综复杂，正如前文所提到的有些部落间还存在着频繁的劫掠、冲突和仇杀。卓尼土司与部落之间也由于亲缘、地缘或历史等因素，存在着远近亲疏的差序关系，有些关系较远的部落有时会发生叛乱，也有些强悍的部落会到农区或其他牧区进行抢掠。而洮州地区的卓尼土司、昝土司、卓逊土司和僧纲等土官势力在"因俗而治"和"土流参治"的政治

---

① 谷苞.卓尼藏区朱扎七旗的总承制度[A].李正元主编.故土新知[M].北京：商务印书馆，2019：59—64.
② 谷苞.卓尼藏区的土司制度[A].李正元主编.故土新知[M].北京：商务印书馆，2019：54.
③ 〔清〕张彦笃主修，包永昌总纂.（光绪）洮州厅志[M].卷16，番族·番属，张俊立校注，北京：中国文史出版社，2013：421.
④ 王树民.陇游日记[A].甘肃文史资料选辑第28辑：甘青闻见记[M].兰州：甘肃人民出版社，1988：174.

体系下,维系着洮州地区部落社会的秩序,在多民族互嵌格局中与洮州卫所共同守卫着家园。

每年年终,土司衙门要向朝廷报步骑兵名额二千,有时需要调兵时,由土司根据情况抽调,最多的时候达到四五千人。卓尼土司管辖的兵常年防守着洮州地区的四大暗门和二十五处隘口[①],协助洮州厅保护着洮州地区各民族,防止个别边远部落的叛乱、劫掠或其他势力的侵扰,守护着地方的安宁。洮州地区多民族互嵌的政治秩序维护着地方社会安定,加强了洮州地区各民族对中央王朝的向心力,也为多民族共同生活场域的形成提供了重要的社会基础与社会支持。

---

① 中国人民政治协商会议卓尼县委员会文史资料研究委员会.卓尼文史资料选辑第一辑(内部资料)[M].1984:10.

第三节　多民族共同的生活场域

通过"因俗而治"与"土流参治"的政治策略,多民族共同参与的管理、防御体系在加强汉族与少数民族之间交往与合作的同时,也使其日常的社会生活联系更加的紧密,形成了多民族共同的生活场域。

一、农业生产与族际互动

在明朝的"寓兵于农"政策下,迁入洮州的汉族、回族屯民耕耘土地,广积军粮,使洮州地区的农业经济得到了一定的发展。根据战略的需要,迁来的汉族、回族军士留在了洮州,战时为兵,平时守城屯田,后来屯军家属也迁来定居。戍边屯兵的汉族、回族移民通过世代的劳作生息,逐渐发展成为洮州的定居农户。随着流民、军犯、难民以及自愿归附移民的不断迁入,洮州地区农业人口不断地扩大。

在洮州地区,卓尼杨土司、资堡昝土司和卓逊小杨土司对其管辖范围则实行的是"上马为兵,下马为民"的"兵马田"制度,将所管辖土地以所属旗或村为单位,分配给个体户租种。卓尼地区的"兵马田"制度规定土地的所有权归卓尼土司所有,属民对土地只有使用权,没有买卖的权力。卓尼地区的藏族在土司统治时期不需给国家交粮、纳税,只向土司进贡纳粮,民众的田地都是"兵马田地"或寺院的田地。

最初汉族、回族移民在洮州城镇、堡寨附近开垦农田,周边邻近区域的藏农则是在卓尼土司的兵马田制下进行农业生产。随着汉族、回族屯民土地开垦的扩大,以及农业人口的增加,洮州地区的人地矛盾也开始加剧,因此一些汉族、回族农民也向附近的民族地区扩散,逐渐与藏农耕种的土地相邻,出现相互交叉嵌入的情况,形成了汉族、回族、藏族共同开发洮州的局面。如上文提到的,在明朝时就出现卓尼土司、资堡土司、卓逊土司等对濒于溃散的营田汉人的收容，将其耕种的土地纳为兵马田。

由于文化上的差异，当时部分藏族害怕触犯神灵，并不直接耕种，而是将土地租给临近的汉族或回族种植，而自己还是主要从事畜牧业[①]。在藏文化中，有拉（天神）、念（主宰山川河流的中界神灵）、夺（空间类神灵）、萨达（土地神）和鲁（河流、湖泊和水井底部的下界神灵）五类神灵。其中，萨达与人们生活的大地息息相关，地上的树木、花草、动物、人类以及地下的矿藏都归其掌管。与其他四类神灵相比，萨达与人类的距离最接近，因而容易受到人类的打扰，并且也更容易被激怒。在藏族人的观念里，开垦、播种以及建房等与挖掘有关的行为有可能会打扰到萨达，并且招引萨达的不满和报复。因此，在当时的涉藏地区出现了"每汉人过河耕种其地，及其秋成，十归其一[②]"的"蕃租"现象。此外，也有回族、汉族农民租种藏传佛教寺院的田地。如临潭县术布乡的普藏什村是一个回族、汉族、藏族杂居的村落，这里最早是由临潭敏姓的回族耕种藏传佛教寺庙麻奴寺（麻尼寺）的田地，定期向寺庙纳粮。后来，苏、马、丁姓的回族也来此务农，在自购田产之后才与寺院脱离了土地租赁的关系。也有一些贫民愿意种寺院的土地，因为作为寺院的百姓不用受当地行政官吏的管辖[③]。

在西羌诸族活动的时期，洮州地区的河谷地带就有作为辅助性生计的农业种植。而历史上中原王朝对洮州取得控制的时期，也进行过农业开发，如李安宅先生在《川、甘数县边民分布概况》中写道：

> 甘肃临潭的江卡寺，"江卡"即"江卡尔"，乃"汉人城"之意……梯田的遗迹，也是只要留心便随地可见的，当初已经种田，有了定居的生活，藏族占了以后就利用草地，从事游牧生活了。[④]

---

① 贺卫光.中国古代游牧文化的几种类型及其特征[J].内蒙古社会科学（汉文版），2011（5）.
② 〔清〕徐松辑.宋会要辑稿[M].蕃夷五之五三，北京：中华书局，1957：7793.
③ 中国人民政治协商会议甘肃省临潭县委员会文史科教委员会.临潭县文史资料第四辑：临潭简史（内部资料）[M].1991：126.
④ 李安宅.川、甘数县边民分布概况[A].李安宅藏学文论选[M].北京：中国藏学出版社，1992：73—74.

在明朝的屯垦开发之前，洮州地区河谷地带也有藏族从事农业种植，但是规模和产量有限。而汉族、回族移民的戍边屯垦，使得先进的农业技术也在洮州地区大力地传播和推广，洮州地区农业经济带的形成使当地农业生产得到了前所未有的发展。

卓尼地区有很大一部分从事农业生产与半农半牧生产的藏族，如穿"三格帽"服饰的"觉乃藏人"[①]，以及穿提提玛服饰的"提提玛"藏族等等，他们被称为"戎哇"。而有些主要从事牧业的藏族也会从事辅助性的农业生产。卓尼耕种的田地在土司管辖时期被分为四类，即兵马田、衙门田、章珠田和丈尕田。衙门田是土司租于汉藏农户、年收一定租粮的田地；章珠田是所有权属于喇嘛寺院的田地，佃户按一定的比例收获量给寺院，如前文提到的普藏什回族农户；丈尕田是在卓尼城周围的田地，可以自由买卖，与内地田地的情形相同；而所有权属于土司的兵马田占所有类型田地的大多数，即兵马田下的藏族种植户只有对土地的使用权，并承担对土司的一些义务，如纳粮、纳钱、纳柴草、当兵和当乌拉等。

在卓尼土司的管辖范围内，有一种没有直接耕种兵马田的人家，被人们称为"尕房子"。尕房子主要是来自岷县、漳县、临夏等地的汉族，因逃避灾荒、战乱而拖家带口来到洮州地区沿磨坊和油场乞讨，在藏族宅子旁搭建简易的茅草屋定居下来。尕房子群体中有些人替藏族做工艺，有些人当佃农或雇农，还有些人经营小生意，很多人则在存有一定积蓄后会等待机会"购买"藏族的土地[②]。卓尼地区这一出让兵马田的行为也叫作"吃田地"。由于兵马田制度下的田地所有权归土司所有，所以"吃兵马田"只是田地和所住房屋的让渡，而不可买卖。在卓尼土司管辖时期，如被发现偷卖兵马田地，契约不但失效，兵马田地也会被无代价收回，并且门户被封、财物被没收，甚至被逐出村外。

据谷苞先生在民国时期的考察，尕房子的户数约占兵马田地人家总户数的五分之一：

> 在卓尼，尤其是洮河主流与支流的两岸各村落，有一种住户曰尕房子，所谓尕房子便是指没有直接耕种着兵马田的人家，在洮河主流与支流沿岸的各村落，据我个人粗略估计，尕房子的户数约占兵马田地人家总户数的

---

① 2001年7月11日在卓尼县大峪沟召开的"甘南藏族自治州藏族文化与甘南旅游产业研讨会"上，将"三格姆"定名为"觉乃藏族"。

② 谷苞.卓尼藏区的汉番[A].李正元主编.故土新知[M].北京：商务印书馆，2019：65—69.

五分之一，拉小沟村有兵马田地人家三十五户，有尕房子八户，纽子村有兵马田地人家十五户，有尕房子五户，麻的尕有兵马田地人家十一户，有尕房子三户。这种人家完全是由岷县临潭和临夏移来的汉人，他们的职业是农工、小商人、水手，兼业为工农，所种的田地都是向种着兵马田地的人家租佃来的，这种人不但对土司没有任何力役与财赋的义务，而且还是吃番民兵马田的等候人。①

兵马田的让渡可以帮助陷入困境的藏族偿清债务，而"吃田地"的方式成了汉族农民进入藏族社区的主要途径。由于亚高原的环境，洮州土地较为贫瘠，产出较低，农业生产的环境不理想。而土司管辖范围的藏族人还有十分沉重的宗教费用，除了向土司纳钱粮和当乌拉等官差之外，还有纳雨粮②和打索车③、念禾经、祭山神等神差。这些宗教义务对于经济处于中等程度的藏族家庭来说已经是很大一笔开支，而在突然遇到困难经济不能周转时便要向寺院举债，即地布。但是如果迫于困难不能偿还地布，就只能选择出让兵马田地的下策。逃荒而来的汉人由于不用担负神差与官差，总能通过谋求生计积攒下一些吃田地的钱。

在让渡兵马田的过程中，当双方商议好价格后，需要由出让者所在村的"十人"（村民集体）同意后，方可前往土司衙门领取尕书。只要吃田者声誉较好，"十人"总会同意，因为如果不同意，则负债的村户会在官差与神差上连累到"十人"。领上尕书时，要向土司衙门交纳谢礼，回到村里要以酒食招待"十人"，请人当众于尕书上写明让、吃两方，均出于甘愿，并写明吃田者所出的价钱数目等。这张尕书以后便握在吃田者手中，为永久耕种土司兵马田地的凭据。④

而通过吃田地，大量汉族人定居在了藏族人生活的社区。不同民族在平日里一同劳动、生活，使得多民族杂居的村落社区逐渐形成。如笔者在申藏镇的上甘藏村

---

① 谷苞. 汉人怎样的定居于卓尼番区 [A]. 中国西北文献丛书第四辑：西北民俗文献 [M]. 142卷，北京：线装书局，2006：325—345.
② 寺院活佛分区保险各地田禾遭冰雹，收获后便向活佛纳雨粮，数量有一二升两三斗不等，各遂心愿。
③ 收获后一种报答天恩的宗教仪式。
④ 谷苞. 汉人怎样的定居于卓尼番区 [A]. 中国西北文献丛书第四辑：西北民俗文献 [M]. 142卷，北京：线装书局，2006：325—345.

调研时了解到，该村汉族住户的祖上就是通过吃田地定居到村庄的。上甘藏村的QDJ[①]说村子在新中国成立前有八户藏族和八户汉族，其中的八户汉族是吃田地者，来的时候是叔伯关系的一家子，为王姓和李姓，现在发展到了二十多户。

综上，通过农业生产中的族际互动，如土司对汉人的收容，汉族、回族老百姓租种寺院或藏族人的土地，以及吃田地等方式，洮州的农业种植地区基本形成了汉族、回族、藏族、土族等民族在地理空间的交错杂居，实现了民族间在居住层面的互嵌。同时，各民族也在日常的生产生活场域中逐渐形成了亲密的互动与往来。

二、边地贸易与族际经济交往

地理上的相对封闭性以及高山起伏的自然环境，使得洮州所在的青藏高原东缘区域日常生活资源相对匮乏，辅助性的生计难以满足其日常的需求，因此获取远方的辅助性生活资源就显得十分必要。基于内地农耕民族与边疆游牧民族之间的经济结构差异，互补性的经济往来在满足民族生计需求的同时也繁荣了西北民族贸易。西北民族贸易的渊源是贡赐贸易和绢马贸易，通过这些经济活动，中原农耕地区生产的粮食、布帛和金属工具等进入边疆游牧地区，边疆游牧地区的马匹则满足了中原的需求。明朝实施的茶马贸易、贡赐贸易等经济策略，在加强中央王朝对涉藏地区的经济控制的同时，也促进了内地与涉藏地区之间市场空间的发展。洮州地区的民间私营贸易也在这一过程中得到了一定程度的推动。

（一）贡赐贸易

明朝对涉藏地区的朝贡非常地重视、宽容和鼓励，回赐物非常的丰厚，也容许边民从事有限度的贸易活动。通过朝贡制度的实施，大量庞大的朝贡使团频繁往来，围绕朝贡的贸易活动也在大规模的物资运销中展开。

> 西宁十三族、岷州十八族、洮州十八族之属，大者数千人，少者数百，

---

① QDJ，男，藏族，36岁，务工，卓尼上甘藏村人；学历：初中；访谈地点：卓尼县申藏镇上甘藏村；访谈时间：2018年2月7日。

亦许岁一奉贡，优以宴赉。①

参与贡赐贸易的群体主要是少数民族首领和上层僧人，如史料记载："鸡鸣寺番僧端行领占、洮州卫千户赵诚，奉命往八郎等族诏谕眼即多匝族、马儿匝族、思曩日族、潘官族、哈伦族、头目桑耳结巴、阿思巴等来朝贡马。"②洮州地区有近13个藏族寺院（洮州地区藏族寺院约有20个）和53个藏族部落（人口大约占洮州藏族的三分之二）参与了朝贡③。《大明会典》规定："从洮、河州起送者，发送京每人折衣彩缎一表里、纻丝并绫贴衣两件。留边赏同……具食茶五十斤、靴袜钞五十锭。"④"潜带金银，候回日市买私茶等货。"⑤这些赏赐品被朝贡者带回当地市场进行交换，从而促进了边地的贸易交流。朝贡贸易下内地与涉藏地区之间的物资交流，促进了明朝的政治、经济整合，也在一定程度上加强了边地民间贸易的基础。

（二）茶马贸易

唐宋时期，汉藏之间的茶马贸易开始兴起，内地与边疆之间的经济联系也在很大程度上紧密了起来。"茶之为物，西戎吐蕃，古今皆仰给之，以其腥肉之食，非茶不消，青稞之热，非茶不解，故不能不赖于此。"⑥当内地的饮茶之风传播到了边疆游牧地区，茶叶以解油腻、助消化、祛除寒湿、调节口味等特殊的调节功能，逐渐成了牧区日常生活中不可缺少的一部分，甚至从王公贵族到平民都达到了嗜茶如命的地步，使得生活在川、青、藏、滇高原区域的人们对茶叶产生了非常迫切的需求。

茶马互市于唐代、五代十国时期开始产生和发展；在宋朝进入了重要的完备时期，洮州在内的河陇区域成为宋、夏、金以及西域和青藏地区民族贸易的商品交换中转地之一；元朝时蒙古族入主中原，马匹资源较为充足，茶马贸易逊于前朝。随着明朝军事防御体系的要求和内地商品经济的发展，西北的茶马贸易又进入了黄金

---

① 〔清〕张廷玉.明史[M].卷330，西域二，北京：中华书局，1974：8542.
② 〔明〕明太宗实录[M].卷59，永乐四年九月壬戌，台北：中央研究院历史语言研究所校印，1962：858.
③ 武沐，金燕红.13—19世纪河湟多民族走廊历史文化研究[M].北京：中国社会科学出版社，2017：267.
④ 〔明〕大明会典[M].卷112，给赐三，外夷下，扬州：广陵书社，2007：1656.
⑤ 〔明〕明英宗实录[M].卷177，正统十四年四月辛亥，台北：中央研究院历史语言研究所校印，1962：3408.
⑥ 〔明〕明经世文编[M].卷149，北京：中华书局，1962：1489.

时期，促进了西北、青藏地区民族交易的积极性，内地与边疆民族地区之间的贸易空间又迎来了繁荣时期。

明朝仿效唐宋时期中原王朝与吐蕃的茶马互市，建立了官办茶马贸易制度，通过"茶叶"对涉藏地区达到经济控制的目的，从而维持着藏边社会的稳定，并为明朝军队换取匮乏的马匹资源。茶马贸易主要涉及的是汉藏边地农耕经济毗邻地带的游牧地区，洮州管辖范围的玛曲、碌曲等牧区也是其中的马匹来源地。明朝在洮州、河州、西宁、甘州、庄浪、岷州等地设立茶马司。洮州茶马司设于明洪武七年（1374）十月，最初设于旧洮州堡，后迁往洮州卫城；明洪武十六年（1383）七月洮州茶马司取消并合并于河州茶马司内；明永乐年间又重新恢复洮州茶马司[1]。当时规定："洮州火把藏族、思囊日等族，牌四面，纳马二千五百匹。"[2]

与宋朝茶马贸易中的羁縻从属政策不同，明朝在经济策略中通过"金牌信符"制度，将政治象征与经济控制结合起来。因此，明朝的这一经济策略与经济控制在更深程度上强调了中原王朝与涉藏地区之间的直接隶属关系。明朝的茶马贸易是由国家垄断，尤其是在明朝初期对私茶的处罚非常严厉。而明洪武之后，明朝的一些达官贵族、官豪势要、当地驻军、行商小贩参与到茶叶走私中，一些少数民族宗教首领也违制携茶，茶马贸易出现一定的失衡，"金牌信符"也逐渐开始废弛。

明弘治年间，都御史杨一清在前人经验的基础上进行了实地调查，然后引入商人资本，在探索中开创了"官督商运，官督商销"的新模式。在这一新模式下，商人收购茶叶前要向政府纳税领取茶引，之后再运输到西北边地。运到边地的茶叶，一部分交由政府负责收购销售，另一部分交货时由商人在茶马司当地销售[3]。杨一清的新策略在解决茶叶运输困境的同时，也使茶马贸易的正常秩序得到了很大程度的恢复。"官督商运，官督商销"的新模式还使商人合法地参与进汉藏边地的茶马贸易，民间的私营经济得到了刺激，再次活跃起来。

（三）边地市场空间中的族际经济纽带

茶马贸易与贡赐贸易共同推动了汉藏边地的民间贸易，开拓了汉藏边地的族际

---

[1] 魏明孔.西北民族贸易研究——以茶马互市为中心[M].北京：中国藏学出版社，2003：202.

[2] 〔清〕张彦笃主修，包永昌总纂.（光绪）洮州厅志[M].卷16，番族·茶马，张俊立校注，北京：中国文史出版社，2013：426.

[3] 金燕红，武沐.明初茶马贸易衰败原因的再辨析[J].西藏研究，2014（1）.

市场空间,并在更大程度上拓展了以川藏道、滇藏道和青藏道为主线的商贸路网体系。农牧交错地带的洮州也处于这一贸易网络中,因此洮州地区民族贸易也十分繁盛。明朝的茶马贸易等经济策略使西北边区的茶叶交易量达到前所未有的规模,再加上洮州茶马司的设立和民间私营贸易的发展,洮州逐渐成为西北民族贸易中一个重要的商品物流集散地。

明朝在边地治理中的经济策略促进了洮州地区市场空间资源整合,并加强了洮州地区的族际经济互动。在洮州的边地市场空间中,藏族寺院和藏族部落参与到茶马贸易的交换中,形成了汉藏贸易资源流动链条;而民族地区的土官配合政府流官,在经济互动中也发挥着一定的协调、沟通与管理功能。洮州地区的流官、土官、藏族寺院和藏族部落相互之间的关系密切,均在汉藏边地的茶马贸易和市场空间中扮演着一定的角色,构成了在同一个政治序列下相互依存的经济共同体。

在明朝中期,汉藏边地的茶马贸易出现了一定程度的秩序失衡,如"金牌信符"制的废弛、地方豪强的腐败以及对私茶贩运失控。而通过杨一清的改革和治理,汉藏边地的茶马贸易重新焕发生机,由过去的政府垄断变成政府与商人共同经营的局面。在秩序的重整中,政府的参与维持着中央王朝对涉藏地区的经济控制,维系着民族地区对中央王朝的行政归属,而商人的参与则活跃了地方的市场,促进了私营贸易的发展,加深了族际间的经济交往交流。《洮州厅志》中的一道敕书反映了明朝对洮州民族贸易的支持:

> 敕镇守洮州卫都指挥李达。今天下太平,四海一家。各处商旅往来者,听从其便。今陇答卫番人来洮州买卖交易,亦听其便。彼此并不许生事。故敕。
>
> 永乐十三年正月二十二日 [1]

"西宁、河州、洮州地方,土民且邻番族,多会番语。各省军民流聚巨万,通番易马,雇请土民,传译导引,群附党援,深入番境,潜住不出。"[2]洮州地区的屯民后代由于长期与当地的藏族接触和往来,较为熟悉涉藏地区的语言与环境,他们深入

---

[1] 〔清〕张彦笃主修,包永昌总纂(光绪).洮州厅志[M].卷15,艺文,张俊立校注,北京:中国文史出版社,2013:344.

[2] 〔明〕陈子龙.明经世文编[M].卷115,北京:中华书局,1962:1074.

青、甘、藏、川西高原区域，参与各种民间贸易和商业运输活动，活跃在青藏高原的商贸路网上，形成了洮商群体的雏形。

洮州卫设立之后，各种移民群体的不断迁入，也使洮州地区的商业、手工业以及服务业得到一定发展，促进了城镇聚落的兴盛。如《甘肃之工业》卷六《毛褐》提到：

> 临潭毛褐，据传始于明太祖。洪武二年，大将军徐达西征土蕃以后，由安徽凤阳人传往者。经当时平西侯沐英克洮州，鉴于土蕃之时起时伏，不可力胜，因移民屯田，屯丁之中，以安徽凤阳人居多，而土蕃境内，服装原料仅羊皮一种，皖人习纺织，乃渐传渐广。①

族际市场空间与民间私营贸易加强了内地与青、藏、川西等高原区之间的资源交换，满足了区域间各族人们的日常生产、生活需求。内地的行商、洮州地区的土商、附近甘青川的游牧民在洮州进行着频繁的商贸交易和交往交流，在互惠共生中建立起了族际经济纽带的基础。

三、多民族共同性的民间社会文化

"以神道设教"的基本观念通过民间信仰，成为传统政治制度中一个固定的组成部分②。明朝的"城隍改制"和"神道设教"等文化策略对民间信仰与民间文化产生了较深的影响。在明朝的文化整合中，洮州地区在屯垦戍边与开发的过程中形成了与人们生产生活相关联的民间文化。同时，洮州地区的民间文化也在族际互动的过程中吸收了多民族文化的元素，并被多民族所接纳和共享。通过洮州地区各民族长期的生产生活，明朝的文化策略与洮州的本土文化、移民文化、多民族文化相融合，联结了跨村落、跨族群的民间互助纽带，增强了洮州地区汉族、藏族、回族、土族等民族之间生产生活交流、文化交流和情感交流的文化基础。

---

① 甘肃省银行经济研究室.甘肃之工业[M].卷6，毛褐，兰州：甘肃省银行经济研究室，1944：35.
② 杨庆堃.中国社会中的宗教[M].范丽珠等译，上海：上海人民出版社，2007：116.

民间社会文化是一种国家在场与民间生产生活结合所产生的一套民间文化秩序，包括一系列规律性的农事活动、民间祭祀和民俗文化活动，协调着社会生产、生活的正常运行。洮州地区的民间社会文化与日常的农业生产、生活密切相关，同时具有一定的包容性与开放性，因而吸收一些其他少数民族的文化，促进了除汉族以外的其他民族的参与。洮州地区的各民族通过日常生产、生活中长期的交往与交流，文化风俗与民族性格也在相互交融，如洮州地区的藏族"颇染汉风，其俗务、稼穑、习工、作事、畜牧、高楼、暖炕皆与汉无异"[①]，而汉族"第民间丧尚浮屠，婚论财贿，颇染边风"[②]。

随着文化策略的实施、中原移民的迁入以及儒学文化的传播，儒学、书院、义学在洮州地区广泛地建立起来，如洮州地区有洮州厅学、莲峰书院、凤麓书院、洮滨书院等教育机构，以及正义学、崇正义学、乐安义学、高凤义学、旧城回民义学、东义学、西义学、端蒙义学和太平寨义学等启蒙性质的教育场所。明清时的土官家族也积极学习儒家文化，从而可以在"土流参治"中顺利地参与地方事务，增强了其对中央王朝的主流价值认同。土官精英对主流文化的融入中也影响着土司所辖的藏族百姓，如修家谱、使用汉姓以及忠孝价值观被民间纷纷效仿[③]。因此，儒家文化的教化体系在民族地区的传播与推广，加强了少数民族对王朝国家的认同，推动了民族区域的国家文化制度建设。

明朝是洮州地区民间社会文化形成的关键时期。洮州地区除汉民族以外的其他民族对洮州民间社会文化的接纳是其在明朝治边策略的影响下对民间社会文化秩序的认同，这种心理认同建立在民族互嵌与民族文化交融的基础上。洮州地区民间社会文化的形成与发展对洮州地区的族际互动产生了积极的影响，在各民族共同生活场域、族际经济纽带的基础上推进了汉族、藏族、回族、土族等民族精神文化的沟通和交流，在文化交融与情感交融中又不断地加强民族和谐共生的情感基础与认同基础，产生了共同性与包容性的多民族文化空间。

---

① 〔清〕张彦笃主修，包永昌总纂.（光绪）洮州厅志［M］.卷16，番族·番属，张俊立校注，北京：中国文史出版社，2013：422.
② 〔清〕（康熙）洮州卫志·风俗［M］.张俊立校注，北京：中国文史出版社，2013：10.
③ 武沐，赵洁.铸牢少数民族地区中华民族共同体意识的历史经验探究——以明清洮州地区为例［J］.青海民族研究，2022（3）.

第四章
互动与调适中的地方文化秩序

　　地方性的文化秩序产生于区域空间内人们的生产生活与社会互动，表现为区域性的社会规则，也是区域空间内在的社会文化体系与外在力量交互辩证而形成的动态平衡。地方文化秩序中自发的习俗、风尚、信仰、社会交往、心理认同不仅帮助人们在洮州地区开发与生产的过程中适应自然环境，也协调着洮州地区多民族文化场域下人们的社会互动和族际关系。通过地方文化秩序，洮州地区多民族所共享的区域性民间社会文化空间不断地进行着调适以适应社会的生产生活，同时也伴随着洮州地方社会的整合与文化构建。

第一节　洮州地方社会的文化构建

在明朝的治边策略影响下，洮州地区的政治秩序和民族人口结构得到了前所未有的改变，新的洮州地方社会进行着整合与文化构建，为洮州地方文化秩序提供了相应的社会文化环境。

一、洮州地方社会的空间构造

建制文化是洮州地方社会文化构建的基础，也为洮州地方社会勾勒出了一个空间体系：

> 一代之制，有沿有革。厅治之先称郡、称县、称卫所，而后建立为厅，时至而事起，变通以尽利，此自然之势也。夫规数百里之地而制为厅，则必筑城郭、立学宫、设公署，以为官师率教之地，而后之纲之纪以次举行，此其大焉者也。由是坛庙所以祀神也，津梁所以济众也。至于备赈有仓，储兵有库，所以思患而防御也。官斯土者皆当精心擘画者也。志建制。[1]

主流文化与地方文化的互动是双向的，主流文化透过"向下渗透"的机制影响各个地区的地方文化，而地方文化又透过"向上传送"的机制成为主流文化的一部分[2]。

---

[1] 〔清〕张彦笃主修，包永昌总纂，张俊立校注.（光绪）洮州厅志[M].卷3，建制，北京：中国文史出版社，2013：139.

[2] 潘海英.文化合成理论在区域社会与文化类型研究中的应用[A].张江华，张佩国.区域文化与地方社会——"区域社会与文化类型"国际学术研讨会论文集[C].上海：学林出版社，2011：9—16.

洮州卫在实施军政管理和农业生产开发的过程中，建立了城池、公署、驿站、寺观、坛庙、学校、集市以及渡口和桥梁，并设立了包括堡寨、边墙、塘汛、墩台、马厂等在内的兵防系统。行政建制的设立，使洮州所管辖的地域围绕军政管理、军事防御、屯田劳作、商贸交易等形成了统一的集体行动单位。因此，在卫所的行政体制下，洮州地区不仅纳入了中央行政体系，也形成了一定空间范围内的地方社会系统，使地方社会得以正常运转。在行政建制影响下的地方社会空间中，人们通过频繁的官方交流、民间交流，加强了日常在军事行动、农业生产、商业贸易、民间交往中的联系，逐渐产生了地域性的方言体系、民间风俗与文化认同。通过建制社会文化，洮州地方社会一方面产生了符合中央行政体系的行政结构与文化象征结构，一方面又与洮州的地方社会风俗相契合。

区域文化是通过一定区域内不同文化的相互作用而形成并且不断地扩展，当扩展到一定的时空条件时，又和其他区域的文化产生相互作用，最终又形成新的地域性文化体系[①]。洮州的区域空间体系中，人们通过政治、经济、文化、社会、信仰等各方面的互动，在官方建制社会文化的基础上结合地方文化和跨区域文化，最终在文化互动中产生了洮州的区域社会文化。

洮州新城与旧城是洮州地区的两个区域中心。其中，洮州新城（洮州卫城）作为洮州地区曾经的行政中心，在历史上发挥行政管理功能的同时，也具有重要的文化象征意义，在历史中代表着王朝正统的威仪和中央行政体系的秩序。当临潭县的行政机构从洮州新城迁至城关镇（原洮州旧城），新城镇所具有的文化语境转换成了地域性的地方民间文化象征。每年端午节，洮州各路的人们汇集在新城的城隍庙进行龙神赛会等民俗活动。洮州旧城在历史中一直保持着商业中心的地位，"其俗重商贾、善居积，洮地精华聚于是焉"[②]。

洮州以新城为中心，按"东西南北"四个方向分为"东路""西路""南路""北路"四个军事布防区域。虽然洮州的卫所制度早已不存在，但洮州四路在地方性的文化中依然被作为地理空间概念在使用，整个县域被划分成了四个地理文化区域。如果细分的话，又可以多划分出四个区域，即"东南路""东北路""西南路"和"西

---

① 潘海英.文化合成理论在区域社会与文化类型研究中的应用[A].张江华、张佩国.区域文化与地方社会——"区域社会与文化类型"国际学术研讨会论文集[M].上海：学林出版社，2011：4.

② 〔清〕张彦笃主修，包永昌总纂.（光绪）洮州厅志[M].卷2，舆地·都堡，张俊立校注，北京：中国文史出版社，2013：122.

北路"。在田野调查中，卓尼县申藏村的一位村民在谈到方位时，就使用了这种地理空间概念：

> 你看我们这个临潭县城就属于洮州，洮州这个地方早一点的城市就属于新城嘛。这个洮州制定主要说的就是新城。我们就是洮州的西门以外的，恰盖那一带就属于新城的北门，迭部这边过来就是上西路，下西路，东南西北分下，我们就是西路，我们是在新城的西面。①

除了新城"十日一会"的跟营，即规律性的定期集市，东路的王旗村和北路的冶力关镇则有"五日一会"的小营，其中构哇、康多等地的藏族、土族前往冶力关镇的集市进行贸易交流。洮州南路的新堡乡一带不设营，生活在南路的汉族和藏族去新城跟营。"其间积货通商可称繁富者，惟旧洮堡一处"②，洮州西路旧城的营则在繁荣的民族贸易中发展成了固定市场，吸引着周边牧区的人们。

洮州新城、旧城、各路、跟营以及堡寨、村落不仅构建出洮州地区的地理空间概念和社会空间构架，同时也在洮州的社会空间中为各民族的社会互动营造了交往交流的日常生活场域。

二、移民社会的生产环境适应

洮州地方社会在地方文化秩序的调适中，其生产环境得到了适应，产生了与地方环境相契合的生产生活节奏，以及农牧互补的生产智慧。

（一）农业生产的适应

明清的王朝政治将洮州作为军事战略和边疆治理的重要据点，在洮河中上游流域的平缓山、川地发展起国家军事农业，逐渐形成了一个被牧区包围的农业经济区，

---

① BZX，男，藏族，56岁，务工兼务农，卓尼县申藏村人；访谈地点：卓尼县申藏镇上甘藏村；访谈时间：2019年6月9日。
② 〔清〕张彦笃主修，包永昌总纂.（光绪）洮州厅志[M].卷2，舆地·都堡，张俊立校注，北京：中国文史出版社，2013：122.

即洮州农区。今天洮州地区一些汉族农村在每年的正月期间都要举行"打毛熊""耍毛熊"的民俗活动，即在社火中模拟武士用拳棍手打装扮的毛熊。从留存的文化仪式可以发现洮州地区在农业开发过程中自然环境的变迁。在明朝屯民来到洮州的时候，临潭境内还拥有较高的森林覆盖率，熊等一些野生动物会对农业作物造成一些侵扰和破坏，而如今森林退缩到了北山、洮河南岸等周边的林区。屯民们砍伐森林、烧荒开地，建立屯堡村寨，发展起了农业聚落。洮州地区属于高原性大陆气候，气温过凉，夏秋之交多疾风雹雨，其自然条件对于农业生产并不理想。

> 我们这土地少，主要是气候不稳定嘛。我们这个地方没有水嘛，现在你看是绿的，绿的时间不长，十月份我们这山上干草白白的，就是太冷了。雪、雨、霜，有时候还有冰雹，冰雹大。我们是靠天吃饭，天然地浇水，老天爷发雨，我们这个地方就有希望了。天上不下雨，我们这个地方就是干旱嘛。①

陆泰安在其《临洮农业及其歌谣》中记录了流传于洮州地区的《洮州农歌》，生动地描述了洮河中上游流域农区一年四季的农事生活，以及与农事相关的文化互动，反映了洮地的自然气候与艰难的农业生产环境：

洮州农歌②

正月里来是新年，我的老家在江南，自从来到洮州地，别有地天非人间。
二月里来龙抬头，赶紧曳粪莫停留，山上驮来川下曳，又曳又驮全赖牛。
三月里来清明节，前种禾麦大豆接，立夏碎小忙种油，这完那还不得歇。
四月里来到夏初，声声叫的是布谷，人家已经麦秋至，我们庄稼才出土。
五月里来是端阳，迎神赛会村村忙，神事刚了农事起，拔草妇女满田庄。
六月里来天气热，这时青黄正不接，挖点野菜连根煮，只要撑得肚子饿。
七月里来天气凉，山川青禾一起黄，割罢青禾割麦豆，这时秀女也下床。

---

① BZX，男，藏族，56岁，务工兼务农，卓尼申藏人；访谈地点：卓尼县申藏镇上甘藏村；访谈时间：2019年6月9日。
② 中国人民政治协商会议临潭县委员会.百年临潭实录·民国卷［M］.北京：中国文史出版社，2019：132.

八月里来是中秋，不顾过节把田收，倘若一时耽误了，霜杀麦子冻死牛。
重九新面才做糕，吃了这糕冻折腰，各样庄稼都上场，架得厚来堆得高。
十月立冬才碾场，一家大小跑的忙，哪怕手破脚裂口，女的簸来男的扬。
十一腊月雪花飞，遍山遍洼一片白，今年农事□莫了，又把来年粪土背。
农人苦来真个苦，一年到头不停足，差款□□破了产，多早农村才恢复。

表 4-1 临潭农作物栽培时间表 [1]

作物	耕地		中耕除草		播种时间	收获时间	每亩种子量
	次数	时间	次数	时间			
小麦	1	九月底	1—2	六月间	四月底	九月初	1斗
青稞	1	九月中	1—2	六月间	四月底	八月中	1斗
豌豆	1	九月中	1—2	五月中	四月中	八月底	0.9斗
洋芋	1	九月中	1	六月初	四月初	八月中	5斗
燕麦	1	三月中			四月底	八月中	1.5斗
大豆	1	九月中	1	六月底	四月中	八月中	0.9斗
油菜	2	五月中 八月中			六月底	八月中	4斤
芥籽	1	八月间			四月中	八月中	4斤

注：时间为农历。

"洮州地属边陲，气候过凉，每岁除三伏外，寒多热少……夏秋之交，多疾风雹雨，其来甚骤，莫可预防。禾稼遇之，则摧折无余，农人深以为患。"[2] 洮州严酷的农业生产环境和频繁的灾害不仅被地方志和民间歌谣所记录，也给一代代的农人心中留下了心理阴影。在洮州地区的农业生产环境中，四月的播种和五月的生长往往会遇到天旱，而夏秋之交收割的季节又会产生多雨的天气。而最让农民心里恐惧的则是庄稼生长期时经常会有出其不意的雹灾。关于自然风险的应对，洮州有句谚语：

---

[1] 王志文.甘肃省西南部边区考察记[A].中国西北文献丛书第四辑：西北民俗文献[M].卷135，北京：线装书局，2006：349.
[2] 〔清〕张彦笃主修，包永昌总纂.（光绪）洮州厅志[M].卷1，月令，张俊立校注，北京：中国文史出版社，2013：102.

"冬雪多,冰雹少;霜断早,冰雹少;泉水起泡,白雨就到。"虽然洮州地区的人们在生产生活实践中,也在不断地总结着各种应对经验,但是在地理环境与气候的限制下,通过农事上的团结协作来加强有效的人力配置、抵御自然灾害与风险就显得十分必要。因此,在洮州地方社会的构建中,军事农业文化惯性下的集体性、组织性得到了更深一步的加强。

移民们在农业开发过程中,通过对生产环境的适应,在区域性的地理和生态环境中,充分利用和依赖文化资源,在主流文化秩序框架下创造出与地方文化环境和生产生态环境相契合的地方社会时空制度。这些文化资源包括中国传统农业文化中的年历、节气文化,与生产生活联系紧密的民间信仰、民间社会文化,以及与村落社会有关的年度周期、村落文化。在乡土文化中,生产与社区仪式具有不可分割性,生产实践的时间表也与祭礼的周期是对称的[1]。因此,嵌入在经济生产中的文化资源不仅影响和协调着地方的生产生活节奏、秩序,也转化成为一种行动资源,推动着村落间的集体互助与合作,形成了洮州地方社会较强的联村互动特征。其中,民间信仰与民间社会文化中的仪式合作正通过这种联村的纽带与凝聚力不断地加强,发挥着民间社会动员的力量,在无形中调节着日常的社会生产生活。

(二)农牧互补的生产适应

在明朝汉族、回族屯民的农业开发之前,洮州地区主要为游牧经济,农业经济的发展非常有限。随着农业经济的发展,洮州农区形成并嵌入在牧区之中。

从洮州内圈农区与中环圈半农半牧区之间的关系来看,中环圈中农业比重较大且靠近农业核心区的区域,其与农区的农业生产协作较为密切;而中环圈中牧业比重较大的区域,其与内圈农区的经济互补性则越强。因此,卓尼牧区与临潭农区不仅有较强的互惠与互助关系,同时也通过一定的经济互补性形成了以资源流动网为基础的共生关系。如民国时,洮州农区的经济中心临潭旧城是周边及更大范围牧区对外的畜牧业转口市场,卓尼每年经临潭转口输出羊皮、狐皮、猞猁皮、羊毛、木材、马匹、牛等物品,经临潭转输卓尼粮食、青盐、布匹、棉花、纸张等货物[2]。

---

[1] 王铭铭.村落视野中的文化与权力:闽台三村五论[M].北京:生活·读书·新知三联书店,1997:31.
[2] 王志文.甘肃省西南部边区考察记[A].中国西北文献丛书第四辑:西北民俗文献[M].卷135,北京:线装书局,2006:390—392.

"藏族游牧区域，向无手工业可言，土人一切日用物品，虽一帚一席之微，均皆仰给于外。"[①] 游牧经济由于生产生活的不稳定，对农耕经济有一定的依赖性，而洮州农业空间的发展则促进了该地区农、牧经济之间的相互影响，农区与牧区形成了互补性的经济结构。洮州农区的汉族、回族等民族与牧区的藏族虽然在生产生活方式、社会文化等方面的差异较大，但经济结构的互补形成了农区与牧区之间的社会吸引，从而加强了农区各民族与牧区藏族之间的经济交往与联系。洮州农、牧区之间形成的市场空间满足了牧区藏族对日常生活用品和农副产品的需要。同时，与牧区交易而来的牛羊马骡等牲畜也为农区提供了农业生产、交通运输的工具以及部分食物的来源。

洮州地区的牧区与农区之间有着"牧区繁育，农区育肥；农区种草，牧区补饲"的生产经验[②]。如洮州农区及半农半牧区的农民在收割时将熟透的燕麦与其他混播牧草捆成束状进行晾晒，调制成草料，在一定程度上满足了牧区对草料的需求。笔者在卓尼县申藏镇下甘藏村的调研中就遇到了恰盖乡恰龙塘村的藏族牧民由于雪灾而前来寻找他的回族朋友收草料的情况，在临潭县古战镇大尕村也了解到牧区藏族曾前来用牛粪换取农区的干草料。

在经济生产中，洮州地区的农业生产与游牧经济被联系在一起，人们在实践中探索出了农、牧业互补与和谐的发展关系，从而也构筑起农牧互补的族际经济互动空间。

三、洮州的民族文化交融空间

在明朝的大规模屯垦和农业开发之前，洮州区域主要以游牧经济为主，小规模的河谷农业只是作为一种辅助性的生计。军屯开发和移民使洮州地区形成了嵌入在牧区社会中的农业经济带，并不断地扩展，出现了移民社会与牧区社会之间的空间相融。

著名人类学家、藏学家埃克瓦尔于1898年出生在甘青交界区域，他的父母是第

---

① 甘肃省银行经济研究室. 甘肃省各县经济概览第1集 [M]. 兰州：甘肃省银行经济研究室，1942：84.

② 宗喀·漾正冈布等. 卓尼生态文化 [M]. 兰州：甘肃民族出版社，2007：226.

一批来到藏地的传教士。埃克瓦尔在回美国完成学业后，于1922年再次回到中国，长期在甘青藏边地区调研。在此期间，他融入到藏族游牧生活中，取藏名、说藏语，喝酥油茶，吃动物内脏，常到藏族朋友家做客。在藏地的经历为他日后的人类学研究提供了大量素材，后来发表了多部研究著作。埃克瓦尔记录了洮河流域地理空间中汉、藏文化交融的渐变层次特征：

> 沿洮河上游行进，河谷特征渐次不一。我们经过一个又一个分野明显的文化模式，穿村走寨，其中有些村落处于中间的过渡阶段。因此，行七八十英里的路程就可以带你走进一个真正的实验室，观察到文化的变迁过程，而文化变迁的每一步都有标签痕迹仅隐约可寻。继续前行，藏文化特色越来越浓，直到两种文化达到均衡。至此，汉族人的特色开始减少，一直到最边远的村庄，其生活方式和风俗习惯纯粹是藏族特色。①

洮州地区民族文化交融的渐变层次特征体现出了生计文化的圈序结构。洮州内圈的农区主要是农耕文化，以汉族和回族人口为主；而向农区核心区的周围辐射，开始出现汉族、藏族交错杂居的村落，且处于农牧交错地带；离农区核心区越远，牧业所占比重在增加，藏文化特征也更加明显；而最外围的纯牧区，就是以藏族人口为主的游牧文化区。王树民也描述了农牧交错地带的汉族、藏族比例变化：

> 北部曰冬禾索旗，辖四村，自北而南为多坝、拉鲁、霖江下及出蛇。总管驻多坝。南部曰大峪沟旗，有十村，曰杀烈沟、札那、其车、占占、卡部、塔古、丙古、奇部、札力及丫角，总管驻札那。自多坝至丫角凡六十里，住民汉族、藏族各半，比例约为北部汉七藏三，南部反是，中部则相停。②

笔者在调研中，从临潭县城前往卓尼县申藏镇区域的徒步过程也可以明显感受

---

① ［美］罗伯特B·埃克瓦尔，波塞尔德·劳费尔. 甘肃、青海交界地方的文化关系研究［A］. 苏发祥，洛赛编译. 藏族与周边民族文化交流研究［M］. 北京：中央民族大学出版社，2013：72.
② 王树民. 陇游日记［A］. 甘肃文史资料选辑第28辑：甘青闻见记［M］. 兰州：甘肃人民出版社，1988：185.

到具有文化渐变特征的区域层次空间。从临潭县城往东北方向前行，在 10 千米的范围内，依次经过卓尼县的左拉村、地利村、申藏村、下甘藏村、上甘藏村、郭大村和尕郭大村，同时海拔也在不断升高。离临潭县城较近的左拉村和地利村虽然是汉藏杂居的村落，且少量房屋住户有经幡、嘛尼杆等藏文化标志，但很少能看到民族服饰，藏文化的元素不太明显。再往北走，藏文化的元素开始体现出来。申藏村和上甘藏村是汉族、藏族杂居的村落，申藏村与上甘藏村之间的下甘藏村是回族村落。申藏村和上甘藏村已经具有浓郁的民族文化特征，其藏族为从事农业的觉乃藏人，村子的大多数妇女穿着三格帽服饰，日常生活受农业文化的影响较深。顺着河谷地再往上走，便到达郭大村和尕郭大村，这两座村全部为藏族居民，大多数人日常穿着藏袍，其文化和牧区的藏族已没有多少差别，没有人穿三格帽服饰，虽然也从事农业种植，但牧区文化的特征已非常明显。而再向北就是以牧区藏族文化为主的北山恰盖地区。

图 4-1　卓尼县申藏村的藏族、汉族老人（2018 年 1 月 4 日　耿宇瀚摄）

通过这一民族文化的交融空间，洮州地区各民族相互影响。如在日常生活方面，汉族、藏族、回族、土族等民族在衣食住行等物质文化上相互借用，民族语言也在传播与互借。在家庭方面，民族通婚和藏族收嗣促进民族间的血缘交融，如历史上藏族家庭收养汉族人或回族人的孩子。在人口迁移中，历史上其他民族人口通过避难、吃田地等方式进入藏族生活区域，形成多民族杂居的村落社区。在宗教方面，不同的宗教文化也是互相包容尊重与和谐共生[①]。生计圈序结构影响下的文化渐次带使洮州不同生计文化区域共同黏合成了不可分割的一体，同时也成了联结洮州农区与洮州牧区、洮州之外区域的文化与社会纽带。以此，民族文化交融空间奠定了洮州地方文化秩序重要的环境基础。

---

① 马磊.共生与融合：民国洮河上游河谷汉藏生计模式与文化关系———以埃克瓦尔的"甘肃汉藏边界的文化关系"为例［J］.兰州学刊，2017（12）.

第二节　地方文化秩序影响下的文化资源整合

地方文化秩序影响着洮州的民间社会组织形式、文化仪式与文化风俗，产生了地方社会整合的文化资源，协调着跨村落、跨族际的互动与合作。

一、军事农业文化惯性的影响

洮州的地方文化受到历史文化惯性的影响，形成了浓郁的军事农业文化特征，并表现在日常的社会生活中。在军屯转为民屯之后，军事农业文化的惯性依然发挥着一定作用，协调着日常的生产生活。

（一）军屯文化的烙印

卫所军户体制产生了明朝以来地方社会的两大体系，即军户和民户。到了清末民初，沿边卫所地区多流传自己祖上是军户的说法，以此通过证明自己内地汉人的身份来试图获得土地财富的合法性[①]。而洮州地区的老辈人也曾在口头上区分军屯姓和民屯姓。这种对军屯身份的认同就来源于军事农业文化场域中人们对文化资源的整合与利用。在军事农业文化场域形成的过程中，军屯的军事化管理制度与农业生产相结合，对地方社会的文化形态带来一定的影响，留下了与军屯文化有关的历史烙印。在洮州，有很大一部分村落的命名都带有明显的军屯色彩，很多村落的命名

---

① 赵世瑜. 在空间中理解时间：从区域社会史到历史人类学[M]. 北京：北京大学出版社，2017：68—69.

都含有堡、寨、旗，如以各小旗官军驻地命名的刘旗、陈旗、冯旗、张旗、李旗、石旗、朱旗、侯旗、王旗，等等。这些具有军屯文化色彩的地名构建起了洮州地区的地理文化坐标，也在洮州地区的社会互动中强化了军屯文化的历史记忆。而具有军事农业文化色彩的传说与民间叙事也构建了洮州社会文化空间中的集体记忆与想象，营造着军事农业文化的氛围。

临潭古战镇尕路田村每年农历正月十五晚上，全村的大人小孩都要集中在一起，上演一场具有历史记忆的"要馍馍"仪式。在仪式中，村子里的大人小孩集中在一起，挨家挨户地"要馍馍"，在每一家的门口同时呼喊"阿尼仓，告仓，不给馍馍仓"。在"讨馍"时，家户的大门关闭着，当人们呼喊一阵后，这一家的家庭主妇便端着小块面饼的簸箕从梯子爬上门顶，在人们的欢呼声中拖延一段时间才将小块面饼洒落。然后人们停止欢呼，开始满地抢馍。如果某一家人还没有来得及酪面饼的话，也可以用其他食物代替，比如油炸的年馍馍。"要馍馍"的仪式要举行到深夜，挨家挨户地进行，最后人们将抢来的食物带回家放到桌子上，认为谁抢得多谁将在一年里有好运。

尕路田村"要馍馍"的习俗和相关的传说来源于军屯的历史记忆，纪念军户集体讨饭的相关经历。传说军士袁文华等十五人将家属迁到村子里屯耕戍边，定居生活了下来。但几年后，自然灾害的侵袭使得军户们的生计难以为继。为了讨生活，村民们便在藏族富户阿尼仓家干活。阿尼仓非常的吝啬，家中有许多存粮，但是他只管干活人的饭，而不给任何报酬。在又一次大灾荒来临时，人们的饥饿已经到了威胁生命的地步，便于正月十五的晚上商量好集体到阿尼仓家门前起哄、讨要。起初，阿尼仓还用弓箭刀矛来恫吓驱赶，最后讨要人在僵持中大喊："阿尼仓见死不救，我们烧掉你的家。"这使阿尼仓有些害怕了，便命家人将食物向人群中抛撒，使灾荒造成的饥饿得到了一定程度的缓解。后来袁文华拜访阿尼仓，想借一些粮，并通过十五户劳动力给阿尼仓家的劳动作为借粮的利息，而阿尼仓担心连年灾害收不回粮食便没有同意。后来经过都司、阿尼仓的头人马僧纲的出面担保和协调，最终阿尼仓同意借粮，使这十五户人得以生活。

笔者在调研中了解到，尕路田村至今依然保留着抢馍馍的习俗，并且尕路田村的汉族、回族共同参与，有时候邻村的藏族和汉族也会来尕路田村参加。

> 我们都参加过，汉族、回族一块参加。正月十五的晚上，我们小的时

间到现在一直在古战，在古战那边，按照我们这的话就是浪去了呗。随便去转一转，人家那个社火、唱戏，我们就去看着呢。这个去的之前，必须把我们这个村的民俗就要弄完。娃娃们，主要就是娃娃们，小的时间七八岁，十几岁，大的就是二十岁，每家一个人，全部就去家家门上要馍馍。要的时候还有嘴上喊的口令："阿尼仓，告仓，家家门上要仓。"小孩都参加，一到晚上了就到他们家门上喊。然后他们家主人就到门上，这些碎馍馍、还有油炸的那个饼子，掐成这样的方块，现在也不切了，直接把这些馍馍掰碎，从房顶上，从门头顶上撒下来，然后就抢。挨家挨户，回族家娃娃就跟着汉族娃娃。①

"阿尼仓，告仓，不给馍馍要点"，那个话我们还是说不上，要馍馍来了，十五晚上。要过一、两次。再饼子、馍馍烙上撒了，抢着呢。我那会儿也就是十来岁。馍馍抢来，水还得洗一下，土有呢吗。撒到地上，抢了来，水洗得干干净净的。吉祥如意，那么个意思吧，我也不懂。②

尕路田村的这一风俗和传说正好反映了军屯开发、土流参治、"租种番地"等历史背景，并形成了一个奇特的纪念性仪式。纪念仪式的重演特征，具有塑造群体记忆的特质③。而洮州地方文化构建和塑造中注入了这些文化特质与历史记忆，最终形成了洮州地方文化秩序的文化资源。

（二）军事农业文化中的象征性展演

每年的农历正月期间，甘沟村及附近的几个村庄都会进行纸马舞的仪式，纸马舞现已被列为临潭县的非物质文化遗产。2018年的正月初十，笔者随临潭县的武锐老师、马廷义老师、丁志胜老师等一行来到羊沙乡的白土坡村考察纸马舞民俗活动。

羊沙乡境内多为高山与河谷地带，洮河、冶木河、羊沙河均穿流而过。羊沙乡交通不太便利，受地理方面的限制较大。从新城镇前往冶力关的公路途径羊沙乡和

---

① 丁耀斌，男，回族，51岁，经商，临潭县尕路田村人；学历：高中；访谈地点：临潭县城关镇；访谈时间：2020年12月18日。

② 包白马，男，藏族，65岁，务农，临潭县大尕村人；访谈地点：临潭县古战镇大尕村，访谈时间：2020年12月20日。

③ ［美］保罗·康纳顿.社会如何记忆［M］.纳日碧力戈译，上海：上海人民出版社，2000：70.

甘沟村，一路上需要盘山环绕，翻越崇山峻岭。此次考察的白土坡村要从甘沟村所在的河谷地带进山，从甘沟通往白土坡的道路还没有硬化，路途比较崎岖。白土坡村依山而建，山体坡度有些大，整个村落的层次感较为明显，鳞次栉比，家户的院落紧紧地挨着下面住家的屋顶，一层接着一层，很有气势。白土坡村的民居全部为土坯与石头建构，还可以看到传统的篱笆墙，较为原始与古朴。村庄有一些古老的松树，是当年开庄的时候栽种的。白土坡村的姓氏有陈、马、浦、王，其中陈家、马家、浦家是开庄户，王家是后来迁入的。马家又分大马家和小马家，小马家认为他们祖上来自南京。近些年来的易地移民搬迁将一部分人迁到了甘肃河西走廊地区，因此村民基本上没有对房屋进行重建，村落的原始面貌反而被幸运地保存了下来。

图 4-2 临潭县羊沙乡白土坡村（2018 年 2 月 25 日 耿宇瀚摄）

每年的农历正月期间，甘沟村及附近的几个村庄都会进行纸马舞的仪式。在洮州的十八龙神信仰中，只有成世疆所属马路范围的村子有纸马舞的仪式。而在洮州的龙神人物中，也只有成世疆为临潭本地人。现在甘沟村及附近村落的成姓均为成世疆的后裔。当地关于纸马舞有两种民间故事：

其一是村民在唱神戏时，一位僧人被附体说常爷、成爷、同治爷和大郎爷四位神祇本身就是武将，不喜欢听唱戏，要求在正月里跑马。后来有一年正月，村民正在跑纸马时，来了一批山匪。当山匪从远处看到红马、红人和排兵布阵的红将军时被吓退，使村民们躲过一劫。此后，村民就通过纸马舞这一神事活动来祈求风调雨顺和村落的平安。

其二是成世疆在平叛的战争中阵亡，被他所骑的白马驮回故里。之后，白马不吃草料，数日后也死去了。人们为纪念白马的忠义，就在当地修建了一座白马坟。

图 4-3 临潭县羊沙乡白土坡村纸马舞仪式（2018 年 2 月 25 日 耿宇瀚摄）

从临潭去往冶力关的公路上就可以看到白马坟的纪念性墓碑，每年还有祭祀的活动。成世疆的主庙也位于甘沟村，其马路包括今天的羊沙乡以及卓尼县藏巴哇乡的部分地区。

> 正月的初二到这里给四位老爷①拜个年，来这跑一马，这个情况。（正月）十四的时候，到成家祠堂，到祠堂这恭喜着呢，（正月）十四是全部的

---

① 白头坡村的龙神歇马店里供奉的四位老爷分别是常爷（常遇春）、成爷（成世疆）、同治爷和大郎爷。白土坡村是成爷的马路，其他神祇为陪侍佛爷。

成家人去，酒拿上，烟拿上，把跑纸马的组织一下。①

纸马舞所需要的马和灯笼等道具都是用纸糊成的，仪式中一个人穿着藏式的皮袄，拿着筐扮演马倌，一直在纸马队伍旁模仿马倌的劳动进行表演。除了马倌，纸马队伍有十二人，队伍最前面的两个人举着纸灯笼，后面的十个人将纸马套在腰间，右手拿着一杆小旗，一共十匹马。仪式开始时，纸马身体里的灯被蜡烛点亮，纸马舞的仪式过程象征着军事中的排兵布阵、安营扎寨。

跑四门，他不管大堡子，小堡子，所有城堡都是四个门呗。唱词分两个内容，一个是秧歌，单纯的秧歌，另外一个是跟纸马有关系的。像扎五营专门有扎五营的马曲，跑四门有跑四门的舞曲，还有黄飞虎带兵，与战争有关的马曲。民间对黄飞虎还是崇拜的，在三国关羽前的第一位武神。②

正月初十晚上，"跑四门"的仪式在锣鼓声中开始，队伍首先排成一列，提灯笼的两个人在最前面，整个队伍跑了起来，在场地上如长龙一般，蜿蜒而行。之后整个队伍开始变换队形，每一匹纸马绕到后一匹纸马的身后，就像接力一样依次跑位，直到倒数第二匹跑到最后一匹纸马身后。跑位的过程中，队伍分成并排的两列前行，提灯笼的人在最前面。先是碎步，然后跑起来，接着两列队伍从并排的队形分开，环绕场地相对而行。在环绕场地几圈后，场地中央的花炮被点燃，两队在环绕过程中每次相遇时便错开交叉着前行，犹如缠绕的两条龙，提灯笼的两个人将灯笼左右晃动。

"跑四门"仪式之后，两队相对而站，两位老人在案桌前烧黄表纸，一边烧纸一边念：

成老太爷，马老太爷，马老仁兄，浦老仁兄，各位先生，大的无灾，小的无难。

---

① CXX，男，汉族，55岁，农民，临潭县羊沙乡人；访谈地点：临潭县羊沙乡白土坡村；访谈时间：2018年2月25日。

② WR，男，汉族，45岁，医生，临潭长川人；学历：本科；访谈地点：临潭县城关镇；访谈时间：2018年4月18日。

然后两列纸马队伍让出一条路，马倌来到两队列之间，向案桌叩拜。马倌拜完，一头舞狮来到两队之间，老人念到：

> 狼虫虎豹就赶到山里，远远地去啊。来到人间，你就是专门管狼虫虎豹的，各方面就顺顺当当的，大的无灾，小的无难，一挂就平平安安的啊，成了。

接着是"扎五营"仪式，纸马队伍之外的五个人提着木灯笼分别站在场地的中央和四周，象征着排兵布阵中的中央和四个方向。纸马舞队伍形成一列长龙，依次围绕每一个灯笼跑马，还是提着纸灯笼的两个人在最前面，身穿纸马的人在后。之后，提木灯笼的五个人退下去，纸马队伍又一次进行之前的那种变换跑位，形成并排的两列。刚才烧黄表纸的两位老人并排进入队伍，在提纸灯笼的人之后、纸马之前。整个队伍一边走路前行，一边唱纸马舞曲，纸马舞的唱词也与军事行动和排兵布阵有关：

王黑虎领兵[①]

> 腊巴号儿响三声，什么人领兵就领兵。
> 什么人领兵在前关，高能基领兵在前关。
> 摇下一座什么正，摇下一座长蛇正。
> 什么人领兵在后关，神工保领兵在后关。
> …………
> 什么人领兵在中营，王黑虎领兵在中营。
> 摇下五虎什么正，摇下五虎八仙阵。

除了纸马舞，洮州地区的很多民俗都带有古代军事演练和明初洮州平叛时的象征。通过象征性的民俗仪式展演，洮州地区的人们强化着军屯移民的历史记忆与文化归属感，将民间社会叙事置于与其社会生活场景相关的历史背景中。在操演当中，

---

① 一同考察的几位老师认为应该是黄飞虎，王黑虎系民间讹传。

明确的分类和行为准则倾向于被视为自然,以至它们被记忆成习惯①。象征性仪式展演的群体认知中,军事农业文化场域中的文化互动产生了嵌入在社会生活的生产生活节奏,强化了社会行动资源的文化基础。

二、资源整合中的民间文化实践

民间社会文化是地方文化秩序形成的文化制度基础,其与人们的日常生产、生活有着密切的联系,并伴随着社会文化构建与互动中自发的习俗、信仰、社会交往,调节着社会生产生活,影响着地域的社会文化形态。洮州地区十八龙神信仰文化的形成也经历了民间信仰中文化资源的整合与构建,最终与生产生活秩序相契合。

明朝在建立后为整合意识形态、统一民众的信仰与仪式行为,开展了"城隍改制"和"神道设教"的文化策略,对民间信仰体系进行整合,将其纳入王朝祀典之中。"名山大川,圣帝明王,忠诚烈士,凡有功于社稷及惠爱在民者,据实以闻,着于祀典令有司岁时致祭"②;"太祖既以功臣配享太庙,又命别立庙于鸡笼山。伦次功臣有二十一人,死者塑像,生者虚其位"③。明朝洪武二年(1369),朱元璋在都城南京建立功臣庙表彰奖励有功的开国功勋,供奉了"常遇春、徐达、李文忠、胡大海、沐英、邓愈、康茂才等21人",将他们封为"神",敕命全国各地建立祭祀的庙宇。

明朝对民间信仰的整合在于借助开国功臣、元勋的形象来宣扬国家正统文化价值,以实现国家意志对地方的文化影响和文化控制。通过国家在场的影响,洮州地区的地方神祇通过被政治文化的构建,转变为以国家开国功勋、英雄为人格形象的"军神"。如"常遇春""胡大海""李文忠"等名将以忠君勇武、保卫国家边疆的品格融入洮州的军屯戍边文化,树立起"戍边卫国"的精神形象。同时,民间社会文化的整合与构建也加深了洮州地区人们的历史记忆与社会情感,在洮州地方社会中建立起了一种精神坐标。

在明朝的"神道设教"中,洮州地区通过民间信仰中的文化构建与文化整合来加强中央王朝对边区移民社会的权威;而后来洮州地区的人们又通过民间信仰所带来

---

① [美]保罗·康纳顿.社会如何记忆[M].纳日碧力戈译,上海:上海人民出版社,2000:108.
② 〔清〕张廷玉.明史[M].卷50,礼四,北京:中华书局,1974:1306.
③ 〔清〕张廷玉.明史[M].卷50,礼四,北京:中华书局,1974:1304.

的文化资本来唤起其历史记忆,通过军屯文化来强化其地方文化中的合法权威性地位,以此维持其生存与发展。在这一构建过程中,有些民间本土神祇通过国家在场的影响转化成了军神,被纳入国家祀典的文化象征中;而在地方社会的构建中,"敕封的军神"在本土民间文化的场域下又转化为祈雨祈福、消灾祛祸等与农业生产生活相关的"龙王"。

> 龙王庙,邑龙神有十八位,庙宇建造极多,几于庄堡皆有。天旱祷雨于神池,其应如响,乃一方之神福也。①
> 五月五日……由择月厌日,由官给札,请十八位龙神,上朵山禳雹,回至西关外赛会。②

新城镇刘旗村的龙神(刘贵,敕封金龙龙洞宝山小吉龙王),原是一民间小庙供奉的小神,传说李达认为此小神灵验,便放到家中供奉,然后被李家山村一户李达后裔置放于过厅门道里,最后被刘旗村请去作为他们的龙神,附会为明朝洮州卫的军百户刘贵。长川乡冯旗村的龙神(郭宁妃,敕封九天化身白马太山元君),也被称为冯旗太太,最初为冯旗一带的女神,民间有着"冯旗太太退番兵"的传说,其被冯旗、录门、秋路、尼麻提、瓦家湾等村的人供奉,最终被"敕封"龙神,附会为明朝开国皇帝朱元璋的郭宁妃。洮滨乡秦关村龙神(武殿章,五方行雨都大龙王),也被民间称为"五方爷""伍金龙",原是秦关村后山沟的一位泉神,后来其身份转化为与李文忠一同征战的随从武殿章。陈旗乡牌路下村的龙神(朱氏,敕封金木元君都大龙王),也成为"牌路下娘娘",则被附会为朱元璋的姐姐、李文忠的母亲。羊永乡白土村的龙神(马秀英,敕封西郊透山响水九龙元君),也被称为"白土娘娘",最初也为白土村的一位泉神,被附会为朱元璋的皇后马秀英。③此外,洮州十八龙神中被附会的徐达、常遇春、李文忠、胡大海、郭英、康茂才、朱亮祖、花荣、成世

---

① 〔清〕张彦笃主修,包永昌总纂.(光绪)洮州厅志[M].卷3,建制·坛庙,张俊立校注,北京:中国文史出版社,2013:147.
② 〔清〕张彦笃主修,包永昌总纂.(光绪)洮州厅志[M].卷2,舆地·风俗,张俊立校注.北京:中国文史出版社,2013:124.
③ 中国人民政治协商会议甘肃省临潭县委员会文史科教委员会.临潭县文化资料第七辑(内部资料)[M].1997:45—62.

疆、韩成、安世魁、赵德胜、张德胜等也都是历史中相应的真实人物[1]，都曾随明朝开国皇帝朱元璋南征北战，其中封王的有3人，封公的有5人，封侯的有3人[2]。

明初征战与经略的历史以及军屯历史所形成的军事农业文化场域，不仅产生了洮州地方文化秩序中的文化资源基础，同时也赋予其地方社会发展中的文化身份，通过对"文化遗产"的继承和构建来强化洮州农区作为洮州文化的核心圈所发挥的文化权威与社会价值。十八龙神信仰与洮州地区的农事文化紧密相连，其中一个重要的目的和意义就是通过龙神的祭祀祈求风调雨顺、庄稼丰收。洮州地区的高原气候和频繁的冰雹灾害，对农业生产有着不利的影响，因此人们对农业收成有着美好的愿景，也更加注重与农事活动有关的民间信仰活动。

青苗会是农民以庙会为核心形成的农事组织，管理、协调一年的农业生产活动以及祭祀活动。十八龙神的总会设在新城镇的城隍庙，每一位龙神的马路范围都有一个分会。每一位龙神在其马路范围下都有一座主庙，一般设在该龙神青苗分会所在的村落，个别龙神有两座或三座主庙。胡大海和常遇春就各有三座主庙大殿，这三个会是平起平坐的，但是功能不一样，其他大部分的龙神只有一座主庙。如常遇春的三个主殿分别在冶力关池沟、庙花山和草岔沟，胡大海的三个主殿分别在千家寨、太平寨和总寨。除了主庙大殿，其他村落的龙神庙为歇马店。歇马店平时不设神像，只供奉龙神的牌位。在庙会龙神巡游、巡青时，神像会被抬进歇马店的座位，供人们祭祀。随着社会文化的变迁，有些歇马店也塑起了神像，这在以前按照民间文化制度来说是不被容许的。

龙神主庙的大殿分为两部分，一部分叫作卧龙殿，一部分叫作站雨场。按照传统来说，卧龙殿一般建在堡子城墙头的位置，而站雨场一般建在城堡近处的山上。大致从冬至到二月二这段时间，龙神的神像被安放在卧龙殿。端午节前后相当长的一段时间里，人们要抬着龙神的神像在其所属马路范围的村子巡游，端午节那一天要进入新城镇进行龙神赛会。在巡游时，龙神进入村庄，村庄的人要去迎接龙神，举行一些仪式对龙神献祭。献祭供奉在当地被称为"插旗"，也称为"扎山"，其目的就是祈求龙

---

[1] 徐达（陀龙宝山都大龙王）；常遇春（总督三边常山盖国都大龙王）；李文忠（威镇三边朵中石山镇州都大龙王）；胡大海（洮河威显黑池都大龙王）；郭英（普天同知显应龙王）；康茂才（东郊康佑青龙宝山都大龙王）；朱亮祖（南部总督三边黑池都大龙王）；花荣（四季九旱降雹护国赤察都大龙王）；成世疆（成沙广济都大龙王）；韩成（水司杨四将军都大龙王）；安世魁（镇守西海感应五国都大龙王）；赵德胜（祥渊赤察都大龙王）；张德胜（祥眼赤察温卜都大龙王）。

[2] 临潭县志编纂委员会.临潭县志[M].兰州：甘肃人民出版社，2008：756—758.

神保佑青苗免遭白雨（冰雹）和天旱。在插旗之后，人和牲畜不能践踏青苗，否则会遭到青苗会的惩罚。龙神巡游时，神像要在村里的歇马店供奉，半天或一天的时间后再被抬往下一个村庄。端午节之后，各种插旗、巡青活动逐渐完成，部分龙神就要被抬回到站雨场。如端阳沟青苗会的"石山佛爷"[①]李文忠，于农历五月十八回到主殿，督旗站雨场。站雨场的作用是在农业生产的时节"守护"庄稼的成长。

在地方文化秩序与民间社会文化的场域下，农业生产与文化仪式有着密切的联系。首先，与农事文化相关的仪式互动在农业生产中发挥着象征性的保障作用，如对农业生产精神上的护佑。其次，联村基础上的农事文化在脆弱的生态环境中加强了村落间农业生产与协作的联动性，加强了洮州地区跨村落、跨族际的社会纽带。最后，地方文化秩序下的民间社会文化也对社会生活有一定的调节作用，通过地方的社会时空制度创造，产生了区域性的生产生活节奏，使规律性的农事活动、集市贸易和民俗文化活动与现代性的社会生活协调进行。与洮州十八龙神文化相联系的文化互动贯穿于洮州一年的农业生产周期，通过仪式互动与农事协调，在构建地域文化体系的同时，也在加强跨村落的社会联系。

---

① 洮州地区的人们也称"龙神"为"佛爷"。

第三节　民族文化交融的联村社会

洮州地方文化秩序的社会基础依托于人们在生产生活中产生的多民族所共享的民间社会文化，它为洮州地区广泛的联村互动凝结了跨村落、跨族际的社会文化纽带。洮州地区各民族的人们在农业经济带上进行着生产生活，逐渐形成了洮州地方社会文化的核心区域。在地方文化秩序的影响下，洮州农区社会与邻近民族社会紧密相连，并通过经济、文化及民间社会的互动，移民社会与牧区社会的空间不断地融合，呈现出联村社会文化空间的拓展。

一、洮州联村文化的社会基础

有一次在临潭县和朋友聚餐，我偶然听到朋友们聊起了"堂号"，并且其中两位汉族朋友突然发现他俩属于同一个"堂号"，当时就感觉到他们俩找到了类似"家族纽带"的亲切感。家族和门户为了宗族凝聚力，通常会用一个"堂号"来进行代称。而在洮州地方文化中，"堂号"的使用往往超越了某一支家族的局限，有可能成为一些没有血缘的同姓氏人群的文化认同符号。阙岳在研究中也谈到，在临潭，有以唐代李晟、明代李达以及洮州卫军官李本为祖的三支李姓人群就公用"青莲堂"，通过"堂号"来联结不同背景家族之间的社会关系[①]。

在洮州的藏族中，还存在着一种类似"扩大化家族"的民间"沙尼"组织。起初，沙尼是根据部落血缘关系形成的一种类似家族的互助组织，其藏语含义也与亲属有一定的关系。沙尼在日常生活中，承担着祭山神、红白喜事和盖房帮忙等活动，发

---

① 阙岳.第二种秩序：明清以来的洮州青苗会研究[M].北京：中国社会科学出版社，2016：197.

挥着调解纠纷、困难救助等功能。而随着沙尼的发展，出现了因田地关系而接受非血缘关系成员的现象，包括对汉族尕房子的接受。在新时期，沙尼组织由血缘向社区互助组织转化的程度更加明显①。

洮州地区家族社会文化普遍展现出超越血缘的社会互助型缔结关系，甚至将祖源不同、社会背景不同的人们联系起来，加强了洮州民间社会中的互助文化。洮州地区各民族日常生活场域中的生计文化在洮州地方社会中发挥着重要作用，人们在土地开发与经济生产中逐渐形成了与生计方式相关联的生产生活节奏。洮州在军屯终结之后，其军事农业文化的惯性依然深深地影响着农业生产，农户之间的集体性、组织性较强，并建立了村落间更广泛的社会组织联系。在今天洮州地区的农事活动和青苗会组织中依然可以看到这种跨家族、跨村落的组织文化，并成了洮州地区农事文化和社会文化中的重要组成部分。

在牧区，也存在着集体性较强的生计文化。半牧半农的藏族村落郭大村，每年大约于农历六月十五之后进行转场。全村念完嘛尼经后，村里的牧民要选定一个日子集体将牛迁到各自的夏季牧场。如果无故不搬或没有向村委会、饿拉（田管）请假，就要受到严厉的惩罚，如在全村集体活动时宰羊。这种集体性、组织性的生计文化与兵马田制下的集体行动、统一战事有着一定联系，并产生了一定的文化惯性。从事农业的藏族，在农业生产中也有自然形成的劳动合作组织形式。如资料显示，在新中国的农业合作化之前，从事农业的藏族人在习惯性的农业生产中产生了"送粪组""耕种组""修渠组"和"收割组"等劳动组织形式，这与部落社会也有着一定的联系②。

而洮州历史上的洮商群体一般也是通过联合搭伙的方式行走青、藏、川西等高原区域做生意，如历史上的牛马贸易商队、从事皮毛贩运的牛马驼队以及盐帮驮队。在当时，商人们出于安全和成本考虑，倾向于组建大规模商队③。

洮州地区的生计社会文化具有集体性、组织性较强的互助合作，并且其中非血

---

① 谢冰雪.扩大的家族——洮河流域藏族传统民间组织沙尼调查［D］.兰州大学博士学位论文，2010：179—183.

② 敏建新.临潭民俗文化［M］.兰州：甘肃人民出版社，2015：11.

③ ［美］罗伯特 B·埃克瓦尔，波塞尔德·劳费尔.甘肃、青海交界地方的文化关系研究［A］.苏发祥，洛赛编译.藏族与周边民族文化交流研究［M］.北京：中央民族大学出版社，2013：69.

缘关系的跨村落互助合作很常见。洮州地区的社会互动呈现出跨越村落和族群的联村合作特征，形成互惠互助的联村社会基础。

二、洮州青苗会与联村社会互动

青苗会曾普遍存在于华北与西北地区的农村中，与民间信仰中的神庙管理系统有着一定联系。青苗会相当于民间自治社会组织，发挥着组织生产职能和仪式职能，而非政治职能，其与民间社会的生产生活、经济利益密切相关。

表 4-2 洮州青苗会情况及洮州十八龙神马路分布

区域	龙神封号	主庙位置	青苗会规模	马路
新城	徐达（陀龙宝山都大龙王）	新城镇城背后村	1村1会（城背后青苗会）	城背后村
西路	李文忠（威镇三边朵中石山镇州都大龙王），又称石山佛爷	新城镇端阳沟村石山庙	5会10村（端阳沟青苗会）	洮河北侧西向，大致包括上半山，北山马路，羊沙新庄堡，羊永旧庄堡，八达乔子川不算，东路李启山，欠马说，上朱琪，马英河，肖家沟
	安世魁（镇守西海感应五国都大龙王）	城关镇	5会25村（旧城青苗会）	临潭县城关镇、古战镇、初步乡；卓尼县申藏镇、阿子滩镇
	朱亮祖（南部总督三边黑池都大龙王），又称流顺佛爷	流顺川上寨大庙	7会16村（流顺川青苗会）	临潭县流顺乡、卓尼县木耳乡
	花荣（四季九旱降雱护国赤察都大龙王）	水磨川花云庙	5会11村（水磨川青苗会）	水磨川村
	马秀英（西郊透山响水九龙元君），俗称白土娘娘	羊永乡堡子村娘娘庙	1会1村（白土青苗会）	羊永乡白土村
	郭宁妃（九天化身白马太山元君），俗称冯旗娘娘	长川乡冯旗村	1会1村（冯旗青苗会）	长川乡冯旗村

续表

区域	龙神封号	主庙位置	青苗会规模	马路
北路	常遇春（总督三边常山盖国都大龙王），俗称常爷	冶力关镇池沟村	6会21村（冶力关青苗会）	地跨临潭县北路三乡镇八角乡、羊沙乡和冶力关镇，卓尼县杓哇土族自治乡、康多乡、草岔沟；临夏和定西的部分地区
	成世疆（成沙广济都大龙王），俗称成爷	羊沙乡甘沟村	3会11村（甘沟青苗会）	临潭羊沙乡，卓尼恰盖乡，藏巴哇乡部分地区
	康茂才（东郊康佑青龙宝山都大龙王）	新城镇晏家堡村	13会13村（晏家堡青苗会）	临潭县晏家堡和党家沟、石门乡
南路	胡大海（洮河威显黑池都大龙王），俗称南路爷	新堡乡青石山大庙	5会13村（新堡青苗会）	沿洮河下游两岸东侧临卓两县地区
	赵德胜（祥渊赤察都大龙王）	陈旗乡石旗崖	3会7村（王旗青苗会）	临潭县陈旗乡、卓尼县洮砚乡
	武殿章（五方行雨都大龙王），俗称五方爷	总寨乡秦观村	2会6村（秦观青苗会）	临潭县总寨乡秦观村、卓尼县羊化村和温旗
	郭英（普天同知显应龙王）	新城镇张旗村	13会16村（张旗青苗会）	临潭县新城镇扁都村、店子乡、龙元乡和陈旗乡部分村社
东路	朱氏（金木元君都大龙王），俗称牌路下娘娘	陈旗乡牌路下村	2会2村（牌路下青苗会）	陈旗乡
	张德胜（祥眼赤察温卜都大龙王）	陈旗乡梨园村	5会12村	梨园村、中寨村、山沟门、磨沟村
	刘贵（金龙龙洞宝山小吉龙王）	新城镇刘旗村	2会4村	新城镇刘旗村、石门乡汪家庄子等
	韩成（水司杨四将军都大龙王）	韩旗村	4会8村	韩旗、唐旗、谢家坪、杜家川

资料来源：表4-2根据文献资料[1][2]结合田野调查整理。

---

[1] 阙岳.第二种秩序：明清以来的洮州青苗会研究[M].北京：中国社会科学出版社，2016：282—283.

[2] 范长风.青藏洮岷地区跨族群与联村型青苗会组织——兼论文化多样性的国家治理策略和地方性实践[J].华东师范大学学报（哲学社会科学版），2016（5）.

通过明朝治边策略所形成的军事农业文化场域，洮州地区屯民后代的生产生活和民间文化受到了重要的影响，他们在生产生活实践中继承了特殊的"文化遗产"。在清朝初期，丧失军屯户身份的洮州汉人为维护其昔日"洮州卫"的强势地位，使其在社会环境的变化中继续生存与发展，便对所继承的"文化遗产"进行新的构建，以"看护青苗"的名义形成了洮州青苗会这一新的社会组织①。

在传统的乡土文化中，生产实践的时间表与祭礼的周期是相对称的，农业生产往往与社区仪式不可分割②。洮州地区的青苗会一方面在贯穿生产周期的文化互动中发挥着神祀的组织功能，如插旗、禳灾、巡青、迎神赛会、冬报愿等仪式活动；一方面又在日常的经济生产中，进行着看青、护林、防雹、搬场、农田管理等生产协作，协调着农业生产中的生产生活秩序。此外，青苗会还承担着一些公益和娱乐职能，如进行秧歌、社火、农闲时的娱乐活动，同时也调节一些纠纷，进行村庙附近道路的修建等。

洮州地区的青苗会以每一个龙神为地域性象征划分了十八个青苗分会（也称大会），每个分会以每位龙神主身供奉的主庙为中心，然后主庙下面又下设了各个以村庙为中心的小分会（小会）。新城镇城隍庙的青苗总会对于村落范围的十八个青苗分会来说只是象征性的隶属关系，青苗总会没有管辖权，只是每年端午节负责组织龙神赛会。

青苗总会由一名总会长和十几名会长组成；每个青苗分会一般由一名提领（青苗大会总负责人）、一名大会长和若干小班组成；每个青苗小会一般由小会长与若干小班组成。而在20世纪80年代民间信仰重新恢复后，青苗大会的事务主要由大会长负责，提领负责神事活动，而有些青苗会则没有提领一职，由仪式专家马脚代替其职能，如新堡青苗会。

在洮州地区日常的生产生活实践中，青苗会通过在文化仪式与经济生产中的组织与动员，加强了洮州地区联村性的互动与合作。而处在亚高原气候和灾害频繁环境中的洮州，正需要这种联村性互动与合作来抵御生产环境所带来的不利影响。洮州民间社会文化的场域中，民间的青苗会组织通过将文化象征资源转化为经济生产协调中的权威资源，从而加强了人们在日常生产和社会生活中的团结协作，在一定

---

① 阙岳.第二种秩序：明清以来的洮州青苗会研究[M].北京：中国社会科学出版社，2016：81—90.
② 王铭铭.村落视野中的文化与权力：闽台三村五论[M].北京：生活·读书·新知三联书店，1997：31.

程度上抵御了自然环境所带来的风险，并通过象征性的保障加强了人们应对危机时的心理调适。而洮州地区的民族互嵌与交融使这种联村互动在联结家族、宗族、村落的基础上又超越了族群的界限，使民间社会文化更具有开放性、包容性、多元性与共享性。

三、联村社会文化空间的扩展

在移民社会与牧区社会的空间相融中，靠近农区的文化交融地带因与农区的生产生计方式相似、居住空间接近、日常生活交流频繁，正好为各民族的互助与合作提供了地方文化秩序发挥影响所依赖的生活场域。人们在与自然环境、人文环境的互动中，通过不断地变化与整合来适应地方社会，而地方文化秩序影响下的民间社会文化也是一个包容、开放的体系，在社会互动的过程中不断地调适着地方社会的运行。多民族构成的洮州地方社会在形成过程中也伴随着移民社会与牧区之间的社会调适，增强了多民族社会空间的包容、互惠与共生，促进了多民族互嵌社会的稳定、成熟与发展。

清朝初年的很多碑刻记录了当时洮州地区频繁的"草山纠纷"和"草山划分"，如《刘旗康熙三十六年划定草山界碑》、康熙四十七年的《临潭番屯交界碑》、乾隆八年的《羊永乡孙家磨村白杨树园子汉番交界碑》、乾隆八年的《石门乡力洛沟口汉番交界碑》、乾隆二十年的《临潭洮郡城乡七会众姓草山记碑》[①]等。通过官方的勘合、划界和树碑，以及洮州民间青苗会（碑文中的城乡七会，洮州青苗会前身）在草山纠纷中的调节，洮州地区的民族社会逐渐从明清交替中重新构建了稳定的秩序。而在康熙四十八年（1709）前后，杨土司与昝土司的势力也参与了协助清朝的平叛行动，洮州民族社会也在清初多民族国家秩序的建立中逐渐加强了其对中央王朝的向心力。

嵌入在牧区中的洮州地方社会，在明朝以来作为小范围区域的行政中心发挥着中原王朝在洮州边区民族社会中统治秩序的文化象征力量。而清朝洮州行政建制的

---

① 中国人民政治协商会议甘肃省政协临潭县委员会编，张俊立主编.临潭文史资料第八辑：临潭金石文钞[M].兰州：甘肃文化出版社，2011：53—71.

恢复，对洮州地方文化继续发挥文化影响力提供了重要的文化制度环境。丧失军屯身份的洮州卫汉人也在民间社会文化这一"遗产"的基础上，从"移民社会"与"牧区社会"的张力中努力维护其昔日的强势地位，不仅保障其生存与发展，也加强了其在边地社会中的影响力。

在清康熙后期，明朝洮州卫的军官后裔宋氏家族的宋茂奇被塑造成了洮州新城城隍庙的"宋城隍"，正式纳入了国家祀典中。从民间的神话构建到被百姓、乡绅各阶层的普遍认可，再到官方的最终认同，洮州地方社会又在新一轮的文化象征构建中加强了军户后裔的文化资本，从而树立区域性文化权威，也为中央王朝在洮州这一多民族区域的统治夯实了文化象征与认同基础。洮州地方社会也在明朝军神的基础上，不断地整合地方神祇，为洮州十八龙神文化的形成奠定了广泛的民间文化基础。在这一社会背景下，洮州民间青苗会也在文化资源的整合中兴起和壮大，并开始在族际社会的互动中发挥一定作用。

> 谕。特授洮州抚番分府严，谕旧城乡约知。发来祭文四通：一、城隍，一、龙神，一、巴龙池，一、山上泉神。尔同会首、绅民用香烛酒礼祭神焚化，切宜敬惧，毋得亵渎。特谕。计发祭文四通。
>
> 道光二十五年六月初五日谕[①]

这道洮州抚番厅的官方文书从一个侧面展现了官方对汉族、藏族民族神祇的管理，从中也反映出了清朝中期的汉族、藏族民族在民间信仰和神事互动中已经产生了一定的文化互动与文化交融的现象。而该文书也是洮州旧城青苗会于道光二十五年颁布的，可以看到在那个时期，洮州的民间青苗会组织已经在日常的生产生活、民间仪式互动方面调节着族际关系，并在协调族际关系中扮演着不可缺少的角色。而在这一民间文化的互动中，洮州民间信仰与民间社会文化以其开放和包容的体系，对民族社会产生了影响，并逐渐将其他民族纳入到这一文化系统中，在各民族共同的生产生活场域中将洮州民间文化空间的联村合作扩展到了邻近民族地区的社会空间，最终形成跨村落、跨族际社会互动的基础。洮州十八龙神中的常遇春、胡大海、

---

① 该文书转引自阙岳. 第二种秩序：明清以来的洮州青苗会研究[M]. 北京：中国社会科学出版社，2016：102.

李文忠、安世魁和成世疆等神祇在少数民族社会中具有广泛的信仰基础，其马路范围还包括大面积藏族、土族等少数民族居住的区域。

洮州有句民间俗语叫"南路佛爷马路宽，阿达儿黑了阿达儿站"，形容的就是黑池爷胡大海的信仰区域遍布了洮河两岸的汉藏地区，因此胡大海所在的青苗会队伍在进城参加龙神赛会的路上，或是在村落中巡青的过程中，根本不用愁在哪里过夜的问题。

民国初年，由于卓尼地区与洮州农业社会密切的经济互动，卓尼杨土司通过联姻与文化的互动加强了洮州民族社会的纽带。首先，卓尼杨土司纳娶了宴家堡的一位刘姓汉族女子为姨太太，并参与了该地龙神康茂才的祭祀活动，出资整修龙神庙。其次，杨土司还将南路爷胡大海列为了自己的家神，在很大程度上推动了洮河南岸区域很多藏族人对"南路爷"的信奉，扩大了"南路爷"在少数民族区域的马路[1]。

据民国史料记载，当时卓尼地区的"朱扎七旗"将常遇春设为公共供奉之神。每当"朱扎七旗"选出新一届的大总承时，卸任者将各种文件、孕书交接的同时，还要将供奉的常爷移交。而在过旧历新年时，"朱扎七旗"全旗的藏族也要到大总承的家中给常爷拜年并献上贡品[2]。

常遇春除了被汉族和藏族信仰，还被卓尼朾哇的土族信仰。朾哇位于卓尼县的北山地区，原为卓尼杨土司管辖的属地，于1986年正式成立了朾哇土族乡。朾哇旗共有光孕族、拉巴族、石家族和初路族四族。朾哇土族乡东部与临潭县冶力关镇、八角乡相邻，南部和西北面分别与卓尼县恰盖乡、康多乡接壤。朾哇地势北高东低，白石山为全乡最高山脉，海拔3926米。光孕湾、光孕、喇叭、红土泉、郭家咀、落巴寺、上落巴、扎古、扎地寺、地孕河、利布湾、大庄、闹缠、初路、地利山等十五个村落分布在朾哇境内的山顶或山腰地带，总人口为358户1830人，其中土族645人，汉族613人，藏族572人，主要的生产方式是半农半牧[3]。

根据朾哇民间传说，朾哇的拉巴族姑娘常周茂草嫁给了明朝的将士常遇春，因此朾哇土族人认为常遇春是他们的"姑父"。现在，朾哇地区的土族、汉族和藏族均

---

[1] 范长风. 从地方性知识到生态文明——青藏边缘文化与生态的人类学调查 [M]. 北京：中国发展出版社，2017：153.

[2] 谷苞. 卓尼藏区朱扎七旗的总承制度 [A]. 李正元主编. 故土新知 [M]. 北京：商务印书馆，2019：62.

[3] 资料于2017年7月在朾哇土族乡调研时从乡政府获得。

信仰十八龙神中的常遇春，杓哇土族也被纳入了冶力关青苗大会的组织中。冶力关常遇春的主庙下设六个会，杓哇是其中的六会。杓哇有三座常遇春的歇马店，分别是拉巴族庙、大庄庙和初路庙，其中拉巴庙的范围为光尕族和拉巴族，大庄庙的范围为石家族，初路庙的范围为初路族。常爷的主庙位于杓哇东面的冶力关，每年农历六月的初一至初三为庙会。在冶力关庙会之前的五月二十五至五月二十七，杓哇人要把常爷、大郎爷和同治爷①请到杓哇地界进行巡游，保佑杓哇的农业收成。杓哇人也把这一仪式活动称为"转丈人"。五月二十五日，拉巴族的人将龙神神像从冶力关接到拉巴庙，经过红土泉村和拉巴，在拉巴庙停留一夜。五月二十六由石家族的人负责将神像接到大庄庙，经过郭家咀和立布湾。五月二十七日，初路族人负责将神像接到初路庙，停留三个晚上。六月初一早晨，初路族人把神像送至光尕，举行仪式之后，光尕族人将神像抬至海家磨交接送回常爷的主庙。整个的仪式活动持续六天五夜，几乎覆盖了杓哇地界的汉族和土族村落。虽然游神的路线不经过藏族村落，但是杓哇地界的藏族也会参与到仪式中。

威镇三边朵中石山镇州都大龙王李文忠爷被称为"石山佛爷"或"藏族佛爷"，其在洮州地区的藏族中也有一定的影响力。李文忠主庙所在的端阳沟村，虽然汉族占大多数，但汉族、藏族交融的文化特征十分明显，如石山庙具有一定的藏式风格，可以看到骷髅链和璎珞图等藏式的文化图案。李文忠在洮州藏族生活区域中具有一定范围的马路，因此在"石山佛爷"插旗的日子，许多藏族村落都会拉羊到端阳沟村献祭，并请马角或会首在插旗过程中在他们带来的小旗上盖上龙神大印，然后带回村子插在山头或村口。

在白土坡村考察纸马舞仪式的时候了解到，羊沙乡的汉族与卓尼县藏巴哇地区的藏族在龙神信仰方面也有互动。藏巴哇的部分地区也属于成世疆的马路，当地的藏族人也信仰"成爷"。每逢春节期间，羊沙的汉族与藏巴哇的藏族之间有抬龙神"走亲戚"习俗。两地的汉藏间以"抬龙神转亲戚"为由，轮流每年正月初四左右走访双方的村落，并进行一些仪式活动。

> 神走的路，他必须要转的。他们（藏巴哇的藏族）的人来的比我们去的多，我们这边去的少，他们来的多。他们一般正月的农历初四就来

---

① 大郎爷和同治爷为常遇春的陪侍佛爷。

了。其他的时候不走神路，正月初四、初五、初六、初七、初八，初八他们必须要走，一天就能走到。神不抬，抬的衣服。还有仪式。他们来，我们就接，就是吹号，就像解放军吹的号。他们的号要吃力的很。每一个村都要转。我们到他们那就去两个村，侯旗和玛尼滩两个村。初四来，初八回去。①

洮州地区地方文化秩序影响下的联村合作扩展不仅实现了汉族、藏族、回族、土族等民族在生产与仪式中的合作，也增强了各民族在心理层面的亲密感。文化互动与文化仪式中民族间的跨村落、跨区域互动在构建多元一体的文化秩序时，也为民族间社会纽带和情感纽带的形成奠定了基础。

"祭祀圈与信仰圈"理论是中国区域社会研究中一种较为成熟的分析模式，兴起于台湾"民间信仰与社会"的研究。林美容在前人研究的基础上定义了祭祀圈的组织原则②，以民间信仰的形式来表达社会联结性的传统③。祭祀圈的意义在于通过祭典活动将更大空间范围内共同信仰的人群联系起来，探讨人群结合的机制及特定社会的存在模式。从林美容的研究中可以看到，祭祀圈作为一个空间概念，将一定区域社会空间内不同的个人、群体、组织整合成了一个社会共同体。

地方性文化秩序影响下的民间社会文化也发挥着类似祭祀圈的社会整合作用，这一系列规律性的农事活动、民间祭祀和民俗文化活动协调着洮州地区人们的生产生活和社会互动。由于洮州地区处于农牧交错地带多民族文化共生与交融的区域，因此地方性文化秩序在地区生产生活、农牧经济互补和区域商贸流动中构筑起跨族际的民间社会文化圈。在洮州多民族社会文化空间的形成过程中，洮州地方文化秩序发挥着调适作用，族际关系得到了重构，移民社会与牧区社会的联系更加紧密，并且不断地发生着互嵌与交融。洮州文化的核心区域产生了一定的文化辐射力，对周边邻近民族地区的经济生活、社会生活和文化生活产生了重要的影响。

---

① ZMY，女，汉族，45岁，非遗传承人，临潭县羊沙乡人；访谈地点：临潭县羊沙乡白土坡村；访谈时间：2018年2月26日。
② 林美容.由祭祀圈来看草屯镇地方组织[J].中央研究院民族学研究所集刊，1987（62）.
③ 林美容.由祭祀圈到信仰圈：台湾民间社会的地域构成与发展[J].中央研究院民族学研究所集刊，1988（63）.

第五章
多民族互惠与合作中的内缘交互

地方性的文化秩序协调着多民族文化场域下人们的社会互动和族际关系，在互惠的共同性价值中产生了共生性的群际合作策略，影响着洮州地区跨村落、跨族际的生产性协作与仪式性合作，加强了洮州地区各民族之间互助互惠的社会网络，促进人们对生产环境的适应和在文化交融中的调适。同时，这些生产中的协作与文化仪式的合作也是洮州社会文化空间中维系区域核心内聚的重要力量，构成了多民族生活场域的重要社会基础。互惠关系强化着人类纽带性的社会联系，在联村交互的社会互惠基础之上，洮州地区各民族之间内部社会交换的互通性加强，以此奠定了洮州地区内缘性的社会团结。

第一节 生产性协作中的社会联动

布迪厄认为,社会秩序通过特定的方式来调节时间的使用、集体和个体活动在时间中的分配以及完成这些活动的适当节奏。在布迪厄看来,惯习是由条件制约与特定的一类生存条件相结合生成的,是持久的、可转换的潜在行为倾向系统[①]。因此,地方文化秩序使地方的生产生活嵌入在一定文化区域范围的农业生产和社会生活周期中,产生了具有节奏性的社会联动。在洮州地区长期的生产生活实践中,青苗会的产生和发展是与地方文化秩序的调适性相契合的,在洮州地区日常的生产活动中发挥着重要的作用,通过看青、护林、防雹以及搬场等生产协作,以跨村落、跨族际的社会广泛力量来增强社会凝聚力、抵御自然风险。

一、日常生产与防灾中的集体行动

洮州青苗会组织的主要作用与生产生活、文化生活有关,而与政治无关,涉及一定的生产、生活利益。在多元的生计方式及多样性的生态环境中,洮州的川地、坡地分布着耕地、草场和森林。因此,洮州地区的"看青"不仅仅只有看护"庄稼青苗",还包括集体所有的草场和树林。

村子选中的"看青人",也称为"田管",主要负责田地、林地、草场的看护以及组织协调一些神事祭祀活动。"田管"每年由2—4户担任,村子的每家每户都会轮到。在甘南的藏文化中,饿拉组织指依靠神的威力来管理林地和草山的组织,在实际中发挥着类似青苗会的功能,如抓到田间地头的破坏者要实施惩罚。因此,洮州

---

① [法]皮埃尔·布迪厄.实践感[M].蒋梓骅译.南京:译林出版社,2012:73、107.

农区也把田管称为"饿拉",枸哇的土族也将看青人称为"石尕"。

> 我们这叫饿拉就是田管,他们每一年轮着呢,一个村子四个,再的(其他)村子不知道(啥情况),我们村子就是四个。我前年就当班了,现在到我们这代,我已经三次了。我们村的交接在正月初五,每一个庄不一样。①

图 5-1　九日卡村村民的日常生活(2017 年 7 月 9 日　耿宇瀚摄)

九日卡村是一座汉族、藏族杂居的村落,村子每年选四个饿拉,村子的藏族、汉族都参与到田管的任选中。九日卡村田管的交接在正月初五,要进行一个煨桑的仪式,上一任田管将桌子、锅灶、钥匙等集体活动的公共财物交接。这些桌子、锅灶在娶媳妇、嫁女儿、坐东巴②、盖房子和办丧事等活动时,全村人一起使用。公共财物上交之后,田管就要履行看护田地的职责。田管还负责村落社区山神的祭祀,农历四月十三祭祀山下的一位山神,五月十四祭祀山上的两位山神。四月十三祭祀

---

① YJL,男,藏族,51 岁,农民,临潭九日卡村人;学历:初中;访谈地点:临潭县古战镇九日卡村;访谈时间:2018 年 4 月 21 日。
② 斋戒活动,也称"坐禄难",四月初一举行。

完村落社区的山神后，村子举行神牛的交接仪式。当地文化认为神牛是山神的坐骑，人们在它身上抹上酥油，带上哈达，平时不用干活。

> 神牛有呢嘛，神牛就山神的坐骑，说是这么说。撒牛奶，酥油，哈达牛身上拴上。再就平时田管的事情，地里面牛不叫去，羊不叫去，去就罚款，就再也没有其他事情。①

由于多民族交错杂居的格局以及日常生活中密切的农业生产协作，回族也参与"田管"的任选，但只参与看护青苗田地的管理，不参与仪式活动。笔者在临潭县城关镇与两位回族商人在交谈中也了解到回族在看青活动中的参与：

> 耿：你们村是汉族、回族都有吗？
>
> MQQ：我们的左邻右舍都有汉族。
>
> 耿：你们农业生产的时候，平时谁管理田啊？以前有田管吗？
>
> MQQ：以前有呢，看庄稼的人有呢。
>
> MQF：那是饿拉嘛。
>
> 耿：回族也有饿拉吗？
>
> MQF：有呢，这村子有二十几家子，把"我"放成饿拉了。一家子下来给5斤粮食，几斤粮食说着呢。
>
> MQQ：现在没有那样子了。
>
> MQF：汉族有，饿拉有呢。一个村子两个饿拉。饿拉还是钱给着呢。
>
> 耿：回族现在还有饿拉吗？
>
> MQF：乡下有。
>
> MQQ：农村地种的多的有。
>
> MQF：牛羊，不要把庄稼吃，这一管理的这一种。一个人给两斤粮食，三斤嘛，五斤嘛，这么的方法有。
>
> 耿：像汉族他们是不是还有活动？

---

① YJL，男，藏族，51岁，农民，临潭九日卡村人；学历：初中；访谈地点：临潭县古战镇九日卡村；访谈时间：2018年4月21日。

MQF：活动，有时候发雨了，还要煨个桑，造山神嘛。

耿：回族就是光看田？

MQF："你"的牛羊，不要围着庄稼吃。回族就管的这个，其他没有管。

耿：如果回族、汉族住在一个村的咋办啊？

MQF：一样嘛，今年我们两家就是饿拉，明年他们两家。他们汉族庄稼种下，5月、6月煨个桑，再就收割的时候。统一几号割也煨桑。

MQQ：咱们临潭是多民族聚居区，汉族、藏族、回族。

MQF：各民族就像亲戚一样。①

通过田管的任选和看青护庙的协作，汉族、藏族、回族、土族等民族形成了在日常生产中的合作，不断巩固互惠、互助的社会纽带，并通过"都是亲戚"来隐喻亲密的族际关系。根据资料记载，1866年，时任洮州矿物学堂"番语教习"的回族士绅丁裕谦，与汉族乡绅于万一共同合作，动员回汉民众和睦相处，发展生产，重建了洮州的青苗会组织，使兵燹之后民众的生产生活很快得到恢复②。

在面对不利于农业生产的自然气候时，洮州地区的青苗会在组织协调防灾方面也发挥着一定的作用。青苗会除了组织扎山、祈雨等祭祀活动外，也会进行一些实际的防灾行动，如"打冰雹""打白雨"。曾经由于防灾能力有限，民间青苗会则组织承担了部分应对冰雹灾害的工作。如见到出现"红云团"或"黑云团"等迹象时，青苗会中轮流值班的小班就会付诸行动，到山上打雨，有些村子的回族也会参与其中。打冰雹的具体方式是，将单个自制的炮弹点燃往空中扔，在空中炸响，或是向空中燃放"二踢脚"，也会用土炮来驱散乌云。通过一个村的"打冰雹"行动，有时可以使十里范围内的农作物受到保护③。

据我了解，我们这边大概的情况，它是这样。每到天上乌云密布的时候，每一个龙神庙里有值班的人员，应当叫作是提领、会长，还有会长手

---

① MQQ，男，回族，53岁，经商，临潭人；MQF，男，回族，53岁，经商，临潭卓洛村人；访谈地点：临潭县城关镇；访谈时间：2019年6月5日。

② 洮州农民文化宫简史编写组.洮州农民文化宫简史（内部资料）[Z].1994：4.

③ 宁文忠，郝荣.洮河岷民俗志[M].北京：中国文艺出版社，2014：60.

下祭祀人员的小班。小班也轮着，这几天是你当班，过几天是他当班。如果在他当班的过程中，遇到乌云密布的天气，他就会在庙宇附近的山顶，或者在庙宇的院子里，紧急敲锣。有龙神庙的村子里，听起来就比较明显。在雷声风雨大作，眼看暴雨马上就要来的时候，风声大作，雷声大作，它那个庙里的锣声也紧急响起来了。①

> 古战（那边）打锣，我们这边煨桑，喊一下，散了，散了，有时候散，有时候不散，就是传统嘛。山上煨桑，放炮。求求山神爷，保佑一下，不要发雨嘛，不要来。②

在农业机械化之前，古战镇的尕路田、九日卡、巴舍、大尕、拉直等村落之间由于庄稼成熟有时间差，村落间以互惠的形式互相协助进行收割。巴舍、九日卡的庄稼成熟的最早，过来是尕路田村，大尕村由于是山地庄稼成熟的晚一些，拉直村处于山阴面，庄稼成熟的最晚。尕路田是回族、汉族、藏族杂居村落，巴舍、大尕和九日卡是汉族、藏族杂居村落，拉直是回族村落，由此形成了跨村落、跨族际的农业生产联动，加深了村落间的亲密生产生活关系。在申藏镇，郭大村（藏族村落）、上甘藏村（汉藏杂居村落）、下甘藏村（回族村落）和申藏村（汉藏杂居村落）等村落之间由于地势轻微的海拔差异，也造成了庄稼成熟的时间差，村落之间也形成了农业生产的联动关系。

在地方文化秩序的影响下，洮州地区各民族早已在农业生产协作中形成互惠合作的社会联动基础，构成了联村交互的社会行动网络。在农业生产中，青苗会和饿拉组织所发挥的协作功能在洮州地区的生产活动中显得非常重要。

二、从搬场节看洮州地区的联村协作

搬场曾是洮州地区农业生产中一项具有节日与互惠性质的重大农事活动，虽然

---

① WR，男，汉族，47岁，医生，临潭长川人；学历：本科；访谈地点：临潭县城关镇；访谈时间：2020年12月18日。
② BBM，男，藏族，65岁，务农，临潭大尕村人；访谈地点：临潭县古战镇大尕村；访谈时间：2020年12月20日。

搬场已经随着社会变迁和农业生产机械化的到来而消逝,但是对于洮州地区的农业生产协作和族际互动来说有着重要的影响。搬场节的形成与洮州地区农业生产的自然气候、地理环境以及国家军事农业文化惯性有着一定的联系。搬场活动主要是在洮州西路进行,其范围包括今天临潭县的古战、长川、羊永、流顺、杨升、卓逊、太平寨、千家寨等村落,以及卓尼县的申藏镇、阿子滩镇和大族乡的大部分村落,这些村落在民族分布上是民族聚居或民族杂居并存。

在屯民开发洮州的过程中,农业种植关乎人们的生存与生活。在文化层面,汉族的龙神信仰、藏族的山神祭祀以及一些民俗活动都与洮州人的农事活动相关,其中都带有祈求"风调雨顺、获得丰收"的目的。与之相比,搬场节则是社会层面的农事活动,是在人们长期的农业生产中形成的一种跨村落、跨族际的农业生产互助与协作。

洮州农业地区的地理特征也是"山地多,川地少",在农业生产的基础上兼有一些畜牧业。洮州地区属于亚高原的气候,并在农业生产实践中形成了俗称"靠天吃饭"的粗放型种养农业。洮州地区一年农业生产的大概过程是耕地、下种、锄草、收割、搬场和打碾。

搬场的时间处于收割与打碾之间,主要是把收割后的庄稼集中一天时间搬到打碾场。王树民在《陇游日记》中这样描述洮州地区的环境:"全县概况,山地多而平地少,比例后者不及十分之一。高度平均约在二千二百米以上,故终年温度甚低,夏衣竟不可备。夏秋之交,气候变化尤剧,多疾风雹雨,其来甚骤,莫可预测,禾稼遇之则摧,故农民深以为患。"[①]洮州的气候较为严酷,冰雹灾害频发,且农田一般分布在山地,比较分散,收成也低,因而人们在农业生产中更需要团结协作。

洮州村落的地形一般都是山地与川地相间,也被当地人称为"半(bang)山"。由于山地的环境,农田基本都是沿山分布的梯田,所以庄稼的成熟也是按照梯次有一定的时间过程。收割机等现代农业机械设备在洮州地区普及以前,洮州地区的收割需要持续一个月,搬场大概在农历的八月十五左右。收割的这一个月时间中,洮州的雨水较为频繁。如果将淋湿的庄稼搬到场上,会造成庄稼的腐烂,而且这种腐烂还极易发生自燃引起火灾。因此,洮州地区形成了一种生产习惯:将收割后的庄稼捆扎成能立住的尖头,也就是庄稼束子;四个庄稼束子组成一疙瘩;五疙瘩排成

---

① 王树民.陇游日记[A].甘肃文史资料选辑第28辑:甘青闻见记[M].兰州:甘肃人民出版社,1988:171.

一排，就叫作一丛。这种捆扎庄稼的方式主要是起到一定的晾晒作用，防止庄稼因雨水而减产。

洮州的农区一般都是半农半牧的生产方式，搬场的时日正好山上的草也黄了，人们就会把牛羊放到山底吃庄稼地里残余的麦穗茬子，使牛羊在吃青草和冬季干草之间形成一个过渡时期，当地人认为这对牛羊也是营养补给的过程。

图 5-2　卓逊村的村民在捆扎庄稼束子（2017 年 9 月 16 日　耿宇瀚摄）

综合以上原因，村落的人们需要集中一天时间将庄稼搬上场堆成摞子，以免遭牲畜的啃食踩踏。由于累积一个月收割的庄稼量较大，再加上地形的限制，搬场的工作量非常繁重和辛苦，仅靠农户自家很难完成，而全村又必须统一在一天时间内完成，这就需要村民向其他村落的人们寻求协助。洮州地区村落的搬场没有固定的时间，一般相邻的村落都会在搬场之前协商，青苗会也会参与协调，将搬场的日期相互错开，这样就可以方便以整村为单位行动，村落之间相互帮忙。

> 比如说你交了个朋友，从邻居村子交了个朋友，然后你就跟他编（pian）。上下的邻村之间编，也不是很远，很远的只有亲戚编。比如说今天我的亲戚来了，给我帮忙搬场，明年我去给你搬场。我的场比如说是八

月十五搬的，你们的场是八月二十搬的，然后你八月十五过来给我把场搬了，然后八月二十我过去把场给你搬了。就是互相过来过去编，互惠互利。其他民族的朋友也会来。比如我在邻村有个朋友，他有一匹骡子，一匹马，或者几头牛，他家能出两辆车子，那个架子车，手工做的那个木车。他家有两辆车子，我也有两辆车子。然后我就说你把你两辆车子开过来，给我搬场，我的两辆车子也就给你帮忙。随着能力，随着关系。有的关系好了，我给你肯卖力。那就是诚信，信任度高。朋友关系好得很。有时候家里老婆娃娃也带来帮忙，到地里帮着装车。①

搬场是一年中最为忙碌和繁重的农事活动，也是农民们跨村落的社会互动。把庄稼全部搬到场上以后，农民们再不用担心冰雹恶劣天气对庄稼的危害，看到了丰收的希望，在心理上也有了着落。搬场这一天的氛围也是热火朝天，这一农事活动将人们聚在一起，巩固了跨村落、跨族际的社会纽带。

搬场节在洮州地区也被称为"编（pian）拉带"，其中拉带是藏语译音，大概意思是"相互交织的关系"。在搬场前，附近的几个村子既要协商将搬场的日期错开，同时还要考虑天气因素选择晴天，因为如果遇到雨水，搬到场上的庄稼会容易腐烂。其他村子来帮忙搬场的人也被称为拉带，搬场的前一天下午到晚上，拉带们赶着牛马车、骡子车陆陆续续地来到村子里。村里人用面食招待来帮忙的人，之后安排第二天工作，并在一起聊天交流。

第二天的黎明时分，搬场节就在锣鼓声中拉开了序幕，几十辆木车千帆竞发，搬场干活的人还要在腰间系上大红花。汉族敲锣打鼓来表示搬场的开始，而藏族则是通过吹海螺的方式。搬场节这天，每家每户都要给牛精心打扮一番，额头上戴花镜，牛角挂上红色的丝绸，这种给牛打扮的方式也叫作"额花绕腮"。领队的牛车上还要挂上三个像水缸一样大小的缸铃。在田野调查中，下甘藏村的一位回族老奶奶回忆说当时还要比谁家的牛打扮的好看：

以前的带有木轱辘的大木车，你家牛装扮，我家牛也装扮。

---

① 丁耀斌，男，回族，49岁，经商，临潭尕路田村人；学历：高中；访谈地点：临潭县古战镇尕路田村；访谈时间：2018年2月14日。

据人们的描述,搬场时全村都是人声鼎沸,吆喝声、牛的铃铛声此起彼伏,接连不断。搬场节是洮州地区除了过年之外最活跃的一天,虽不是约定俗成的节日,但是整个村庄、所有农民却把它当成节日来对待,充满了节日的气氛。

> 像以前农村条件差,如果我东村叫个亲戚,西村叫个朋友,要做拉带,所以当天晚上要蒸馍,蒸花卷,油炸馃。这是咱们这最常见的一种油炸食品,这种油炸食品在以前很少吃,一年只有两次,因为条件限制。这个东西很费油,以前比较奇缺的时候,过年的时候炸一次,搬场的时候炸一次。搬场节有好吃的招待,它是一个节日。[①]

搬场一般从黎明开始,有时候要干活到半夜,甚至到第二天的中午才能结束。搬场节虽然辛劳繁重,但是近似狂欢的气氛以及振奋的场面激起了人们的情绪,男人们搬场干活,女人们则负责做饭和后勤,不管老少都参与其中,加强了村落内部以及村落之间的凝聚力。拉带们临走前,庄家还要招待他们吃一碗"长面",路上再带上些馍馍。之后,拉带们回家或是到其他的村子帮忙搬场。

随着社会变迁以及农村剩余劳动力的出现,洮州地区农作物收割的时间开始逐渐缩短,搬场的功能性也不再明显,近些年农业收割机械设备在洮州地区的普及,连收割带碾场两三天的时间就能够完成以前搬场所需的工作量,搬场节也就此退出了历史的舞台。

> 关于搬场节的消失。从我开始记事起,虽然看到过搬场节,但是没有看到过非常隆重、非常正规的搬场节,从我开始记事起就已经不隆重了。像我说的那个额花绕腮、戴缸铃那些,我四五岁的那时候可能有,但那时候我记不住,随着我们年岁的增长,逐渐不隆重了,没有那个装缸铃、额花绕腮了,从我们那个时候起就已经在慢慢地嬗变。比如我们那时候割田,有些还需要劳动力,已经有开始外出打工的人了,有些人出远门,有些人就待着,

---

[①] WR,男,汉族,45岁,医生,临潭长川人;学历:本科;访谈地点:临潭县城关镇;访谈时间:2017年9月17日。

比如我给你家帮忙，你给我多少钱，这时候他割田的人就多了，割田的人多了，是不是一个人要割一天，他10天就割完了，这样时间上也就缩短了，他庄稼上场的日子是不是就不太紧迫了。所以说这是一种嬗变。①

搬场节是洮州农业地区一项跨村落与跨族际的农事活动，汉族、藏族、回族在这一天没有民族、文化和宗教的差别，共同团结协作完成农事任务，这一民俗被汉族、藏族、回族等民族所共享。在搬场前，虽然相邻的几个村子会协商把搬场的日期错开，但洮州地区的秋天多雨，遇到雨水就会影响到搬场的进程，有的村子搬场日期重合了就会更忙碌一些，这就需要其他更远处村子的亲戚、朋友帮忙，有时候也会找到其他民族的朋友。因为洮州地区的民族分布格局是民族聚居与民族杂居并存，所以搬场活动也为不同民族的互助与协作提供了契机。

> 这种情况就是回族来了，他自带干粮。有时候来了，汉族家还单另有一副锅灶，可以做饭。因为村庄，谁也不能独立干。比如说，我和那个村的回族，我们的关系特别好，比如说你是回族，我到你家里来搬场，饮食不存在问题，你到我家来有时候就有问题，要么自带干粮，要么给你准备锅灶，你带干粮，我用一杯开水还是可以的，一杯茶水还是可以的。②
> 一年收成下来了，定个日子，我们上、下庄一起搬场。上庄是汉族，下庄是回族。③
> 搬场节的时候，我们和下甘藏的回族也会相互招待，但是我们给他们的吃的是买的，我们做的饭他们不能吃，他们（吃的）是清真的。不过这几年不怎么流行搬场节了，机械的出现这些会消失的。④
> 那时候，没有机子，全都是人割着呢，你割的快，地少，割完你就等

---

① WR，男，汉族，45岁，医生，临潭长川人；访谈地点：临潭县城关镇；访谈时间：2017年9月17日。
② WR，男，汉族，45岁，医生，临潭长川人；学历：本科；访谈地点：临潭县城关镇；访谈时间：2017年9月17日。
③ SX，男，回族，36岁，出租车司机，临潭县苏家庄人；访谈地点：临潭县城关镇；访谈时间：2017年7月19日。
④ DZ，男，藏族，28岁，务工，卓尼申藏人；访谈地点：卓尼县申藏村；访谈时间：2017年7月26日。

着就成,最后割完,饿拉就喊着修路,这几条路全都修的好好的,选个日子,明天,后天搬呢嘛,后天搬的话,再你就编(pian)人呢。你的亲戚,比如说,古尔占也好,大尕也好,巴舍也好,编上几个车,一天拉完。拉庄稼他是编着呢,你给我拉,我也给你拉。我的回族朋友在拉直,他给你拉,你不给他拉也不成。不过就定日子,搬场搬不到一块。今年我放下初四搬着呢,他拉直村就初八、初九(搬),他选个日子呢吗。拉直初八搬着呢,初七马车、牛车嘛,赶着走就成,去他们家,晚上坐下就拉,一天拉完。[1]

"编拉带"将"相互交织的关系"通过农业生产的协作呈现了出来,象征着联村的纽带与民族的团结。长久以来,洮州地区的汉族、回族、藏族等民族在农业生产中发生着密切的互动,通过搬场等一些农事活动中的互助与协作,加强了跨村落、跨社区以及跨族际的联系,形成了广泛的家庭、村落、民族之间的交互关系。虽然在经济社会的变迁中,搬场节已经消逝,但其强化了跨村落、跨族际的互助互惠网络,推动了洮州地区的民族互嵌关系,筑起了团结互助的民族社会基础,对今天洮州地区的民族互惠关系来说具有深远的意义。

---

[1] YJL,男,藏族,51岁,临潭九日卡村人;访谈地点:临潭县城关镇九日卡村;访谈时间:2018年4月21日。

第二节　仪式合作中的地域文化共筑

人类互惠的逻辑根本上是一种文化的逻辑,同时也是一种文化的表达[①]。这种有意识的相互性需求,在人类与他者的互惠交换中,很多时候都是借用一种象征意义的表达来实现的[②]。随着农业机械化的进程,洮州地区联村的农业生产协作已经很大程度地减弱,但各民族在内缘交互的社会基础上实现了互嵌交融的民族交往场域和日常社会关系状态。而民族社会文化中跨村落、跨族际的文化互动与仪式性合作,正是联结地域跨村落、跨族际互惠关系的文化象征表达,具有活态性与延续性,在塑造多民族地域文化共同体的同时也产生着洮州联村交互的社会凝聚力。

一、洮州龙神文化与族际互动

每年端午节临潭新城城隍庙的龙神赛会活动是洮州地区跨村落、跨族际民间社会文化互动的一个高潮,洮州地区的各龙神马路区域和各民族通过仪式合作来构建出象征性的联村社会空间,加强了村落、族际间交互性的文化纽带,促进了民间文化社会场域下的社会与民族文化交融。

2019年端午节期间,笔者在田野调查中,跟随端阳沟青苗会队伍,观察他们抬龙神李文忠进新城镇参与龙神赛会的过程,并通过这一过程中的各种互动来分析洮州地区跨村落、跨族际的仪式合作空间。端阳沟村位于新城镇最西端,总面积11.6万平方千米,全村辖丁家庄、河尼、贺家庄、沟尼、小族5个村民小组,共259户

[①] 赵旭东.人类学作为一种"文化的表达"[J].贵州社会科学,2008(9).
[②] 赵旭东.互惠人类学再发现[J].中国社会科学,2018(7).

1047 人，其中汉族 831 人，藏族 78 人，回族 138 人[①]。

（一）石山佛爷与端阳沟青苗会

龙神李文忠的主庙被称为"朵中石山大庙"或"石山庙"，位于端阳沟村的一座小山上，重建于1988年的农历六月初九。端阳沟青苗会设有一个提领，一个大会长，三个小会长，四个小班。马脚为端阳沟本地人，姓武，20岁，师从宴家堡的师傅，于2018年开始担任。端阳沟青苗会分为六个会，头会在端阳沟村；二会包括前池、后池、丁家庄；三会包括张堡；四会包括贾家山、李家山；五会包括大、小族，为汉族、藏族杂居区域；六会包括北山地区的北山小族、脑索、下拉地、尕藏、寺沟，为藏族居住的区域。

十八龙神中，只有李文忠的神像是没有头的。此外，李文忠所属的马路不办庙会，不请唱戏班子，连戏台子都没有，家宅也不贴门神。按照以前的传统，抬其他的龙神路过李文忠的马路范围时需要偃旗息鼓，静悄悄地经过。关于这个奇特民俗现象有两种民间说法。

第一种民间传说认为李文忠是功臣，被皇帝猜忌，并受到奸臣的陷害。而实际上，李文忠是英年早逝，并不是被陷害而死的：

> 皇帝为啥猜忌呢，有人给皇帝算了下大明朝国运，说是以后李姓人代替朱明王朝，当然这是后来人附会，李姓人闯王进入北京城建立了大顺王朝。当时，朱元璋朝里姓李的，文有李善长，武有李文忠，这两个人都受到了皇帝的猜忌。李文忠被奸臣用美人计陷害了。其实，历史上真实的李文忠是英年早逝，并不是被杀害的。因为李善长，这两个案牵涉的人特别多，所以后面人附会，只有刘伯温和汤和得以善终。刘伯温因为有神机妙算，汤和因为朱元璋是最亲的老乡，而且汤和比较老实。所以说只有这两人得以善终，其他人没有。比如说徐达，传说因为徐达背上发了个疮，忌吃鹅肉，但是朱元璋专门给徐达御赐蒸鹅，所以徐达就服毒自杀了。这个病就忌吃蒸鹅。所有的这些传说都附会李文忠是被冤杀的。曾经有个戏，其他剧种也有个戏，叫作斩李文忠，就说李文忠比较正直，事实上历史上

[①] 资料由端阳沟村村委会提供。

的李文忠也比较正直。而且李文忠是文武双全。开国将领里面，文才超过李文忠的没有。①

图 5-3　端阳沟村石山庙（2019 年 5 月 30 日　耿宇瀚摄）

第二种民间传说是：

>李文忠被封为洮州十八龙神以后，他在插旗巡山的时候需要童男童女献祭。所以说，有一年，轮到一户人家里面，这一户人家里面就一个独生儿子。来了一个外地过夜的人，路过你们家坐个夜。夫妻俩说我们家现在有大事临身，也不想让你坐夜，连娃娃命都保不住。再这个过路人就问啥来历。你看我们这个龙神每年需要一个活人献祭，你说不献祭不成，献祭嘛，毕竟是娃娃。这一过路人就说你别愁，我有办法让你娃娃保住命。所以老夫妻两个人半信半疑，第二天献祭的时候把娃娃也带上去了。带上去了，这个人当场拿一个板斧，跑到佛爷跟前，佛头就一斧劈下来。有些人就说，你本身为佛就是为这些老百姓干好事，你这一年一个童男童女献祭，你这是恶神，是恶魔，从那以后就把献祭的（贡品）改成羊了，而佛爷从

---

① WR，男，汉族，46 岁，医生，临潭长川人；学历：本科；访谈地点：临潭县城关镇；访谈时间：2019 年 6 月 9 日。

此以后也就没头了。①

李文忠在真实的历史中曾参与平叛"洮州十八番族"的征战，督建洮州卫城，并招抚了许多"番族部落"，在洮州地区的治理和经略中作出了重要的贡献。在洮州地方社会文化的构建中，李文忠的历史记忆与传说成为多民族共享的文化资源，联结了族际间的文化纽带，也通过特殊的禁忌与传统突显了其所属马路的文化特征。

（二）赛会前的扎山仪式

2019年6月6日，即端午节的前一天，我一大早就来到了端阳沟村。宫先生骑着三轮摩托将我从端阳沟的商店带到了石山庙的山下，车子放到他家院子后步行上山。一进庙门，宫先生首先烧松树枝和黄表纸。然后会长和村里人把我引进仪式准备的屋子。不一会儿，一位身穿三格帽服饰、来自恰盖的藏族老奶奶带着她的孙女来到了庙上，为孙女的高考祈福，献上了一头羊。仪式人员将羊牵入大殿内，拿着壶往羊的耳朵里灌水，接着往口里灌，最后还要洗全身。藏族老奶奶和孙女站在殿外点灯祈福，女人不被容许进入大殿。其他仪式人员和村民跪在殿内，祈求龙神老爷收下献祭的羊。

中午13：00左右，抬神的队伍出发。马脚和仪式人员把佛爷像（龙神像）抬进了轿子中，伴随着号声、鼓声、鞭炮声。村里的青年、青壮年都来帮忙，稍微年轻的负责抬轿子，稍微年长的举旗和万民伞。万民伞和两个战旗走在最前面，然后是神轿，其中一个大纛旗搭在神轿上，其他的人抬着另一个大纛旗和其他战旗走在轿子后面。队伍下山走进村子，一路上有许多等着过关的村民，大多数为妇女、儿童和老人。村民们跪着烧着松树枝，然后神轿从他们的头顶抬过。接下来，人们把佛爷抬进了端阳沟山下的歇马店。上次来端阳沟村调研的时候武锐老师认为这个歇马店过去应该是个卧龙殿，而山上的大庙应该是站雨场，后来发生了演化。歇马店的院门前挂着杨柳枝，村里的人说："五月端午打杨柳，先打一朵造佛门。"院子里还有一个煨桑炉，桑烟直直地升起。马脚和仪式人员将佛爷抬进了正殿并安放，在桌子上摆上灯和贡品，佛爷当晚就在山脚下的歇马店里过夜。

---

① WR，男，汉族，46岁，医生，临潭长川人；学历：本科；访谈地点：临潭县城关镇；访谈时间：2019年6月9日。

2019年6月7日，端午节龙神赛会这一天，在进新城城隍庙之前，端阳沟青苗会首先要在清晨抬龙神上端阳沟村旁边的红山进行扎山（插旗）仪式。

清晨6:00左右，天还没有亮，端阳沟村的歇马店就锣声喧天，村子里的许多男性都来到歇马店的院子里，协助青苗会成员做一些准备活动。马脚将李文忠的龙神像放置在神轿中，然后几十个人组成的队伍出发，由年轻一些的人四个一组轮流抬轿，其他人扛着大纛旗、其他旗帜以及小号。洮州有句俗话"人有人路，神有神路"，人们抬着龙神所行进的路线都是按照传统所规定的固定路线。经过村庄时，已有村民在路上烧纸，然后神轿从火堆上面抬过。一路敲着锣，号手偶尔还吹起号角。

队伍顺着一条土路上山，由于昨天刚下过雨，道路泥泞，在坡度较陡的地方，一些人在后面支撑着那些协助抬轿的人。在红山山顶，距离进行扎山仪式的不远处有一座伊斯兰教的拱北，也被称为"红山拱北"，始建于清乾隆中期，穆斯林群众也称之为"古图布"拱北，内无具体葬人，而是某一穆斯林高深修道功干者在该地显有奇迹而修建的纪念冢[①]。端阳沟的人认为李文忠佛爷与拱北的老人家是朋友关系，借此机会来看望老朋友。虽然存在着宗教文化的边界，但是民间信仰的仪式并没有干扰和影响到拱北，而是被回族群众所默认与接受，双方共同构成了一个交错重叠、共生包容的文化空间，民族间也彼此信任与尊重。

图 5-4　红山上的扎山仪式，旁边为红山拱北（2019年6月7日　耿宇瀚摄）

---

① 临潭县志编纂委员会.临潭县志［M］.兰州：甘肃人民出版社，2008：793.

队伍到达山顶，天色已蒙蒙亮。扎山仪式开始时，马脚将馍馍等贡品放在神轿前，将大纛旗搭在神轿上。众人跪在神轿前，围成一个半圆，空出进行仪式的空地，烧松柏枝和黄表纸，火堆前还放置着点燃的四棱木头灯笼。

进入"领羊"的环节时，人们在羊的身上倒了一碗水，然后羊在中间的空地上四处跑，人们不停地喊"领了，领了"。其中一个人员给每位参加仪式的人发三根点燃的香。中途，马脚还要抱着羊在火堆上熏松柏枝的烟，进行洁净的通过仪式。旁边的人说："再洗一挂"，提领也抱着羊又熏了一遍。马脚和人们继续喊"领了，老人家，领了"，接着又继续拿着碗给羊倒水。过了一阵，羊终于开始抖动，将身上的水抖掉，预示着龙神已经将献祭的羊收下，众人弯腰一拜。人们在这时也敲起锣、吹起号，将羊逮到一旁宰杀，羊脖子流的血接在一个碗里，一颗鸡心被放入羊血中，最后将碗放在了神轿前。

图 5-5　迎旗仪式（2019 年 6 月 7 日　耿宇瀚摄）

接下来人们生火、煮羊肉，煮好的羊肉放在一个大盘子上，置于神轿前。马脚换上了仪式时的道服，四个小班中一人敲锣，一人吹小号，两人吹长号，众人继续点香跪在神轿前，法神仪式开始。马脚举着钺斧，会长点燃黄表纸熏过钺斧后，提领将钺斧递给马脚，马脚走近神轿念经。礼毕后，马脚带着众人走向另一边进行迎旗仪式，这一仪式是盟誓出征形式的遗留。马脚继续念着咒语，人们把大纛旗展开，提领取出浸泡在羊血里的鸡心，在大纛旗上盖戳一样地沾血，一共沾七下，沾的过程中众人配合喊道："一颗，两颗，三颗，四颗，五颗，六颗，七颗。"接下来分别在一面大红旗和八面小旗上各沾七次血，过程和之前的沾大纛旗一样。其中一面小旗被插起来，大纛旗和大红旗被人扶起树立着，燃起黄表纸和松枝后，众人再次跪下，马脚大声念起经。

念完经后，马脚拿着大纛旗，一个青苗会成员拿着大红旗，另一个成员拿着一捆小旗，三人同时像鞠躬一样朝各个方向上下挥动着手中的旗，代表着行军祭旗。人们挥动旗子的时候不停地高喊着"昂散了，昂散了"，寓意让阴霾散下，驱走暴雨和冰雹。三个人一同挥完后，马脚分别接过大红旗和一捆小旗继续喊着"昂散了"，向各个方向"豁雨、禳雹"。迎旗仪式之后，马脚又带着众人回到神轿前，进行打卦仪式，马脚从提领手中接过两个卦后，先拿到神轿前，然后抛向空中，落到地上后，显示的是"双卦"，预示着风调雨顺，会有个好的收成。仪式结束后，人们分享献祭时煮的羊肉，然后敲起锣，抬起神轿，整个队伍下山。回到歇马店，龙神放置殿内，供前来的人们烧香跪拜，其中也有穿着藏袍的藏族前来煨桑祈福，歇马店的院子里还撒着藏文化中象征吉祥的"路马"。而青苗会的成员稍作休息，准备抬龙神去参加龙神赛会。

（三）龙神上隍庙

2019年6月7日，上午10：00，青苗会队伍出发，前往新城镇城隍庙。

出发前，队伍中的一些端阳沟村的汉族人换上了藏袍。我问起为什么要穿藏袍时，一位年轻人回答到："我们接近藏族。"被称为"藏族佛爷"的李文忠在洮州的藏族生活区域拥有范围广大的马路，因此前来祈福、献羊的藏族人很多，在进城参加赛会的途中，有时候藏族也会前来帮忙抬神轿。而端阳沟的人在龙神赛会时穿上藏服，第一个原因是石山佛爷具有广大的藏族信众，并且端阳沟青苗会与邻近藏族村落有着密切的交往和互动，而部分汉族青苗会成员穿上藏族衣着是一种族际间合作与建立密切关系的象征；第二个原因是民族间的文化交融与血缘交融，洮州地区的各民族在日常的社会交往和文化交流中不断地相互受到影响，在文化生活中"你中有我，我中有你"，彼此是亲切的，所以村民用朴实的语言表达"我们接近藏族"。

> 我们这的人明显没有分下，应该这一带人（端阳沟）基本上都是汉族。我们这汉族，过去基本穿的服装连藏族人一样着呢，像小的时候就是冬天穿皮袄，大褂，男人穿上黑衣服，棉衣，然后系上个红系腰。那小时候穿的皮袄就是热和嘛。那是跟气候有关系呢，下面人（低海拔地区）他把皮

袄穿上,他受的住呢?再穿着打扮也影响着呢,互相影响着呢。我们这里是农牧过渡地区,农牧过渡半农半牧区嘛,酥油糌粑也吃着呢。现在改变了,过去家里面,正月来个亲戚的话,肉端上,给客人招待着呢。我们说的弱巴,藏语里叫弱巴,汉族跟上说,抬上啥,抬上弱巴,这就是藏族的风俗习惯对汉族的影响。①

在端阳沟青苗会进新城城隍庙的队伍中,走在最前面的是一个背着红色空座椅的壮年,后面跟着两列少年,一共十几个人,第一排的两个少年敲着锣,其余的都举着旗,旗队后面跟着四个号手、两个举万民伞的人,然后是约八九个人抬着神轿,老人们拿着香跟随着神轿,一位举着大纛旗的年轻人在后面,众人跟随着巡游的队伍。在行进过程中,抬轿的年轻人会不时地将神轿扭动起来,人们附和着不断地欢呼。由于端阳沟青苗会的马路范围较广,所以信众非常的多,在游行时队伍也庞大,年轻的人们换着抬轿,很有声势。一路上,有村民不断地放鞭炮,不断地有汉族和远道而来的藏族信徒给石山爷献哈达、挂红,不断地有汉族、藏族信众跪在路上过关,还有汉族、回族村民在路边观看行进的队伍。

图 5-6　端阳沟青苗会的巡游队伍(2019 年 6 月 7 日　耿宇瀚摄)

---

① PSH,男,汉族,45 岁,公务员,临潭县古战村人;访谈地点:临潭县城关镇;访谈时间:2019 年 6 月 9 日。

图 5-7　上城隍庙的路上成爷、常爷和石山佛爷会合（2019 年 6 月 7 日　耿宇瀚摄）

端阳沟青苗会行进的路上，正好遇到冶力关青苗会的车辆与羊沙青苗会的车辆驶过。两个队伍的车在前池村下来，常爷和成爷由其各自青苗会的成员抬至新城镇的城隍庙。在很早以前，成爷和常爷上隍庙都的路上都是由人一直抬着的。冶力关和羊沙离新城路途较远，均超过了 100 千米。随着交通的改善、仪式的简化以及生活节奏的加快，完全按照传统的方式已不现实，所以改由汽车运送，在快到新城的时候再由人工抬轿。由于距离的原因，成爷和常爷不一定每年都参加龙神赛会。而今年不但参加，还特意增加了一个新的环节，即李文忠、常遇春和成世疆三位龙神的队伍在新城镇与端阳沟村之间的前池村会合，并共同举行一个接迎会。到达前池村后，三辆神轿面向东放成了一排，前面的案桌放着贡品，案桌两旁桌子则摆满了酥油灯，人们上前给各位佛爷挂红，旁边的松柏枝和黄表纸燃烧着。成爷、常爷和石山爷三位龙神之间的互动，也代表了羊沙青苗会、冶力关青苗会和端阳沟青苗会之间的互动，从而表达了三个马路地域之间的联村纽带象征。献祭仪式和马脚做完法事之后，三个青苗会队伍分别抬着各自的龙神，继续向新城城隍庙进发。

这十八龙神进入城隍庙里，端午要赛神三天。头一天进城，第二天赛神，第三天上大石山禳雹。以前是从新城东门到城隍庙，一路抬着的，谁最先上城隍殿，哪一路佛爷护佑的庄稼都好。所以旧时候的人们都拼命地往前跑。

当时好像都发生过踩踏事故,现在不提倡这样了,而是和平游街,不赛了。尽管不赛,但是民间还是有冲突,比如你们村的佛爷走到第一位,他们村就不行,非要走到前头去。因为现在有官方的参与,官方为这个事,煞费脑筋。他们有时候没办法,但是安全要紧。而且现在的游客翻了几倍。现在随随便便就有个四五万人,以前四五千人都多。现在第三天不上大石山了。①

如今,进入城隍庙的队伍已经是和平游街,如端阳沟青苗会进入洮州卫城之后,先是抬着石山爷到城内一个歇马店内又进行了一场接迎会,然后才不慌不忙地上隍庙,而此时其他龙神已经进入了城隍庙中。新城城隍庙的东偏殿平时供奉着十八龙神的牌位,只有端午节时各地的龙神才被抬入殿中。三天的龙神赛会,第一天进城,第二天踩街,第三天上大石山禳雹,其代表的寓意是第一天破城,第二天在城内巡视,第三天上山清剿残余的势力。龙神赛会活动在20世纪80年代重新恢复后,其第三天的上山禳雹环节被取消。在第二天,进行龙神的踩街巡游和过关活动,达到赛会的高潮。十几位龙神的青苗会队伍抬着各神像按照规定的路线游街,街道两旁人潮涌动,过关的人也一个接一个像长龙一样排在路中央,等候着各位龙神的到来。踩街活动结束后,各位神像被放置在城隍庙的东偏殿,供前来朝拜的人上香、挂红。城隍庙外则进行秦腔表演和花儿会,各种商业贸易、地摊经济也正是繁荣之时。

龙神赛会加强了洮州地区更大范围的跨村落、跨族际的社会互动,不仅产生了象征性的地域联结和族际参与,也在文化交流、经济交流与社会交往中加强了多民族地域社会的构建。

二、大墩山祭山神会与族际互动

王树民在《陇游日记》中写到,山神为藏民信仰中之地方神,各地俱有之,大小亦随各地而异②。山神崇拜是洮州地区藏族社会文化中重要的一部分,成为地域社会

---

① WR,男,汉族,45岁,医生,临潭长川人;学历:本科;访谈地点:临潭县城关镇;访谈时间:2018年1月4日。
② 王树民.陇游日记[A].甘肃文史资料选辑第28辑:甘青闻见记[M].兰州:甘肃人民出版社,1988:193.

的文化纽带与文化象征。社区型神山无疑具备多种实质性价值,维系紧密的共同体,并作为采取生态保护行动的象征性文化资源[①]。在卓尼、临潭境内分布着许多大大小小的山神祭祀活动,既有以村或沙尼家族为单位的小山神,也有以几个村落为纽带的大山神或旗下山神。山神祭祀活动一般集中在每年农历的四月到六月之间,也被称为"攒山神"或"造山神"。

在洮州地区汉族、藏族杂居的村落,汉族也会受到藏文化的影响,参与到祭山神会中。位于卓尼县阿子滩镇和临潭县古战镇交界地带的大墩山,祭山神的日子在每年的农历六月十五,大墩山所祭的是包吾什旗的旗下山神。如今,参与大墩山祭山神会的范围大概是大墩山附近的大尕、九日卡、巴舍、宁告、上阿子滩、下阿子滩、古战山、古战川、包家寺、新庄子、古战、尕路田等村。

(一)民族杂居村落的日常文化互动

大墩山一带的民族分布格局是汉族、藏族、回族交错杂居。在九日卡村,汉族和藏族生活在一起,一同参与村庄山神和大墩山山神的祭祀,以及每年的"坐东巴"仪式。"坐东巴"的时候全村人分为上下两班,前一班人农历四月初一进行,第二班人农历四月十五进行,地点在村里当值的饿拉家。"坐东巴"期间以及"坐东巴"之前的七天,不能杀生,还要在饮食上忌萝卜、葱、蒜这些有刺激性气味的食物,提前沐浴换上新洗干净的衣服。四月初一的早晨,村里的海螺一吹,人们就开始煨桑,磕长头。到下午两三点,饿拉家的妇女及其他村里来帮忙的妇女将准备好的食物端上来,供大家就餐。下午6点回到各自家后就不能吃饭了,但容许说话和喝水。初二的一天也是全天斋戒,年长者或体力有问题的人可以在下午两三点向饿拉提出吃饭。初三在念经磕完头之后,僧人吃饭时,大家方可说话、吃饭,之后各自回家,活动结束。

YJL将藏族的"坐东巴"仪式比喻成了回族的封斋,可见民族杂居地区的各民族对相互之间文化的了解。在九日卡村的田野调查中得知,九日卡村曾经还住有两户回族,包产到户后由于孩子在外工作迁走了,他们虽然不参与祭山的仪式,但是过去每年祭山的时候也会出钱,维系着与村子里藏族、汉族邻居的社会纽带。

> 我们村子上以前还有回族,有两户回族。回族是啥时候来的,我也说

---

① 范长风. 从地方性知识到生态文明——青藏边缘文化与生态的人类学调查[M]. 北京:中国发展出版社,2017:62.

不上。他们来的时候是集体,农业社那时候,全部都一块,种田,生产队嘛。到后来,包产到户了,他们坐了个几年。人家老人老了,农活干不下,去县城方便一点。迁移户走得早,我们村的人真正对他们好得很,他走的时候,我们都关系相当好。他过年的时候,我们全村子人给他拜年,开斋的时候,全村子给他拜年。到我们年的时候,他还要家家转一下,关系真正相当好。前面的人(回族住户)走得早,他们是临夏的嘛,河州啥地方。后面没人种庄稼了,庄稼没人种,他工作了。①

每年农历六月十五的大墩山祭山神会是大墩山一带规模最大的联村祭山活动,有周围的14个村参与,目前选了四个旗长,分别来自九日卡、大尕、古战川和阿子滩,负责神事活动,形成了民间协作性的联村集体,也发挥着类似青苗会的协调作用。如在调研的前一年,卓尼县广播电视局修建铁塔时,在大墩山一带村民不知情的情况下于山顶挖了坑。

广播电视塔,说是这个塔坐上的话是,能看上七县的台,不用锅锅子,直接就给你发射着。能给看是能给看,我们这是山神的地方,你提前要打招呼呢,你们这样随便挖,我们这是山神的地方,那你大家都要平安呢,风调雨顺呢对吧,那你随便挖坑,要提前打招呼呢,不打招呼,随便挖不成。他们这样挖下的,我们就念个经,经一念,把这个地方安顿一下。山神土地全都安顿一下,再不要见怪,挖是挖了,叫人搞起还是搞。8000块钱请了四个和尚(宁玛派僧人),再就把这14个生产队,饿拉全都叫上,两天就8000块钱花过了,给人念经的人布施全都抬过,吃的喝的一挂交着,8000块钱交完了。②

最后,大墩山的四个旗长与卓尼广播电视局进行了协调,进行一些安抚工作。正如上文提到,藏文化认为在不合时宜的日期惊扰了神灵,如开垦、播种、建房和

---

① YJL,男,藏族,51岁,农民,临潭九日卡人;访谈地点:临潭县城关镇九日卡村;访谈时间:2018年4月21日。
② YSX,男,藏族,51岁,务工,临潭九日卡人;访谈地点:临潭县古战镇九日卡村;访谈时间:2018年4月21日。

挖掘等，很容易引起神灵的不满而招致报复。在安抚之后，村民们请僧人念经，对山神、土地神进行了安顿。

（二）大墩山祭山神会与跨村落社会纽带

2017年7月8日（农历六月十五）早晨，临潭县古战镇大尕村的白马大叔开着三轮摩托车带我去参加大墩山的祭山神会。大墩山的山顶是宽阔的草甸，有一座祭山神的插箭台，不远处还有一座烽火台。到达山顶时，已经有一些村民骑着摩托车或开着车到来，大家开始生火烧水，还支起了一顶毡帐。白马大叔和我被引入毡帐坐下休息，他和其他村子的朋友们亲切地问好，并聊了起来。

祭山神会第一个仪式是拉泽，大墩山一带村子的藏族和汉族会带上木杆、箭牌、嘛尼经幡、松枝、青稞粉前往大墩山山顶，在插箭台集中把木杆或箭牌插成一簇，然后缠上嘛尼经幡，将其固定。

大约中午的时候，祭祀开始，所请的宁玛派僧人念经作法。人们簇拥着，把装着玛尼纸的盒子以及贡品放在宁玛僧人前面，宁玛僧人一边念经，一边撒青稞颗粒。同时，人们向插箭台磕头，并在插箭台旁临时搭起一个煨桑炉进行煨桑的仪式，然后放上松柏枝、酥油、糌粑等贡品，将其点燃。

图5-8 大墩山祭山神会（2017年7月8日 耿宇瀚摄）

宁玛僧人做完法后，风马仪式开始。男人们开始围绕插箭台顺时针转圈撒"禄马"，并念吉言，音译大概是"Leng de ya le jiao, ka li leng de ya le jiao"。"禄马"是一种长宽约两寸的方形纸片,中间是一匹驮着摩尼宝珠的马,四个角是虎、狮、龙、鹏四种动物。人们一手拿着装"禄马"的小纸箱,一手不断将一沓沓"禄马"抛撒向天空。一时间祭祀达到了高潮,人们念着吉言并欢呼着,插箭台上的玛尼旗飘扬着,而"禄马"纸像雪花一样纷飞,铺天盖地,蔚为壮观。

撒完"禄马"之后,人们将神牛牵来进行仪式,有点类似汉族的"领羊"仪式,人们要往牛身上抹酥油、撒牛奶。牛一直躲闪,人们就跟着牛跑来跑去,想办法稳住"神牛"。当牛奶撒到神牛身上,并且牛把身上的牛奶抖掉,人们就高兴地欢呼,喊着"成了,成了",认为山神高兴了。"神牛"被认为是山神的坐骑,仪式结束后,神牛由宁告村交接给古战山村看管。

> 整个这一片,一个旗下嘛,14个生产队。那个神牛还是那个上面的,不是连我们(村)一个。那个神牛也交接,今年你们村子,明年我们村子。我们村子,就前年我当(饿拉)的时候,到我们村子了。我养了一年嘛,今年的六月十五,就给我交给了,明年的六月十五就拉到那个地方给别人交。①

图5-9 大墩山祭山神会中的神牛(2017年7月8日 耿宇瀚摄)

---

① YSX,男,藏族,51岁,务工,临潭九日卡人;访谈地点:临潭县古战镇九日卡村;访谈时间:2018年4月21日。

神牛平时是由参与大墩山祭祀的大尕、九日卡、巴舍、宁告、上阿子滩、下阿子滩、古战山、古战川、包家寺、新庄子、古战、尕路田村等各村子轮流看管，每个村子一年，于农历六月十五祭祀当天交接。交接到神牛的村子由当年的"饿拉"负责照顾看管。据当地人讲，神牛的选择要通过历法来算，还要看颜色。仪式全部结束后，人们开始生火做饭，坐在帐篷或围坐在一起聊天、喝茶、吃饭、喝酒、会友。

通过祭山神会和神牛在村落中的流动，这些文化上的互动使大墩山周围的藏族、汉族杂居村落被共同的文化纽带联系在了一起，构成了一个地域性的熟人社会网络。插箭台与烽火台同在大墩山山顶，说明了包吾什旗旗下山神祭祀场所与曾经的洮州军事布防区域的重合，可以反映出互嵌型政治秩序中洮州卫与土官系统建立的联合防御，以此奠定了互嵌、交融的族际关系。大墩山区域又是一个多元文化的叠合区域，而大墩山祭山神会也在多民族互嵌村落形成的过程中，由包家寺百姓的封闭祭祀活动扩大化为跨血缘、跨族际的开放性区域文化互动。通过大墩山的山神祭祀文化仪式，附近村落不同民族的人们通过在日常的生产、生活中发生文化的交流与交融。同时，借着祭山神会的机会，各个村落不同民族的人们得以聚在一起交流互动，加强了村落间的社会纽带。因此，洮州文化核心区周围多元文化的叠合区域促进了洮州农区与半农半牧区之间的社会联系、文化联系，体现着洮州地域社会文化的交融性、包容性与黏合性。

图 5-10　大墩山周围村落的村民们通过祭山神会的机会欢聚在一起
（2017 年 7 月 8 日耿宇瀚摄）

三、联村交互中的族际文化协调

乡土传统可以在新时期特定的状况下,被民间加以再创造,或恢复原来的意义,使之扮演新的角色[①]。在中华文化中,迎神赛会源于古老的社祭,综合性较强,与农耕社会有着密切的关系。在洮州地区明朝的军屯开发中,与生产生活联系紧密的龙神赛会作为中央王朝在边区的权威象征,加强了边区社会对中央的归属感。同时,通过龙神文化的社会互动,明朝的军屯后裔通过这一文化资源在无形中强化其在地方社会中的文化权力,从而加深了其对土地使用的合法化,尤其是在明清更替中所面临的社会秩序整合时。如在以前的洮州龙神文化中,神戏的表演者必须为本地的军屯姓,这一群体曾控制着龙神信仰的全套文化符号。

随着历史进程中更多移民的进入,地方社会也在不断地扩展与整合中将军屯后裔之外的人员吸纳进这一文化网络中。杜赞奇认为,文化网络既控制着各种资源,而其本身又包括各种感性象征;与物质资源不同,象征性符号是可塑的,保持着其内在能量,即动员、激励以及强制的力量[②]。通过这一文化互动,洮州地区农业生产的社会纽带得到加强,以联村青苗会组织整合广泛的社会劳动资源,来协同日常的生产生活。

同时,这一文化网络还在族际社会中发生着整合作用,通过日常生产协作的需要和文化的交流交融,使藏族、土族、回族等民族也参与到文化仪式的合作中,从而将其他民族纳入洮州民间社会文化体系中。其中,龙神信仰不断地在藏族和土族的社会区域中拓展,这些民族区域成为龙神的马路,很多藏族、土族村落也加入民间青苗会组织,在族际社会中扩大了联村互助合作的纽带。

回族基于在日常生产生活与汉族的密切互助协作,虽然没有显性的仪式合作,但是还会与其他民族有建立在生产基础上的隐形合作。如以前水磨川青苗会抬龙神参加龙神赛会时,为了让所属区域能够跑到第一名,汪家嘴的回族也一起帮着汉族

---

① 王铭铭.村落视野中的文化与权力:闽台三村五论[M].北京:生活·读书·新知三联书店,1997:76.
② [美]杜赞奇.文化、权力与国家——1900—1942年的华北农村[M].王福明译,南京:江苏人民出版社,1996:21.

抬轿狂奔①。在端阳沟村调研时也了解到，回族由于对农业生产的关心，也会私下打听青苗会打卦的结果。

> 跟前的红山村是回族的，因为红山村的村民现在没有仪式上的来往。别人说是默认，据我的估计，以前应该还是会有些来往的仪式，现在的这个来往的仪式没有了，但这个程式他还是承认的，比如他刚才说祭祀的时候，献羊，然后打个卦。打卦，你见过那个，打上去阳醮或是阴醮。这个佛爷打的这个卦就预示着这一块的田稻是否顺利，风调雨顺这些，力求能打个好卦，但不一定能打个好卦。这个卦的结果，当时回族不在场，事后他们会悄悄打听一下。如果说打个好卦，因为回族也种庄稼，我们的庄稼也跟着有个好收成。②

长川乡千家寨村是一个回汉杂居的村落，龙神胡大海的主庙就位于这里。在千家寨村，流传着胡麦阿爷的故事。胡麦阿爷是出生于千家寨村的回族，有着出众的人际和事务协调能力，在旧社会时就曾帮助千家寨青苗会处理庙会里的公共关系以及协调庙会中往来千家寨的商旅，赢得了一定的威望。20世纪80年代，胡麦阿爷曾参与了千家寨青苗会恢复的组织协调，有些其他青苗会还专程向他请教赛会等活动的仪式规矩。

> 汉族还把胡麦选为提领，相当于洮州龙神信仰中的神职人员，已经超越了一般的信众。胡麦对民间信仰非常的了解，很多都懂，并在汉族信众中还树立了一定的威望。③

也有说法认为胡麦阿爷没有当"提领"，只是出于热心，在村子的公共事务、社火、灯会以及一些村集体活动中出力帮忙，但依旧恪守伊斯兰教的信仰。"胡麦阿爷"的故事虽然经过了构建，无法得知其原貌，但是可以从一个侧面反映出回族、

---

① 范长风. 从地方性知识到生态文明——青藏边缘文化与生态的人类学调查[M]. 北京：中国发展出版社，2017：136.
② WMM，男，汉族，46岁；访谈地点：临潭县新城镇端阳沟村；访谈时间：2019年5月30日。
③ XSS，男，汉族，45岁；访谈地点：临潭县城关镇；访谈时间：2018年1月4日。

汉族在日常的生产、生活中频繁的合作以及密切的族际关系；还反映了青苗会在族际间的协调作用，并如何建立起族际间互惠的社会纽带。

洮州地区各民族在日常的生产生活实践与社会交往中，形成了区域交互与民族互嵌的联村社会，通过对地方空间中的文化资源整合，在文化交融的场域中构建了生产生活空间中的资源分配机制，也加强了族际间互惠合作的社会基础。

第三节　闲暇生活场域中的族际互动

洮州地区地方文化秩序下的民间社会文化在促进各民族互助、协作的同时，也为各民族在生产之余提供了闲暇的互动空间。在生活化的仪式情景中，轻松欢乐化的氛围在拉近各民族距离的同时，也营造了共同的情感凝聚场域。因此，各民族通过闲暇的文化娱乐活动与社会仪式互动增进了彼此的情感能量与社会团结。

一、浪山文化与闲暇生活互动

临潭、卓尼地区农历六月间，气候温和凉爽，草茂花繁，阳光明媚，正值农事忙碌的间歇。不管是汉族、藏族，还是回族，都喜欢在这个时候到野外的山坡、草甸、河边搭上帐篷，带上炊具烧烤、炖肉，享受大自然的乐趣。这一活动被称为浪山，最早是僧人们在野外的采薪习俗，后来演变发展为十分广泛的群众活动。临潭、卓尼地区美丽的自然风光及众多的草甸、河流、森林、山峦为人们的浪山活动提供了广阔的自然空间。浪山活动一般以家庭为单位，也有以亲戚、朋友、同事、同学为团体组织浪山活动的。在以朋友、同事和同学为群体组织的浪山活动中，不同民族间的互动也嵌入其中，从而族际间的关系也得到加强和整合。当地人每年在这个季节都会参加多次浪山，因而浪山也是临潭、卓尼地区十分重要和普遍的社交活动，甘南藏族自治州在这个时节还会专门放一周的假期。笔者调研期间也被当地朋友多次邀请参加浪山活动。

术布的鹿儿沟以及长川附近的小沟等都是比较受欢迎的浪山地点。临潭、卓尼的汉族、回族和藏族人每年的中伏都喜欢到铁占山洗药水泉，也有很多人喜欢在长川到恰盖路上的山谷草甸上安营扎寨，小住几天。每到那个时节，沿着河流边到处是浪山的帐篷以及野炊、唱花儿的人们，民族风情浓厚，很多商人也赶来做起临时的生意，摆起各种货摊、小吃摊和游戏摊。在田野调查中，笔者在访问一个浪山的回族家庭时，附近的一个汉族人过来向回族家庭借食醋。而接下来访问那个汉族人时，发现他们是几个汉族、藏族、回族朋友一起相约欢聚参加浪山活动。可以看到，临潭、卓尼地区的浪山活动也为民族间的接触、了解、交往和交流提供了很好的机会。

由日常生活中的庙会、花儿会、寺庙法会等社会集会临时形成的市场满足了洮州各民族人们日常交易的需求时，也提供了许多闲暇生活的场合。如新城镇五月初五的龙神赛会、紫榜山农历六月二十四的雷祖神会、卓尼草岔沟五月二十七的庙会、洮砚乡六月初七至初九的加麻沟庙会、藏巴哇乡农历九月十五至十七的侯旗庙会、六月初一至初六的莲花山花儿会等民间社会集会都吸引着周围的小商贩来摆摊。来赶会的民众通过集会参与物资贸易，进行神事活动，以及看戏、唱花儿等娱乐活动。洮州地区闲暇的社会互动空间不仅加强了洮州地区各民族人们在生产之外密切的生活联系，同时也在不断地营造着文化交融、开放包容的多元文化环境。

二、多民族共享的花儿文化

洮岷花儿是临潭、卓尼、岷县、临洮、康乐一带人们在长期的生产、生活和民族文化交流融合中形成的地方山歌，在该地区有广泛的民间性和群众性基础，汉族、藏族、回族、土族等多民族均参与其中。洮州的东、西、南、北四路，由于亚方言的差异，分成了不同的演唱方式和曲令，如北路的羊沙令、莲花山令。洮州西路的花儿特别高亢，也被称为"扎刀令"。东路花儿曲调绵长，声音不高，叙事性强。

> 花儿就是野曲，心里想，口里唱。还有种说法，山里的野花，胡唱尼。所以它就是在山里唱的，为啥要叫野曲，一个是在野外，再一个都是爱情花儿，牵涉到爱情的花儿。在公众场合，或是在村落，在家里面，那是不容许存在的，被封建所反对的。就是现在谁家唱特别酸的曲，把爱情特别直露的，不容许。但是在野外是容许的，这就是花儿是野曲。它是在田间、山头，劳作之余唱的。但是我们现在花儿协会也好，我们政府的形式也好，

都在出面极力推广。说野曲也只是花儿的一个方面，就我的看法，花儿是以爱情花儿为代表，但是不光是爱情花儿，它涵盖洮州生活的方方面面，你啥事情都可以用花儿来表达，像河州人以前，把花儿变成花儿剧，我们也可以变花儿剧。我自己也弄了两三部花儿剧。①

除了劳作和生活中随口而唱的"野曲"之外，洮州地区生活中的花儿还有喜花儿、神花儿、套花儿、猜谜花儿等。喜花儿也叫满喜花儿，是在孩子满月恭喜的时候唱，流行于洮州北路的羊沙、冶力关一带。神花儿是在请神、祭祀的时候唱，是给神唱的花儿。套花儿也称为本子花儿，其内容包括与三国、薛仁贵征东、杨家将等相关的成段评书故事，难度较大，普通人不一定能全部唱下来。套花儿经过了文人创作加工，具有一种民间知识普及的作用。猜谜花儿采取的是"你问我答"的对歌形式，有点类似南方的盘歌。

> 这种口头传述，我们失去了很多。(洮州花儿)不像河州(花儿)。河州地域范围比较宽广，比如在这个地方，在这个一小块地方失去，在那个地方有可能保存。而我们地域本身就窄小，人群有限，所以说某一段口头文学，它一消失，也许就真的消失了。我们这很少有长篇的叙事花儿留存，不是说没有，但是没有留存，只有零碎的、散在的片段，所以再不抢救，它会消失殆尽。②

每年洮州地区都会举行大大小小的花儿会，据资料统计，每年正月至九月中旬，1000人以上规模的花儿会可达六十多场，500人以上的小会场可多达一百三十多处③。花儿会的类型也相当丰富，有庙会型花儿会、节日型花儿会、春游型花儿会、赛马型花儿会、沐浴型花儿会、贸易型花儿会以及综合型花儿会等，具有广泛的群众性。笔者在田野调查中，正好赶上了临潭县城关镇东明山的花儿会。东明山上分

---

① WR，男，汉族，45岁，医生，临潭长川人；学历：本科；访谈地点：临潭县城关镇；访谈时间：2019年6月9日。
② WR，男，汉族，45岁，医生，临潭长川人；学历：本科；访谈地点：临潭县城关镇；访谈时间：2019年6月9日。
③ 宁文焕. 洮州花儿散论 [M]. 兰州：甘肃民族出版社，1992：77.

布着许多民间信仰的庙宇,在花儿会期间商业贸易云集,热闹非凡,各种演出和花儿比赛也为周边各民族提供了一定的群众娱乐需求。在临潭八角乡的莲花山花儿会中,当地人会用马莲草编成绳子拦游人来对唱花儿,形成有趣的即兴创造式互动。

在早些时候,唱花儿的人们聚集在一起,用大伞、小伞遮起来,在伞下演唱,只闻其事,不见其人。大伞、小伞重叠在一起,观众也听不出是谁唱的,而花儿歌手可以表现出自由发挥的最佳状态。这样的演唱方式原生态性较强,但随着社会变迁已经发生了改变,花儿的演唱方式也更加多样。政府的推广也打破一些传统禁忌的封闭性,让一部分花儿把式走向舞台,推动洮州花儿的传承发展。近些年,新兴网络媒体也为洮州地区各民族提供了花儿交流的平台,在田野调查过程中,多次遇见花儿爱好者通过微信群与朋友们对唱花儿互动,微信群里有汉族、藏族、回族等不同民族的花儿爱好者。

> 我加下的民族花儿群,回族也唱。原来就是古战,十五的晚上,十六的晚上,一挂就唱花儿。①

洮州地区的花儿是洮州文化区域内的汉族、藏族、回族、土族等多个民族共同创造的,反映了各民族在日常生产生活交流互动中的文化交融、共同审美和情感表达。洮州花儿也因多元文化的交融而更加丰富和更具独特魅力,成为增进民族间心理交融的文化黏合剂。

三、冬季农闲和春节期间的文化活动

每年进入冬季农闲和春节期间,外出工作、求学、经商的人们回家乡和家人、亲人团聚,洮州地区也进入了一年中民俗活动的高潮,社火、秧歌、灯会等民俗活动应接不暇,如长川乡冯旗村的"打切刀"社火表演、新堡乡资堡村汉藏群众的"抢年果"、扁都哈尔滩村的烟火、长川乡羊升村的提灯会、羊沙乡的纸马舞、古战的打

---

① YJL,男,藏族,51岁,农民,临潭九日卡村人;访谈地点:临潭县古战镇九日卡村;访谈时间:2018年4月21日。

施食、陈旗乡王旗村的烤摞摞等等。人们在仪式感中迎接新的一年，又在团聚中加强了血缘、地缘和乡缘的社会纽带。

临潭旧城（临潭县城关镇）的"万人扯绳"活动已经有六百多年的历史，最早是流传于军中的"教战"游戏，后来成了洮州地区隆重的民间群体活动，洮州地区的汉族、回族、藏族、土族等各民族均参与其中。过去的活动由青苗会组织，洮商的商会也出资支持。新中国成立后，政府将扯绳作为群众性的体育活动也给予了大力支持。《洮州厅志》对万人扯绳进行过记载：

> 惟正月初五日午后，有扯绳之戏。其俗在西门外河滩，以大麻绳挽作两股，长数十丈，另将小绳连挂大绳之末，分上下二朋，两钩齐挽，少状咸牵绳首，极力扯之，老弱旁观，鼓噪声可憾岳。①

在正月初六至正月十二之间，汉族、回族、藏族等民族中的一些做志愿准备活动的年轻力壮的人，也被称为"执情人"，就开始在旧城青苗会的协调下，进行"捆绳"的工作。他们将筹集来的绳按段缠好，每段又分成若干股，后来随着参与人数的不断增多，又改用了钢缆绳。正月十二在临潭旧城五国爷安世魁的大庙（农民文化宫）中进行"祭龙头"的仪式，并在县委县政府代表的讲话后开始摆绳②。活动于每年正月十四、十五、十六的晚上举行，每晚三局。绳长一千一百多米，主绳直径达14厘米，以西门十字为中间节点，放置在西大街的南北，活动参与者有数万，不分民族，不分男女老少。

扯绳活动的两队按照地域方位划分，打破了族际的界限，形成了民族交融中的地域认同，划分的两方被称为"上片"和"下片"。其中，上片主要包括城关镇的古城、上河滩、郊口、左拉、八龙、苏家庄，以及卓洛、古战、长川、完冒、冶力关、羊沙、藏巴哇、洮砚乡等地；下片包括城关镇的下河滩、城内、教场、青崖、西庄子、杨家桥，以及初布、羊永、流顺、新城、扁都、店子、王旗、三岔、总寨、木耳、大族、卡车、岷县等地③。洮州的民间文化有这种说法，"上片"和"下片"如果

---

① 〔清〕张彦笃主修，包永昌总纂.（光绪）洮州厅志［M］.卷2，舆地·风俗，张俊立校注，北京：中国文史出版社，2013：126.

② 赵利生，陈芳芳.多民族"万人扯绳"与内生性民族关系研究［J］.甘肃社会科学，2014（1）.

③ 马麒.多民族聚居区民间共生智慧：临潭民俗"万人扯绳赛"的功能解读［J］.文化学刊，2018（5）.

哪方赢了扯绳，哪方的庄稼就会丰收。

北边部分的"上片"所处的位置是上缓的坡，不太得利，南边部分的"下片"却因下坡的顺势占有一定优势。但是在实际比赛中，大多数获胜的都是北边部分的"上片"。究其原因，可能是北山牧区的很多藏族人参与到"上片"的队伍，他们往往比农区的人身体素质要强壮一些，虽然在地势上没有优势，但各民族的队友齐心协力，劲往一处使，总能扭转劣势。

> 穿藏袍的，头戴白色小圆帽的，服饰时尚现代的，把这高原小城的夜晚装扮的五颜六色。分界线在西门的街道，由此开始分为上下两方，双方绳索的结合处是粗麻绳拧成环形的"龙口"。串接组合的是一条坚硬青冈木或桦木削成的巨大梭子，一旦它把双方"龙口"串接成功，一声歇斯底里的呐喊犹如点燃了巨大的火药桶，所有的人都开始喊叫。这时候人们自发按各自所处的方位，过万人缀在绳索上，街巷两边观战助威的也有二三万。人潮犹如大海的波浪，忽而向北，忽而向南，势均力敌，不分你我，抗争之下，待到力气耗完，力胜一方就会拼死拼活地扯动绳索呼啸而去。这样前后三次，来回缀接，时间也耗在了子夜12时后。到正月十六最后的兴奋发泄完之后，不管是谁输谁赢，反正男女老少过年的欢闹随着不分民族、不分男女、忘却季节的正月十六结束。一个对新春来临的希望从此埋下了丰硕的种子……①

万人扯绳等文化互动的宗教色彩较淡，主要内容以体育活动、娱乐为主，群众参与性较强。根据柯林斯的互动仪式理论，人们在互动仪式的过程中，当高度相互和情感共享达到一定程度的时候，就会产生强烈的成员归属感，形成群体的团结②。万人扯绳活动规模宏大，团结协作，气势磅礴，高潮迭起，这些都会引起人们的情绪感染力。在高度的关注和情感共鸣中，活动的参与可以看作是一种仪式的互动，产生对群体"地域社会象征"的尊崇，使每一个人感到与群体的相关，从而加强了各

---

① 刘青之. 洮州旧事——扯绳［A］. 敏奇才主编. 洮州记忆［M］. 兰州：甘肃人民出版社，2016：282—286.
② ［美］兰德尔·柯林斯. 互动仪式链［M］. 林聚任，王鹏，宋丽君译. 北京：商务印书馆，2012：80—81.

民族相互之间的情感和共同体认同，整合了族群的关系。

而受 2008 年以来特殊情况的影响，为安全起见，临潭县暂时停办了"万人扯绳"活动。而对于洮州各民族的人们来说，"万人扯绳"是每年都翘首以盼的重要文化娱乐活动，它的缺席是令整个洮州人、地方社会都遗憾和失望的。在长期的发展与互动中，"万人扯绳"已经成了洮州地方文化秩序与生产生活节奏中重要的规律性节点，对于社会文化空间中的社会互动、族际互动都具有重要的作用与意义，并激发了洮州各民族之间的情感能量。在调研中，很多老百姓还是充满对"扯绳"的回忆与怀念。

> 原来有，现在没有了，可能是因为现在各种安全风险就取消了。我去看过，也参加过，那时候年轻，也就二十几岁。每年春节的十三、十四、十五的时候，等都等不及，家里的饭匆匆一吃，骑上自己车就去县里。拔河各个民族的人都可以参加，是以西门桥为中心，西门以北是卓洛、临潭、申藏等地的人一队，以南是术布、羊永等地的人参加，赢的一方会预示着今年会有一个好收成。①

这些年，洮州地区不论官员还是百姓，不论汉族、回族还是藏族，不论男女老少，都对"扯绳"活动的恢复充满了期待，一直关注着是否重办的消息。"扯绳"对于洮州地区的人们来说，不仅是洮州地方社会的"地域象征"，也是人们共同的社会记忆与社会情感。近些年临潭当地的公众号也在不断地发布着关于洮州"万人扯绳"的文字和曾经留下的活动照片，更加激起了整个洮州地方社会的怀念和共鸣，一有消息，人们就会打听和关注。洮州地区对恢复"扯绳"活动的呼声越来越高，同时也引起了临潭县政府的重视。

借着国家开展"非遗过大年，文化进万家"系列文化活动的契机，临潭县通过努力，确定于 2020 年元宵节在临潭县城举办万人拔河的比赛活动，恢复这一历史悠久、各民族共同参与的社会文化活动。对于这一消息，洮州地区各民族的人们翘首以盼，准备工作也拉开了帷幕，人们也在朋友圈上展示着各种捆绳、准备的照片和

---

① 晒如杰，男，藏族，36 岁，牧民，卓尼郭大村人；学历：小学；访谈地点：卓尼县申藏镇郭大村；访谈时间：2017 年 9 月 14 日。

视频，激动欣喜地发表着各种盼望活动到来的朋友圈状态。

> 元宵节，陪你一起去临潭，
> 看江淮人在高原，
> 一绳相连，团结一心，
> 一绳相争，拼搏进取，
> 一绳相盼，风调雨顺，
> 一绳相望，国泰民安，
> 今宵你定无眠，今夜你定无眠。
>
> 2020年1月18日晨于临潭PSH的微信朋友圈

2020年1月17日，关于临潭"万人扯绳"的海报也进行了官方发布：

海报

2019年，是临潭县精准扶贫工作脱贫摘帽年，为了深入贯彻党的十九大精神，庆祝改革开放40周年，为建国70周年献礼，为脱贫攻坚加油鼓劲，传承和弘扬600多年来悠久的历史文化，促进社会进步，增强民族团结，临潭县洮州民俗文化协会等社会团体发起举办第619届以"民族团结、凝聚合力、助力脱贫攻坚"为主题的万人扯绳活动。

这次"万人扯绳"活动于2020年2月7日在临潭县城关镇西大街举行，连续举行3天共计10绳次，2月7日（正月十四）晚7时至12时扯三绳；2月8日（正月十五）下午2时至下午5时扯一绳、晚7时至12时扯三绳；2月9日（正月十六）晚7时至12时扯三绳。本届"万人扯绳"活动单绳长为1818米，重约12吨，"龙头"长30米直径8厘米，单绳直径4厘米；活动不计人数，不分民族，不设裁判，也不分队，简单分为上片和下片，以县城瓦采街为界线，以北属上片，以南属下片，无论男女老少都可以参加。

届时欢迎广大父老乡亲、八方来客参加这次阔别12年之久的临潭县"万人扯绳"活动。

主办单位：临潭县洮州民俗文化协会

协办单位：甘肃临潭城关慈云寺、城关清真下寺、城关上古城清真寺、城关清真南寺、苏家庄清真寺、临潭县城关清真西大寺、左拉清真寺、甘肃省临潭县清真上寺、范家咀清真寺、城关下古城清真寺、临潭县城关基督教堂

2020 年 1 月 17 日

经过官方和民间等多方的努力，停办了 12 年的"万人扯绳"得到恢复。但遗憾的是，突如其来的新冠病毒疫情又迫使 2020 年的"万人扯绳"暂时取消。虽然"万人扯绳"多年停办，但之前已经在洮州地区形成了广泛的民间社会基础，唤起了各民族之间的社会情感能量。2021 年，"万人扯绳"被成功列为国家级非物质文化遗产。"万人扯绳"不像生产劳动协作那样有较强的工具性，也不像民间信仰中的文化仪式那样具有较强的宗教色彩，而其不分民族、不分你我的群众娱乐性更能拉近各民族之间的心理距离，加强族际间的情感交流、地域文化认同和社会纽带。因此，"万人扯绳"在洮州地方文化秩序的影响下，蕴含着内生的情感力量，并与地方社会生产生活节奏、地方社会传统相契合。

第六章
跨区域互动与交换中的外缘联结

通过跨区域的人流、物流和信息流，区域不同性质的空间范围和生活圈受到影响，并构成了新的区域结构与空间，这一空间过程也称为"区域再构造"[①]。跨区域的社会互动与资源流动，将人群不断地整合与重组，使空间关系或空间范围也不断发生着变换与伸缩，通过区域空间的再构造使人与物、人与人的互动和关系得到调适。跨区域的社会互动与交换将洮州地区自然气候与农业生产上的劣势转换为地缘条件上的优势，内地与青藏高原地区之间的资源流动链不仅促进了洮州地区人们的生计生存需要，也在历史上使洮州这一贸易集散地和区域市场得到了发展。而洮州的地方商业群体"洮商"也在这一市场空间中兴起，从历史到今天都一直在促进着内地与青、甘、藏、川西高原区之间的经济、文化交流，形成了跨区域的族际社会纽带，通过文化资本与文化连带加强了跨区域的民族交往交流交融和中华民族多元一体的社会构筑，对中华民族共同体的区域社会联结起到了重要作用。

---

① 黄应贵.人类学的视野[M].台北：群学出版有限公司，2006：163、199.

第一节　资源流动与跨区域的社会整合

洮州在明朝的汉藏茶马贸易中被设为"茶马司"，茶马贸易的政策不仅推动了内地与青、甘、藏、川西高原区经济交换空间的形成，也促进了跨区域民间私营贸易的兴起。由于嵌入在牧区之中，又处于内地与青、甘、藏、川西高原区之间贸易通道的重要地理位置，洮州在长期的民间商贸往来中发展成为繁荣的民族贸易集散地，并形成了跨区域的经济纽带与社会纽带。同时，跨区域农牧互补空间中的资源流动链所产生的自发性民间经济秩序也成了地方文化秩序中重要的一部分。通过跨区域的族际经济互动，洮州在跨区域的经济交流空间和物资交换体系中发挥着重要的作用，洮州地方商业群体也在跨区域贸易路网的经济交流中兴起。区域物资交换体系中的资源流动、跨区域贸易路网中的社会互动以及跨区域经济互动中的地方商业群体兴起共同推动了洮州与外界的跨区域社会整合，生成了跨越族群与区域边界的空间关系。

一、区域物资交换体系中的资源流动

自然资源分布的差异以及内地与青、甘、藏、川西高原区之间的经济互补形成了庞大的物资交换系统，而地理区位优势繁荣了洮州物资集散和民族商贸的市场，这为洮州农区的人们向外寻找和拓宽生计发展之路提供了一定的地理空间和商业机遇。

表 6-1 民国时期旧城与青、甘、藏、川西高原区之间的主要交易品

输入	输出
布匹	毛皮
红标、市布、府布、套布、丝绸、直贡缎、人造丝等	羊、猪、狐、狼、水獭、猞猁、扫雪、鹿、熊、獾、豹、虎（较少）、鼬、草猫、沙狐、狸子、狨子、番狗等
铜器	药材
铜锅、铜勺、铜壶	鹿茸、麝香、牛黄、贝母、秦芄、大黄、甘草、党参、冬葱、山药、豹骨、虎骨（很少）、羚羊角、藏红花
其他日用品	牲畜
瓷器（多细瓷）、临洮黄烟、颜料、针、线、灯、念珠、铁器、鞍辔、面粉、玩具等	以马、牛、羊为主，羊分为绵羊、山羊两种，牛分为黄牛、牦牛和犏牛三种

资料来源：根据王树民《陇游日记》[1]整理。

作为内地与青、甘、藏、川西高原区经济交流空间中的民族贸易集散地，洮州旧城因与青藏高原民族地区的经济联系密切，融入跨区域物资交换体系中的资源流动链。正如王树民所说："旧城商业以走藏区为主，以其所需之物往，而易其所产之物归。"[2] 顾颉刚也谈到："故旧城商务，东至陕西，更沿江海而达津泸，西赴青海，南抵达川康，北及内外蒙。"[3] 根据王树民的记载，民国西北商贸繁盛时期，临潭旧城有京帮、陕帮、鄂帮、豫帮等外省的商帮达 20 家左右，甘肃省内岷县、临洮、兰州等外县商帮数十家，本地商帮数百家。由内地输入临潭的货品主要包括府布、套布、粗斜布、细斜布、大米、青盐、蜂蜜、辣椒、府茶、松潘茶、糖、黄表纸、黄香、黄烟、耕犁、瓷器、火柴、洋货等。由涉藏地区经临潭输入内地的货品主要包括皮

---

[1] 王树民.陇游日记[A].甘肃文史资料选辑第 28 辑：甘青闻见记[M].兰州：甘肃人民出版社，1988：207—208.

[2] 王树民.陇游日记[A].甘肃文史资料选辑第 28 辑：甘青闻见记[M].兰州：甘肃人民出版社，1988：207.

[3] 顾颉刚.西北考察日记[A].甘肃文史资料选辑第 28 辑：甘青闻见记[M].兰州：甘肃人民出版社，1988：71—72.

毛、牲畜、药材、木材、马鸡翎①、猪鬃等②。

其中，临潭的木材主要由兰州、狄道两帮木客运至兰州。生皮毛主要运至张家口进行加工，熟羊皮销往四川。此外，骡马走陕西，猪毛走汉口，羊肠走天津，麝香发河南，药材发陕西三原，牛售岷县渭源一带③。由此，围绕着内地与青、甘、藏、川西高原区之间物资交换、交流的需求，产生了大规模的商贸活动。

包括洮商在内的甘青商人在地缘性的商业空间中具有一定的优势，其商业活动范围深入涉藏地区，凭借一定的文化资本与社会资本在跨区域的经济交流空间中发挥着中间人的作用。他们来往于洮州、河州、拉卜楞、西宁等市场，更多的是直接进入牧区进行交换和出售。

在传统的经济社会，青藏高原市场空间中的商品交换主要是以物易物的方式。内地与青、甘、藏、川西高原区之间物资交换体系的运行，正是依托于这些大规模的商品货物流动以及进行长途跋涉的规律性季节商队。青藏高原毗邻地区的农区与牧区中的商业群体依托其各自的地缘优势和资源条件开展商贸活动。

历史上，在这一市场空间中，以临潭回族商人为主体的洮州地方商业群体通常组成小规模的商队深入青、甘、藏、川西高原区的藏族部落，除有一定规模组织的西道堂外，均为搭帮不合股的单帮。由于涉藏地区范围农业区供应的粮食有限，藏族部落的藏族商人也会前往农牧边界地区④，向那里的汉族、回族农民换取粮食。藏族商队一般由同一部落成员组成，几乎每家帐篷都会派一名代表参与商队，人口太少或有困难的家庭则会请朋友帮忙替他们驱赶牛羊进行交易。藏族商队的规模往往很大，并且具有自发的、高度一致的纪律性。由于夏季时牧民是在离农区较远的地方不断迁移，因此在驻扎冬季居住点时藏族部落的商队才得以组建出发⑤。回族商人受到一定商业利润驱使，而藏族商队则不同，他们的行动主要是为了满足日常生活的必要需求。

历史上以游牧经济为主的青藏、蒙古、新疆等边疆地区，与以农耕经济为主的内地之间通过长期稳定的跨区域商贸流动与交换，将特定地域的社会、文化与族群

---

① 马鸡翎为车巴沟特产，鄂帮收。

② 王树民.陇游日记［A］.甘肃文史资料选辑第28辑：甘青闻见记［M］.兰州：甘肃人民出版社，1988：223—226.

③ 顾颉刚.西北考察日记［A］.甘肃文史资料选辑第28辑：甘青闻见记［M］.兰州：甘肃人民出版社，1988：71—72.

④ 黄举安.进步中的果洛［J］.中国边疆，1943，10—11期合刊.

⑤ ［美］罗伯特B·埃克瓦尔，波塞尔德·劳费尔.甘肃、青海交界地方的文化关系研究［A］.苏发祥，洛赛编译.藏族与周边民族文化交流研究［M］.北京：中央民族大学出版社，2013：73—74.

联系起来,建立起更大范围的地缘结构和互动空间。在内地与青、甘、藏、川西高原区的经济交流中,回藏两大民族虽然文化与信仰不同,但却因地缘结构上的渗透、经济上的互补关系发生着稳定性、长久性的频繁互动[①]。地方文化秩序调节着洮州地区人们的生产生活、社会互动与文化交融,使洮州在资源流动与区域整合中嵌入跨区域农牧互补、民族交流的社会互动空间。

二、跨区域贸易路网中的社会互动

在历史上的传统经济社会,跨区域贸易路网上的规律性商队和族际社会资本为跨区域的经济互动提供了重要的保障。

(一)跨区域的贸易路网

各地在商贸发展中形成了大量的坐商、商号与流动的商帮、商队。以包头、银川、河州(临夏)、兰州、西宁等城市为枢纽,联结各层级的商贸集镇,辐射青藏高原、蒙古高原、河西走廊和新疆等边地,形成了西北地区跨区域的商品交换、运输网。

表6-2 民国时从临潭出发的几条主要商贸路线

北线与西北线	①旧城—合作—临夏—银川—(折东北向)包头—呼和浩特—张家口—北京; ②旧城—合作—临夏—青海同人—共和—西宁—乌兰—茶卡—都兰—德令哈—格尔木; ③旧城—郭木梁—临夏和政—广河—兰州。
南线与西南线	①旧城—碌曲—郎木寺—阿西—尕日台子—川珠寺—樟喇—松潘—成都; ②旧城—碌曲—迭部(上迭、下迭)—白龙江流域沿线—舟曲—武都—文县—四川地区; ③旧城—碌曲—郎木寺—若尔盖、玛曲—四川甘孜—果洛达日—称多—青海玉树—囊谦—西藏类乌齐—昌都; ④称多—四川石渠; ⑤旧城—碌曲—郎木寺—若尔盖—松潘—茂线—汶川—成都; ⑥若尔盖—红原—阿坝—马尔康—松潘—茂县—汶川—成都; ⑦马尔康—黑水—金川—丹巴—康定—泸定—西昌—云南等地; ⑧昌都—丁青—巴青—索县—那曲—当雄—拉萨; ⑨拉萨—拉孜—定日—聂拉木—尼泊尔加德满都。

---

① 杨文法.关于青藏高原地区回藏贸易体系的人类学探讨[J].青海社会科学,2011(1).

续表

东线	旧城—岷县—陇西—礼县—天水—宝鸡—西安—郑州—北京、天津、上海、武汉、成都、广州等多地。

注：根据文献[①]与口述资料整理。

青藏高原腹地由于特殊的自然地理环境和以牧业为主的生产方式，形成了牧区空间下的道路网络与市场体系。道路网上的驮运路线交错重叠形成具有层次性的市场空间：以临潭、拉卜楞、合作、河州等贸易集散中心为原点，向西南通往青海的果洛、玉树、黄南等地区，向南通往四川的阿坝、松潘、红原等地区，由临潭顺洮河经岷县通向临洮、兰州、陇西和陕西的宝鸡等地[②]。

临潭旧城及周围的米拉沟、千家寨、太平寨、汪家嘴、喇嘛川等地聚居着众多的回族，商业活动特别活跃[③]。洮州地区的洮商群体以临潭回商为主体，奔波于内地与青、甘、藏、川西高原区之间，对区域间商贸流通发展、族际间文化交流传播有非常积极的影响。回族在中国的分布特点是"大分散，小聚居"，主要集中在各地的贸易集镇。元朝时回族先民们的商业经营主要以香料、珠宝等奢侈品为主，自明朝以后回族商人的经营范围转向了生活必需品，主要集中在牛羊肉、动物皮毛、皮革制品以及茶叶、盐、粮食、布匹等日用百货[④]。居住在城镇及周围的回商主要经营短途贩运、餐饮、杂货零售、皮货加工、牛羊屠宰等行业，或在畜牧贸易中充当"牙客"（经纪人），而被称为"脚户"的行商在商贸路网中发挥着商品运输和转手贸易的功能，形成了青藏高原上的牛帮商队和远到蒙古高原、新疆地区的运输驼队。洮商这一商业群体因地缘上的优势和其生计文化的特性，发挥着"中间人"的重要角色，成了内地与青、甘、藏、川西高原区之间贸易路网中不可缺少的一部分。

（二）贸易路网上的规律性商队

被称为"牛马商贩"的行商驮队主要承担着旧时甘青川藏边区跨区域贸易路网上的货物商品运输与流动，促进了区域的商业贸易。商队在长期的商贸往来中形成了规律性的节奏，牛帮驮队一般每年冬季的中期出发（约为农历十一、十二月），每天

[①] 马磊.清代民国时期甘青藏区回商、市场与族际互动[D].兰州大学博士学位论文，2016.
[②] 甘南州州志编纂委员会.甘南藏族自治州州志（上册）[M].北京：民族出版社，1999：692.
[③] 邱树森.中国回族史[M].银川：宁夏人民出版社，2012：447.
[④] 赖存理.回族商业史[M].北京：中国商业出版社，1988：152.

行程 25—30 千米，结帮而行，经过 12 天可以达到四川阿坝地区，经过 15 天可以到达四川甘孜地区。冬季出发可以踏过结实的冰河，在行程中有许多可利用的干草料与干燃料。行商驮队的行程一般都会多达几个月，晚春和初夏为牛马买卖的黄金时间，经历寒冬的掉膘，商人们更容易分辨出牛马的耐力体格。驮队一般于夏季大雨降临前或是初秋牧民前往农区贸易之前返回。

牛帮驮队出发时，单帮的规模大约在十人到上百人之间，在商队中通过用餐的"锅"来划分小组，各个"锅子"10—15 人，小组组长因此被称为"锅哇"，其在与部落头人交涉过程中发挥着重要作用。通常会有几十个"锅"一起出发，以此来应对土匪的袭击。商队用牦牛驮运着货物、帐篷、路上使用的炒面米粮以及自卫用的武器枪支等。回族商帮在达到藏族部落的交易点后，就通过其在青、甘、藏、川西高原区的跨族际社会网络投奔其各自的"主人家"，这使回族商人可以顺利地进行交易，并在藏族社区停留的时间内得到了藏族人很大程度的关照。商队的帐篷往往支在其藏族"主人家"所属部落的帐篷圈或近处，扎好帐篷后就会立马受到邀请到"主人家"的帐篷中用餐，回族商人也在这个时候向藏族"主人家"赠送礼品。"主人家"不仅保护回族商人，而且还帮助其介绍生意，建立回族商人与其他部落之间的联系，为其做担保，甚至在纠纷中充当保护和调解人的角色。商人们返回时无须像出发时那样结成大帮，带回的货物主要为皮毛和牛群，轻便了不少，一般结成两三个"锅"就能成行。据王树民的记载，从旧城每走一次甘孜、玉树等地，"千元资本约可趁五百元之利云"[①]，这在当时来说利润相当丰厚。

临潭旧城的盐帮驮队则一年固定出发两次前往青海的茶卡盐湖，夏季行程时间为农历六到八月，冬季行程时间为农历十月至次年正月，每日的路程为 25—30 千米。在民国时期，临潭旧城有盐帮驮队七十多家，驮牛一千五百多头，年贩运盐约 50 万公斤[②]。

（三）贸易路网上的族际社会资本

在民国时期，由于时代延续下来的区域间跨族际社会资本，临潭回商们与安多地区的土司、部落头人们的关系密切。其中包括一些著名的土司，如黑河沿的旺杰

---

① 王树民. 陇游日记 [A]. 甘肃文史资料选辑第 28 辑：甘青闻见记 [M]. 兰州：甘肃人民出版社，1988：223.

② 临潭县志编纂委员会. 临潭县志 [M]. 兰州：甘肃人民出版社，2008：799.

姆、嘉绒地区十八土司、郎木寺的格尔迪色赤、阿坝的麦其土司（麦家土司）。麦其土司更是为临潭回族商队发写有藏文的白色通行旗子，以便其在土司所属领地顺利通行。具有一定组织力量的西道堂更是与许多藏族部落建立了深厚的友谊，如唐古儿、舍海地、尕秀、群古儿四部落和藏南十二头的头目，并且与四川阿坝、康定、甘孜、西藏昌都、青海玉树、同德等很多地方的藏族人都建立了广泛的联系[1]。

民国三十二年，藏学学者于式玉同她的丈夫李安宅在四川藏边地带的黑水地区考察，就记载了在黑水进行商业活动的临潭回商。当时，李安宅、于式玉夫妇被头人的太太安排与回商们住在一起，因此在攀谈聊天中对西北回商有了较为深入的了解。于式玉发现，黑水地区人们家中用的器具、身上戴的饰品还有很多值钱的东西都是由西北回商输入而来[2]。黑水边民与临潭回商之间密切的社会互动则反映了这种族际经济往来所形成的社会纽带，也是跨区域贸易路网中族际互动的一个缩影。在去黑水之前，于式玉、李安宅夫妇俩曾到过临潭、卓尼一带。他们在拜访西道堂教主马明仁时发现，西道堂设有边民招待所，在两次经过时都见到六七十位藏族人在教主家中吃饭[3]。而临潭的商人到这些藏边地区时，也会受到互惠的待遇与支持，藏族人提供给商人歇脚之地和交易场所。

黑水没有专门的客栈和商店，回商们从临潭、拉卜楞、河州等地出发经阿坝大约十八九天到达黑水，住在头人的衙门。这些藏边部落的头人们在交易、居住和饮食等方面都给予了回商很大的帮助，回商作为回馈也要送头人一份大礼。于式玉记载几位回商所送给头人的礼物，其中一位姓丁的铜器商带来的是两身做成的缎面羔子皮袄，一身送给头人，一身送给头人的太太；卖布匹的王姓商人送头人缎子十方；卖珊瑚的马姓商人送了头人两条地毯和数枚珊瑚[4]。由于回族的饮食习惯和禁忌，头人在饮食方面只提供给商人所需的白面、糌粑、洋芋、油盐和柴等，由商人们自己动手做饭。商人们在黑水与边民进行交易时，由头人评估好货物的价钱，然后通知边民前来购买。边民欠赊的情况较为普遍，因此头人在中间作担保并帮助商人催

---

[1] 子亨.中国伊斯兰教西道堂史略［A］青海民族学院民族研究所、西北民族学院西北民族研究所编.西道堂史料辑［M］.1987：33.

[2] 于式玉.黑水民风［A］.于式玉藏区考察文集［M］.北京：中国藏学出版社，1990：249.

[3] 于式玉.黑错、临潭、卓尼一带旅行日记［A］.于式玉藏区考察文集［M］.北京：中国藏学出版社，1990：145.

[4] 于式玉.黑水民风［A］.于式玉藏区考察文集［M］.北京：中国藏学出版社，1990：252.

账。① 于式玉在芦花衙门里与临潭王姓卖布回商的聊天中还了解到，其与黑水头人苏永和为世交，王姓回商的岳父早年就与黑水头人们有着十分亲密的往来。在黑水头人发生大小内乱的时代，苏永和的长兄苏永清曾两次逃到临潭避难，第一次和其父亲在王姓回商的岳父家住了五年，第二次在临潭又住了三年。②

通过跨区域贸易路网的经济往来与社会互动，西北回商与青、甘、藏、川西高原区的部落头人们建立起跨区域的互惠型经济社会网，促进了青藏高原市场空间中的商品货物流通，也加强了民族间的社会交往交流，建立了民族间深厚的情感纽带。

三、跨区域经济互动中地方商业群体的兴起

依托青藏和蒙古牧区的畜牧资源，皮毛产业在西北地区十分繁盛。19世纪末，外国资本势力渗入西北内陆，发现了皮毛产业的商机，在青藏高原、蒙古高原的牧区收购羊皮毛，并在宁夏、甘肃、青海的一些城镇设立了洋行。一些西北民间商人起初主要从事本小利薄的行商收购业务，资金和规模方面受到一定的制约，因此协助洋行进行收购业务的主要是京、津、晋帮等外地商人。在资金缺乏的条件下，部分回族商人通过进庄介绍和担保，然后洋行支付给他们现金去青藏高原、蒙古高原地区收购羊毛；或从大批发商手中赊货，然后深入藏、蒙区换土特产后运到城镇里倒卖，再将本利钱还给批发商；也有部分回商得到寺院活佛的信任和担保，在资金周转困难之时向寺院借款③。20世纪20年代，随着政府对洋商免税优惠政策的废除，再加上西北地区军阀混乱，洋行纷纷撤庄回天津，西北民间商人在皮毛行业有了更充足的发展空间，坐商与行商相互依靠和补充，向内地拓展商业网点，逐渐在市场中占据主宰地位。在其带动下，中小民间商人得到发展，促进了"羊毛收购、择晒、打包、驮运、筏运"等一系列与皮毛贸易相关的行业兴盛起来④。

清末民初是西北民间资本的快速积累时期，许多西北商人也在这一过程中发展壮大。以临潭回族为主体的洮商在这一贸易网络的发展中达到了鼎盛，据民国三十

---

① 于式玉.黑水民风[A].于式玉藏区考察文集[M].北京：中国藏学出版社，1990：253.
② 于式玉.记黑水旅行[A].于式玉藏区考察文集[M].北京：中国藏学出版社，1990：200.
③ 袁纣卫.包头回族皮毛贸易（1879—1945）[J].回族研究，2007（3）.
④ 马平.近代甘青川康边藏地区与内地贸易回族中间商[J].回族研究，1996（4）.

年（1941）的统计，旧城一地有商业资金银洋647000元，资金在2千元以上的商号有38家[①]。清末民初，临潭作为内地与青、甘、藏、川西高原区物资交流的一个重要的贸易集散地，发展形成了"天兴隆""万盛西""德盛马""义兴恭""天顺城""永泰和""复盛通""永兴泰"和"瑞华兴"等数十家实力较强的个体商号，洮商的贸易网络联接了兰州、西宁、西安、成都、北京、张家口、汉口、松潘、昌都等二十几个省市。

通过流动的运输商队和商贸活动，贸易路网上的基层市场、贸易集散地、商业重镇、商业城市被联系了起来，各种县乡定期的市场、牧区临时市场、寺院市场、庙会和花儿会也兴盛发展。贸易路网和市场空间不仅满足了青、甘、藏、川西高原区人们的日常生活和物资的需要，也为内地的生产生活提供了重要的资源。洮州地方商业群体的生计发展依托于跨区域物资交换体系的资源需求与吸引，而洮商的贸易商队与贸易活动为内地与青、甘、藏、川西高原区之间建立了经济交往与文化交流的纽带。青藏高原的人文生态，是一个多民族共存、多元文化共生的生态和文化系统[②]。区域间的生产生活需求和经济、文化交流形成了文明互动的强大推力。在长期的族际互动中，洮州地方商业群体的商业活动使其在贸易流动中拓展族际社会网络，拓宽了跨族际与跨区域的社会资本。

游牧经济与农耕经济具有一定的结构互补性，各自在经济生产中所缺乏的资源需要通过双方的交流交换而获得。在长期的历史发展过程中，农耕社会与游牧社会不断地发生着交流与融合，在互补性的经济结构张力之下维持着一种共生与依存的社会平衡。自明清以来，甘青地区的地方商业群体通过其商业贸易活动和广泛的商业网络促进了跨区域的商品贸易流通，尤其是对内地农耕社会与边地游牧社会两大商品物资交换体系的互动。同时，在地方文化秩序的调适下，洮州地方商业群体不仅促进了地域间的商品交换，对区域间的文化交流与传播也起到了一定的作用。

[①] 王志文.临潭经济考察记[J].西北问题论丛，1941（1）.
[②] 刘志扬.青藏高原及其周边地区的民族构成与文化互动[J].民族研究，2017（2）.

第二节　社会变迁中民间自发性的贸易互动

通过历史上长时期的跨区域经济交往与社会互动，在区域空间的整合中，形成了稳定的经济互补结构、地缘互动结构和跨区域社会纽带。改革开放之后，青藏高原上自发性的贸易活动在农牧互补的经济惯性下逐渐开始恢复，民间自发性的经济互动复苏和延续。洮商群体从"走村串毡房"开始，逐渐深入青、甘、藏、川西高原区，并在社会变迁的过程中不断地调适和发展。

一、自发性民间贸易复苏的驱动力

商业贸易在回族的生计中占有非常大的比重，而洮州地区的农业生产又不太理想，因此"文革"时期商业贸易的中断使洮州回族在生计上陷入了困境。改革开放前后，随着政策的松动，进行私营的生意买卖成为可能，洮商的商业活动开始复苏。而区域间经济联系的驱动力与跨族际的社会资本形成了一种历史惯性，推动着青藏高原回藏民间自发性经济互动的延续。

在田野调查中，MFY[①]谈到在他小的时候，为了生计要去南山林，就是卓尼境内的拉力沟、鹿儿沟、卡车沟一带驮柴卖点钱。洮河南岸的迭山山系和北山恰盖地区分布着广袤的森林，在生计困难的时期成为洮州人重要的生存资源。

迫于生计上的压力，许多农区的人进入青、甘、藏、川西高原区谋生。在调研

---

① MFY，男，回族，54岁，企业经营，临潭城关人；访谈地点：临潭县城关镇；访谈时间：2018年2月13日。

中了解到，基于洮州回商的前辈给牧区留下了良好的信誉度，那时候藏族遇到讨生活的洮州回族时会给他们的孩子解释："这不是要馍馍的，是现在的形势造成的，其实全都是正派生意人家，英雄的家庭。"在田野调查中，马元喜[1]讲述他年少时在牧区讨生活的经历：

> 我们就背上个背篓，到十几里路以外，从这里买上点葱、韭菜、蒜、醋、梨到乡下换一点吃的，就是贩一些乡下人的必需品。我们这三面都是藏区包围的，走上十几里路就是藏区。乡下人那时候温饱能解决，他们自给自足。人家坐的土地多，我们这土地也少。我是1956年生的，到1968年以后就开始进入这种半乞讨状态。12岁的时候就开始了，我家里有弟兄六个，我是老大。家里有十几口人，那时间，爷爷奶奶都有。就周边的这些地方，我脚步没有到过的地方没有，而且是数十次、数百次地到过。12岁以后就背一个背篓，拿一个棍子。换东西，半乞讨状态，说乞讨嘛不好听，其实就是拿二三块钱的东西，那时候二三块钱也很多的感觉。就拿上这些东西，拿上去就换。年复一日，整整十年。

这一代在困难时期进入牧区谋生的回族青少年也就成了改革开放后进入涉藏地区的第一批洮商，他们在改革开放之前就慢慢地开始拿些针、线等小商品前往牧区做些"地下"小"生意"。1976年"文化大革命"结束之后，临潭部分回族利用政策开始松动的机会以地下商业活动的方式贩运民族用品。

马元喜清晰地记得1978年的正月初一，西道堂教长敏生光老人家讲了一篇著名的瓦尔兹，"承前启后，期盼光明"。马元喜说："那时候看见了曙光，从此以后，教长就慢慢动员大家，自己做点生意。"

> 这边没有资源，就是土地呗。种青稞一斤只能卖几毛钱，一亩地产青稞300—400斤呗，所以在西道堂老人家的提倡下，从精神上鼓励，非跑不

---

[1] 马元喜，男，回族，62岁，经商，临潭城关人；访谈地点：临潭县城关镇西道堂大厦；访谈时间：2018年4月15日。

可,跑的慢不行。①

在政策环境将要发生变化的时候,基于区域间经济往来的需要和潜在的生计发展机遇,临潭回商十分敏锐地发觉了商业机遇的来临,并凭借其对涉藏地区文化、社会环境的熟悉和牧区谋生的经验,开始了新的生计发展之路。

二、民间自发性经济互动的延续

(一)"走村串毡房"中的初期资本积累

在最初的阶段,由于青藏高原地区的生产生活水平相对落后、社会发展缓慢,洮商在此环境中延续着"以物易物"的贸易方式,许多贸易路线依然靠的是步行与动物驮运。

在20世纪70年代末、80年代初,洮商在青藏高原走村串毡房进行自发性商业贸易,不仅满足了牧区人们的日常生活需要,也实现了洮商商业活动重启后初期资本的积累,为其进一步的商业发展打下了经济基础,同时又再一次巩固了临潭回族与牧区藏族之间的社会纽带,使祖祖辈辈的跨区域族际社会资本得到了延续。

> 像1978年以前人人平等,没有贫富差距,(改革)开放后才各显神通,体现出一个人,一个民族的能力。洮州回族的生意,从小发展到大,小可以说从一根针开始。刚改革开放那阶段,青藏线上的洮州人不断,三三两两、大大小小,去串游牧民的帐篷,做些小生意。最后发展到上海、北京、天津、苏州、杭州这些大城市。②

高中毕业时,宋玉忠赶上了政策,被分配到了水泥厂。当时工人的基本工资是

---

① 孙志成,男,回族,47岁,经商,临潭城关人;访谈地点:临潭县城关镇教场村;访谈时间:2018年2月13日。
② 宋玉忠,男,回族,60岁,经商,临潭城关人;学历:高中;访谈地点:临潭县城关镇福田小区;访谈时间:2018年2月13日。

二十多元，加上高原补贴等一些补助是 42 元。1977 年恢复高考的时候，宋玉忠也参加了，并被合作的民族师范学院录取。宋玉忠家中有 7 个兄弟姐妹，自己是老大，家里还有一个舅舅是残疾人，经济负担较重。一天他看到父亲在卓洛路口的溪水里清洗从北山采来的药材，双脚浸泡在冰凉刺骨的流水中，心中不由得觉得心酸，便放弃了求学之路，帮着父亲打理家里的生计。

宋玉忠第一次去牧区做小生意的时候，政策还没有放开。那时候洮商去牧区都是通过隐蔽的地下方式，他当时以"走亲戚"的名义开了介绍信证明，写明经过玉树的哪几个县。宋玉忠的商业基础也是从串毡房开始的，那个年代串毡房的时候一般两、三个人一起行动，大概一天要赶 70—80 里的路。洮商通常都要步行走几千里的路，到青藏高原牧区的帐圈、家家户户的毡房兜售小商品。

> 小的时候，我们还去藏族家要饭呢，那时候藏族条件稍微好一点，一部分原因是人家有土地，有牲畜，所以人家的生活条件比较好一点。在藏区串毡房做生意，咱们吃个早饭、中午饭，人家容许就进去。一般来说，藏族跟咱们这边人很容易融洽，不管走到哪，都承认咱们这种小商贩，都很热情。一次熟悉了，第二次去就互相介绍，说哪个庄子下去有他的亲戚，或者下去有他的认识的某某人，说个名字找就行了。就互相这样牵扯认识很多藏族。最后生意稍微大一些，就不背那些小东西了，背一些绿松石、珊瑚之类的。①

> 我也串过几次帐篷，二三个人一起，那时候低标准全都困难嘛。再一个我们是藏区，藏语这些全都好。慢慢接触的也比较多，一般的人去那些地方还没有胆量。我们接触面大得很，说话、做生意就方便一点。如果什么不会，直接去还是有点怕。有时候一个地到一个地，蹲不上的地方，那时间藏族家住一晚上，人家什么也不要，吃的还是给。②

走村串毡房的时候，跑藏客们还需背着大衣和棉裤，走路时脱下换成单薄的，

---

① 宋玉忠，男，回族，60 岁，经商，临潭城关人；学历：高中；访谈地点：临潭县城关镇福田小区；访谈时间：2018 年 2 月 13 日。
② 马增进，男，回族，58 岁，经商；访谈地点：临潭县城关镇西庄子村；访谈时间：2018 年 2 月 13 日。

休息时还要全部穿上。晚上有时住藏族家帐篷里，有时候正巧天黑没有走到牧民的居住地，就要露宿到荒郊野外。宋玉忠当时串毡房路线要从囊谦转到西藏的那曲，然后到类乌齐，一直转下来再到青海，他开玩笑说："别人是游牧，我们是游商。"串毡房的时候，宋玉忠一个月回家一趟，一般休息三天左右，一拿上货就继续出门。

在田野调查中，马光信和李永龙讨论起洮商逐渐深入青藏高原的过程：

> 马：洮商先是走了青海，果洛，玉树这边，然后慢慢探索到西藏拉萨去的。早的话，82、83年就到了。因为80、81年刚刚改革开放嘛，还没有车。但是小商贩就已经有了，但是他是走不了这么远的，就是到四川的阿坝，青海的果洛。后来慢慢地到玉树、甘孜、昌都这边。拉萨去的早的人可能就是83、84年。临潭这边朝藏的，拜佛的藏族，私人刚开始有车的时间，他们包的那个东风车、解放车。后面的货箱里坐上三四十个人，下面拉行李。那时候路上没有旅馆，行李全部拉上，到了哪他就（在哪）生火做饭。
>
> 李：还有这边的人到夏河，玛曲这边要饭，认的主人家有把这边的带上去。我们这甘南藏族自治州嘛，藏族人到拉萨朝藏去以后把我们这边人带过去的。
>
> 马：最早刚改革开放，他们做生意的时候，卖点针、线、小镜子、绿松石，就摆到玉树这边去了，从玉树这边走到西藏的地盘，人家藏族人说拉萨，他们也就听到了。后面碰见朝藏的车，我们这边的驾驶员也认识，就问拉萨怎么走。我们这边上去，先是近点的藏区，旁边做不上生意了，就到远一点的地方，走着走着，就探索到了拉萨。①

随着临潭回族商人们深入牧区，串毡房的范围从临潭附近的夏河、碌曲一带不断地向青藏高原深处扩展，进入青海果洛地区、四川的阿坝、甘孜，还达到了西藏的那曲、类乌齐等地区，遍布青藏高原牧区的各个角落。在较短的几年时间之内，最初深入青、甘、藏、川西高原区的回商们就通过串毡房兜售小商品获得，一定的

---

① 马光信，男，回族，51岁，经商，临潭城关人；李永龙，男，回族，37岁，经商，临潭下藏村人；访谈地点：临潭县城关镇福田小区；访谈时间：2018年2月13日。

生意本钱和资金积累。

（二）脑海里的活地图：马元喜"旅程"的口述

马元喜[①]在串毡房的时候走过了甘肃、青海、四川、西藏的很多地方，他形容自己的脑海就是一个活地图，他在讲述的过程中可以很清晰地呈现出青藏高原的地理空间：

> 漫无目的，就像我们第一次，从这（临潭）开始起身，一站一站，往前到卓尼地界，然后到夏河地界，再到碌曲地界。然后从碌曲过去就到青海的河南蒙旗县，过去就到果洛州。果洛往过是玛多县，玛多县（是）果洛所辖的一个县，就是黄河源头，扎陵湖、鄂陵湖这里我们都去了。再往前，到青海的玉树地区。从玉树地区又到西藏的昌都。这都是我们走过去的，而不是我们坐车过去的。那时候经济基础，就是十股、二十股的经济基础的来源就是这个。
>
> 第一次带点铜器，还有唐卡。那个唐卡是浓缩了，就像那个小照片，有各式各样的，好背一点。再就松石，松石那时间还少。走到那个地方果洛州，返回到花石峡。走花石峡就已经是走西宁方向了。花石峡，一面是玉树方向，一面是果洛方向。我们从果洛到花石峡，然后从花石峡又到玛多县。我们那时间是五、六月，正气候好的时间，十月份以后不敢走，冻得受不了。然后到扎陵湖、鄂陵湖那一道，就是黄河发源地，然后从那个地方往上走，野牛沟，休马滩，走到巴颜喀拉山。
>
> 一路上，山、草原、河、平原都有，现在感觉的话，那个景色相当美丽。那个时候没有欣赏，因为朝不保夕的感觉，从这个地方到那个地方，问人就打听，从这个地方到那个地方有多少里路，今天能不能到。
>
> 那时间的话，一眼望去的，野牛、野驴、老熊都在二三里地的那个地方，能看见。野动物的话，对人还是比较友好的感觉，它们好像也没有见过啥，比较原始的那时间。

[①] 马元喜，男，回族，62岁，经商，临潭城关人；访谈地点：临潭县城关镇西道堂大厦；访谈时间：2018年4月15日。

马元喜第一次串毡房是在 1980 年，当时跟他一起的有两个舅舅和一个姑舅（大舅舅的儿子）。四个人背了点东西从临潭出发，先到洮河边的马录镇（扎古录镇），再沿着洮河逆行而走。过了拉仁关，从碌曲地界翻过山到达青海的边界，又从青海河南蒙旗走到果洛州。马元喜说去果洛大约要走半个月或十七八天的时间，到热一点的地方是半农半牧区，冷一点的地方就是牧区，边走边换东西。在走村串毡房的过程中，有时候一走就是两个月，商人们基本上是穿着解放球鞋徒步。遇到雨季时，道路泥泞不堪，走起来感到鞋子很费劲，有时候走到不能穿的时候就用绳子勒一下，而身上也总是湿漉漉的，很难有干的时候。在途中，步行的商人们要不断地问路，有时候可能会遇到晚上没有到达居民点的情况，中途只能在没有人烟的地方休息。马元喜说他们遇到过好几次这种情况，当时就会找个避风的地方，几个人一起休息。如果能赶天黑到达藏族的居住点，商人们就会借住在藏族的帐篷里。一般情况下，商人们说说情，都会受到藏族牧民热情的接待。

> 就是谢谢求情我们住一晚上，我们干啥去呢，在这住一下。他们一般都是很热情，他们知道我们做生意。但是我们以做生意为目的还不敢说，不好意思说。我们去哪里，路过一下，吃不上喝不上，我们拿点东西换点钱。那时间的情况是，他们刚刚开放，就像四川甘孜州的石渠县乡下，供应不上小麦，青稞也供应不上。吃的东西都是那些曲拉、奶渣、酥油，这些东西吃得很多，再就是那个肉食。肉食我们没办法吃，不是自己宰的不吃，就是弄点酥油和奶渣，混合上就这么吃一下，面食吃不上。有一次我的小舅舅，早上起来走了几步就晕倒了。受不了，尤其海拔高，氧气稀薄。

串毡房的时候经常也会遇到一些危险，马元喜 23 岁在石渠还有两次被狗咬伤的经历：

> 一次藏獒把我从这咬上以后，这能看清吗，从这牙齿进去以后，把筋挑上以后，我再疼得没办法，牙齿弄到里面以后，当时弄不出来，挂住了。直到出来，狗也吓坏了，我也把血流的，正好是一个医院跟前。晚上 12 点以前（外出方便一下），跟人家这个帐房里的藏族说，麻烦你帮我挡

一下狗，12点以后，尤其也没有办法，藏族已经睡着了。就悄悄出去，出去以后有50多个狗。我这个地方，咬的一块肉，现在还有很大的痕迹。趴在地上，反正我喊叫，就这样，再没有其他办法，就被狗咬伤了。我也喊了，藏族还想是有贼到了，那时候一个部落和一个部落（之间）还偷东西，偷牛羊，他以为有贼了。他们那时候自己弄的枪，双管枪，已经开始要打枪了。（我说）我是你们这个客人啊，你们不要开枪。第一次咬了以后，裤腿里那个血，铸成疙瘩，结果（找）一个没有人的地方，把这个线裤弄下来以后，把血迹做过（祛除）以后又穿上，没有条件嘛。那时间质量还好，咬的洞洞有，没有直接破头。那你怕有啥用，你要死不了，怎么也死不了，我的亲身感受。

后来马元喜让人数了一下，总共有58处伤口。其中一次受伤是在乡镇卫生所附近，还有一次是在野外。在野外被咬伤时，由于附近没有医院，马元喜只能和阿舅在帐篷里住了三天，正好那一个帐篷有藏传佛教的僧侣，懂得一些医术。由于那一带河流较多，经常要蹚水，因此僧侣告诫马元喜不能沾水，不能吃刺激性的食物，让他先休息几天，并给他的伤口缠上了羊羔皮。

在青藏高原上的族际经济互动中，洮商们与藏族也产生了民族之间的情感，在互补共生的基础上建立了亲切的互动关系。很多曾经"串毡房"的洮商都反映遇到过藏族牧民在帐篷前列队欢迎他们的情况，由此可见民族间在经济互动中所建立的族际社会纽带与情感纽带对跨区域的族际互动所产生的社会效应。

休马滩再往前走是到巴颜喀拉山，往西南是到玉树方向，东南方向走是到四川方向，我们那次（第一次）是走了东南方向，那个地方穿了好多次。藏族那个时候还是有精神寄托，刚开放以后，物质方面的东西啥都没有见过。看见一个人，他还感觉很稀奇。就向一个帐篷去，有二三十家人，然后我们去了以后，他们都列队，自动列队欢迎我们进去。然后进去换点东西，他们给我们换点钱，晚上住下。然后第二天早上又列队欢送我们出去，相当感动的。他们是游牧嘛，哪里的水草丰美，哪里就过了，就在那个地方。

从 1980 年开始，马元喜串毡房经历了六年的时间，每年要出去二三趟，冬天去的少一些。有一次才回家休息了三天，就拿些货物又继续出发了。

就是汉族没有到过的地方，我们到过。有一个地方，甘孜州的白玉县，白玉县进去一个沟里面，进去往南走，是原始森林，哎哟，那个原始森林大的不得了。都是就像两三个人合抱不住的那么大的木头，从那个地方走到了一个叫南渠的地方，不通车。当地的老百姓看我们的话，就像我们这个地方人看河南，河南那时间不是有耍猴的人，就像看那些人。还有一次从这个唐古拉山翻，从格尔木过去到一个安多县，从安多县下来走到那曲，从那曲地区又一直往东走，经过比如县、巴青县、丁青县、索县，过来又到昌都，就这样直接走过去的。

马元喜记得第一次走昌都的时候，还没有通班车，他从玉树走到囊谦，然后通往昌都的路上还需翻越一座雪山。翻越雪山时，马元喜带了点糌粑、酥油就上路了，翻过去顺着一条江水又走了几天。到昌都之后，货物就差不多卖完了，然后马元喜和舅舅们坐着班车用五天的时间到成都，修整几天后，再回到临潭。回忆起在野外的经历，马元喜形容自己就像是一个户外徒步爱好者，描述着大自然的惊奇和各种人文见闻。马元喜说这六年就像车轮战一样，年复一年。

第一次走昌都，从玉树走到囊谦县。那时间到囊谦通车，到昌都不通车。从这到昌都必须要经过一个大雪山。哎呀，这个雪山准备不充分的话，不好过，那一天就很辛苦的。路途倒不多，七八十里路。从囊谦就翻到那里面，山翻过去，好像就到是怒江？还是啥江的源头，就到那个地方。跟那个水走，又走了几天，快到昌都有个四五十里的地方，有个雪沟里面进，进去走了有个可能二十多里路，有帐篷就打听。（雪山）一天就翻过去了，翻过去村子没有，就坐到森林的树根里面就休息了。那时间，因为是年轻人，也不怕着凉。就像笼子里养的鸟，一旦放出去，不顾一切，心灵上来说是很爽快的。人自由了，以前是没有自由，再苦也没有感觉。第二天，就慢慢串上去了。就串到那个雪沟里的话，有一个上千年的那么一个古庙，就是藏传佛教的。那个木头已经腐朽的，那么一种古老的感觉。他们有一个活动,就是念经,我也到那个地方换了一下东西。那个古庙看起来很漂亮,如果说有照相机,有现在这个条件的话,哎呀不得了,那就是一个探险家的感觉。

通过马元喜的口述经历可以看到,其在涉藏地区的商业行动延续着祖辈的生计生活经验,能够很快适应牧区的地理环境与文化环境,很容易克服艰苦的自然条件,并擅于与牧区的藏族人相处。临潭回族在改革开放后走村串帐的经历正是对洮商自发性民间贸易互动的生计发展实践,其商业行动的文化经验嵌入在族际社会的互动空间中,延续着历史上的跨区域族际经济互动与社会交流。

三、社会变迁中洮商的调适与发展

从20世纪80年代中期开始,临潭回商们逐渐开始在川藏、青藏公路沿线的城镇和城市经营商铺店面,主要涉及零售商品、民族用品、牧区用品、中药材、畜牧产品、粮油、纺织品和劳保军用品等商贸领域。青、甘、藏、川西高原区的交通不便,经济社会发展缓慢,再加上牧业经济的外向依赖性,对内地商品物资的输入有着非常大的需求。临潭回商们将临潭地区产的青稞以及内地工业化地区产的各类商品运送到西藏及四川、青海的牧区,又将牧区的畜牧产品、木材、中药材销往内地及沿海地区。至20世纪90年代初,四川、青海、西藏三省中80%以上的牧区县都分布着坐地经商的临潭回族,临潭行商遍及的范围更广泛[1]。

1985年以后,宋玉忠[2]就再也没有去草原串毡房,来到四川的白玉、甘孜开铺子。宋玉忠说:"铺子其实就是在水泥做的台子上摆摊。背后一间放东西,像库房一样。水泥台子上面一摆,下午一收。"宋玉忠通过辛苦的努力,帮着家里弟兄挣了些做生意的本钱,并且兄弟们娶媳妇、盖房子都是得到了他的经济支持。宋玉忠把家人带动了起来,现在他的兄弟和妹夫们都在做生意。

在20世纪80年代,很多从临潭去涉藏地区的人都是坐着拉青稞的货车去。在

---

[1] 临潭县志编纂委员会.临潭县志[M].兰州:甘肃人民出版社,2008:803—804.
[2] 宋玉忠,男,回族,60岁,经商,临潭城关人;学历:高中;访谈地点:临潭县城关镇福田小区;访谈时间:2018年2月13日。

访谈中，孙志成①还开玩笑说他们住的是"东风旅馆"，意思就是睡在东风车的大车厢里。从临潭到四川白玉县有一千三百二十多千米，如果顺利的话，15天就到了，如果不顺的话，有可能会遇到恶劣天气导致的封山。孙志成大约15岁的时候和父亲、大哥来到了金沙江畔的四川甘孜州白玉县，背着一些小商品摆地摊谋求生计。据他讲述，当时的白玉县有三户临潭人，都是亲戚。洮商进入青、藏、川西高原区谋求生计，通过一个带一个的方式，逐渐形成了亲友联动的网络，对其发展形成了一定的社会吸引和支持。随着摆地摊所获得的一些经济积累，孙志成一家在白玉县开了商铺，现在他主要做虫草生意，铺子由老三兄弟继续经营。

MGX最早也是由亲戚带着前往青、藏、川西高原区谋生。刚到昌都的两三个月做不上生意，他就和几个临潭老乡一起背上绿松石到昌都的乡下贩卖。等到绿松石卖出去，五月份的虫草下来了，MGX就开始用绿松石换虫草，做虫草生意。做了两个月的虫草生意，MGX挣了1500元，之后又跟着老乡们合伙买了一车羊毛拉到临潭贩卖，又赚到了一笔钱。

大约1988年，MGX觉得羊毛生意不太好做，便又从北京进货到拉萨去做绿松石生意。MGX住在八廓街附近，用绳子将绿松石穿起来拿在手里去八廓街售卖。转经的藏族人看到后询问价格，就把他们带到房间里看更多的货。1992年，MGX与一位亲戚、一位临潭老乡合伙在八廓街开了家商店，主要经营丝绸布匹。刚开始由西道堂的天兴隆商号从广州把货拉来供洮商们批发，后来MGX他们有了店面就自己从杭州进货。

> 93、94年的时候，私人没有门面房，后面逐步有的分给私人了，有的卖给私人了。居委会的书记是个藏族人，他说："你们租（门面）的话，我们这里有货。"那时间的书记你看怪不怪，他说："有20多万元的布，赊给你们，不要布的话，这个商店不租。"我说："我们要布干什么，我们没钱，我们几个人才几万块钱。"他说："钱这个好说，给你们赊账。"那个时间赊账还把别人有点怕。书记说："你们自己卖，卖了给我们嘛。"我还给那个书记开玩笑："我们跑了的话，怎么办？"他说："你们跑哪呢吗，你们跑不

---

① 孙志成，男，回族，47岁，经商，临潭城关人；访谈地点：临潭县城关镇教场村；访谈时间：2018年2月13日。

了，你们到哪把那货背着去吗，你们背不回去。"居委会去了，一天给倒酥油茶，茶喝了跟人家谈，商店的租金一个月才500块钱，但必须要租5—6年。我说："我们没生意的时候挣不回来。"他说："挣不回来再给你们考虑考虑嘛。"①

李永龙出生在古战的下藏村，中学时也是因为家庭经济压力而辍学，去青、藏、川西高原区谋生，帮着亲戚看铺子，在这一过程中自己学着做生意。李永龙在昌都马哈比卜的铺子打了三年工，2005年的时候来到西藏丁青县开始单独做生意。刚开始在丁青收虫草时找买家很困难，每天就是在房间里等客户，有时候看到老客户把别人的虫草买了，心里就特别着急。从2005年开始，李永龙思考这样等待下去也没有进展，听说西宁汽车站旁边的勤奋巷有虫草市场，就与几个合伙人商量去西宁寻找一下机遇。第一次去西宁的市场，几个合伙人让李永龙先尝试把虫草拿到市场销售。李永龙一斤上了大约500元价格，西宁那边的客户一交易就把虫草锁进保险柜里，然后说："钱我身上背着呢。"意思就是他没有把钱带身上，要等到下午再来。李永龙当时十分害怕，后来才知道西宁客户的信誉度还是很高的。大概等了半个月时间，那一次交易的钱全部收了回来。以后大家就分工好，李永龙负责在西宁等着收钱，其他合伙人在西藏丁青慢慢收虫草。此后八年，李永龙基本都在西宁负责销货，有时候按照市场信息会前往成都或昆明。

> 我们临潭人跑就是行商嘛，我还自己买了一台车，那时候的车就是个越野的战旗。我们总共有6个人合伙了，都是临潭的。我是负责在这个西宁市场卖，往出销货，两个人专门收的，一个人记账的，还有一个人专门开车，从丁青到西宁运货。就是安全运到西宁，往那边销。②

从20世纪80年代中期到90年代末，在内地司机很少涉足、充满艰险的川藏、青藏公路上，临潭回族司机们练就了一流的驾驶技术，成了青藏高原物资运输的重

---

① MGX，男，回族，51岁，经商；访谈地点：临潭县城关镇福田小区；访谈时间：2018年2月13日。
② 李永龙，男，回族，37岁，经商，临潭下藏村人；访谈地点：从临潭县城关镇去往尕路田村的路上；访谈时间：2018年2月14日。

要力量。当时临潭主要有红星车队、西大寺车队、华寺车队和工商联的车队等,在那个时代基本垄断了川藏线上的物资运输,也为一部分临潭人提供了就业和改善经济状况的机会。

尕路田村是一个汉族、回族、藏族杂居的村落,西道堂曾在这里购置了 400 亩田地,丁耀斌的太爷就被安排在这里进行农业生产。尕路田村的土地比较适合农业,因此在西道堂的集体经济中主要负责农业种植。尕路田大房子是西道堂集体经济大家庭时期留下来的居住建筑,为"外不见木,里不见土"风格的四合院式二层楼房,总共有大小房间 54 间。在民国时期,西道堂在临潭周边建立了类似的 13 座大房子,现在只有尕路田一座保留了下来,已被列为第八批国家级文物保护单位。丁耀斌从小就生活在尕路田大房子中,直到他 30 岁的时候才搬出去。他回忆七岁的时候,大房子里住着约 17 家,后来有经济能力后大家逐渐搬离。丁耀斌也是因为家庭经济原因,高中读了一年就辍学。之后出去打工,先是在工地上干修路、搬砖等一些苦力活,后来就跟着叔叔们走青、藏、川西高原区谋生,并学习了驾驶技术。

> 我是 1994 年学的驾驶执照,然后就跟着老驾驶员,跟他们实习。实习的时候就跟着帮人家干点小活,比如叠个篷布,撒个绳子。给他们帮忙,实习了一段时间就自己开车子。那时川藏线不好走啊,一座一座的大山都是险要关头。那时候川藏线主要就是临潭这边司机,再就是当地的。像甘南合作以上的驾驶员他不敢走川藏线,只有我们临潭的驾驶员,青藏线上锻炼的驾驶员那是一流的驾驶技术。川藏线从成都开始,到拉萨有十几座大山,一座山比一座山高,那路相当的不好走。从雅安到康定以后就不见那个柏油路了,全部都是土路。那苦相当的大,跟跑高速公路的苦不一样。走川藏线,过了雅安,第一座山就是二郎山,二郎山翻过来走到峡谷里到康定,走康定上去就是一个折多山,那海拔还是 5000 多米。我们那时候走还没有隧道,盘山走。然后孙林口,甘孜的陆河梁子,走了雀儿山,到德格,然后上去有个小喇嘛,大喇嘛,昌都那边有个乡叫托巴乡,从这个乡过去两千米就开始上山,整个一天都在山上盘。①

---

① 丁耀斌,男,回族,49 岁,经商,临潭尕路田人;学历:高中;访谈地点:临潭县尕路田村;访谈时间:2018 年 2 月 14 日。

当时的运输主要是从四川拉副食、从临潭拉青稞运到西藏供应给牧民,还有从森林资源丰富的四川白玉县运木料到成都,车队主要是挣其中的运费。

> 从东风车发展到康明斯,康明斯五吨到康明斯八吨,从八吨发展到四桥,从四桥发展到五桥,到五桥的时候,已经差不多把车子卖出去了。西大寺车队跑车的这四五十人车子基本都把车子卖完了。做牛皮生意的,开饭馆的,贩虫草的,各行各业都走了。你的亲戚家开饭馆,把你带着开饭馆去了,你的亲戚做虫草,把你带着弄虫草去了。①

随着经济社会发展,青、藏、川西高原区的道路基础设施建设不断地完善和优化,运输车辆也在不断地换代更新。川藏公路和青藏公路于2004年进行了拓宽和铺油,青藏铁路也于2006年全线通车。因此,其他内地的司机和运输群体进入青、藏、川西高原区的风险和成本在很大程度上降低了,青藏高原路网上运输业的竞争趋于激烈,运费下降和利润的减少使临潭的大多数运输群体选择转行。

> 人家本地四川的,甘孜的,道孚的,西藏的车也多了,然后那个竞争性也大了。你比如说一吨500块钱拉,人家给你450,货源人家抢去了。他抢去了,另外又出来一个车子,我400给你拉。就这样竞争着,生意淡了。然后这个苦力活,一年12个月干下来以后运费不值。有些划算不过来,我跑车还不如我做生意呢。一个车投本20多万,我把这20多万拿来做生意,生意是学的,也不是一天、两天做会的,我可以一年两年,三年五年慢慢学,比这下苦的好。最后车子跑个一年五六万下来划不来,20多万的投资,还要搭上然后那个人力和风险。②

---

① 李永龙,男,回族,37岁,经商,临潭下藏村人;访谈地点:临潭县城关镇去尕路田村的路上;访谈时间:2018年2月14日。
② 丁耀斌,男,回族,49岁,经商,临潭尕路田村人;学历:高中;访谈地点:临潭县尕路田村;访谈时间:2018年2月14日。

图 6-1 青藏高原上的洮商运输车队，中间为青年时的丁耀斌（照片由丁耀斌提供）

临潭回商在变迁、适应、转型与发展中不断与牧区社会发生着经济联系与社会文化的互构，不仅促进着青、藏、川西高原区的经济社会发展，也在临潭回商的生计发展中发挥着一定的影响。随着青藏高原和西北内陆地区现代化交通体系以及基础设施的不断完善与升级，临潭回商发展中的"地缘空间"限制被打破，生计模式与经营范围发生着转型与拓展，活动的范围从青藏高原发展到更广泛的区域。

> 在西藏的每一个乡镇都有临潭人，哪怕一个村落里面都有临潭人。因为收虫草，不是坐在铺子里面，虫草拿过来了。他们必须在最近这几天，比如说到那曲去了。那曲不是到街道把虫草拿过来，全部到山里去了，跟上挖草的人到山里，他们就在山下面收草。山上的人挖草，他们就把草收进来，方式还是传统的方式。西藏这个地方跟临潭洮商的关系是，西藏的每一寸土地都有临潭人的脚步，毫不犹豫地可以这么说。自古以来，临潭人的祖祖辈辈跟藏区的交往相当深厚，感情也相当好，很多很多藏族、回族结婚的情况也有，安家的情况也有。像拉萨这个地方，去年打电话来了，我们去年过去了解了一下，有两户人，临潭根本没有亲戚了，但（真的）是临潭人，户口、身份证拿出来都是临潭，但是娶妻生子、生活方式一挂都是西藏那边的。①

---

① SZJ，男，回族，32岁，公务员，临潭城关人；学历：本科；访谈地点：临潭县城关镇；访谈时间：2018 年 4 月 16 日。

洮商群体目前主要分布在甘肃的临夏、兰州、合作，青海的西宁、格尔木、杂多、囊谦、达日、甘德，四川的成都、阿坝、甘孜、白玉、石渠、道孚、炉霍、色达、红原、理塘、雅江、康定、雅安，西藏的拉萨、昌都、那曲、林芝、波密、江达，云南的大理、丽江、香格里拉，以及北京、上海、广州、深圳、杭州等大城市。主要从事的行业是民族用品、日用百货、旅游纪念品、工艺品、古玩、冬虫夏草等中药材的购销，还有餐饮、运输等行业。在调研中从洮商商会了解到目前拉萨的洮商大约有一百五十多家，有一百三十多家在八廓街周围，其中一百多家主要经营旅游纪念和古玩商店，还有30多家经营餐饮、压面、淋浴、食品加工、布匹绸缎等日用百货，四百多名洮商间接带动了一千多名临潭人就业。西藏昌都的丁青县、青海省西宁市的勤奋巷以及四川省成都市的荷花中药材交易市场每年在虫草交易的高峰时期也汇集了大量的洮商。在川藏线及青藏线沿线的大部分县城都分布着洮商的商铺，主要经营的是民族用品和日用百货。此外，洮商群体还带动了临夏市的房地产发展。

> 春节的那段时间，我们工商联在临潭饭店举办古玩珠宝展览。已经举办了第四届了，今年的话，成交量在2000多万（元）吧，也有很多外地的古玩珠宝商来参展。像西藏地区、四川地区的本地洮商拿当地东西，古玩珠宝，就全部回来了。我们就联系他们回来参展，他们也把外地的一部分人引进来参展。在临潭饭店9、10、11三层楼，差不多都是展满的，100多个展位。（成交量）逐年增长，头一年的话卖了1000多万（元），那时候基本上我们临潭的洮商外地去下的基本都回来了。①

在生计发展的过程和经济社会的不断变迁中，洮商们积累了一定的经商经验和经济实力，年轻一代的洮商们则具有更高程度的知识，为洮商群体注入了新鲜的活力。还有许多洮商参与到企业经营中，在物流、水电业、现代化养殖、乳业生产及高新生物技术等领域都有涉及，同时也出现了一批优秀的企业家。洮商因青藏高原

---

① SZJ，男，回族，32岁，公务员，临潭城关人；学历：本科；访谈地点：临潭县城关镇；访谈时间：2018年4月16日。

路网的变迁而兴,又在经济社会的发展中不断地进行着调适。

在经济社会的变革与变迁中,跨区域社会互动所形成的文化资本也成为洮商在转型过程中的文化软支撑,为寻求生计发展提供了文化活力与文化力量。伴随新时期洮商的发展和文化自觉,社会的多元力量唤起洮商的历史记忆及群体认同,促进了"洮商"群体的精神形象构建。2017年左右,分布于甘肃临夏、西藏、四川、青海、北京等地的"洮商"商会相继成立,使地方商业群体在商业互动中融入国家与市场的秩序中,通过非营利组织的平台发挥一定特性和职能,优化其发展的新型路径。

第三节　跨区域族际互动中的社会纽带

洮州地区通过跨区域、跨族际的互动，不仅形成了以"结主人家"为基础的跨区域族际互惠网，也通过地方商业群体的生计发展扩展了洮州人在青藏高原上的地缘、乡缘互惠网，并在族际文化互动中形成了深入的文化认知和文化连带。

一、结"主人家"：农牧互补的跨区域族际互惠网

库克与山岸俊男认为在网络一般性交换中，参与者之间在交换网络中存在着联系，行动者向他们提供资源的同时，他人也向其他的行动者提供利益。所以，网络一般性交换中的参与者要比群体一般性交换中的参与者更有可能合作，信任也更有可能得到发展[①]。洮州地区的回族和汉族主要生活在农区，与牧区、林区的藏族会有一定的经济往来，在交往的过程中会与藏族结成"主人家"，产生一种族际间的家庭友谊，形成了跨族际的社会资本，构成多民族的社会交换网络。这种族际间的家庭友谊是洮州地区的一个普遍现象，通常会延续好几代。有很多家庭直到今天还在来往，每逢过节的时候也互相拜访问候。

> 我大儿子结婚的时候，就是问我的汉族朋友借的彩礼钱，我21岁交下的朋友，现在65岁了还来往着呢。还有我爷爷那个时候做生意结下合作那边的藏族朋友，就像兄弟一样，现在都四代了，两家还在来往，我到他的

---

① Toshio Yamagashi and Karen S. Cook. Generalized Exchange and Social Dilemmas [J]. Social Psychology Quarterly，1993（4）.

家里也去,他到我的家里也去。①

我爸爸十几岁的时候,我们这边要烧柴,整个村子的男人就会一起去卡车沟那边拾点柴,我爸爸就和那边的藏族熟了。他们还来我家做过客。我们也会去他们那里浪山,到他们的家里喝个酸奶,前段时间刚去。②

比如我们村子30户人,我们农区的30户和林区的30户,几乎每家都有主人家。③

结交"主人家"是基于经济上的一种族际往来,具有一定互补性与互惠性。牧(林)区藏族的生计方式主要以牧业为主,不能满足其全部的生活所需,所以和农区的人们产生了一定的经济联系,并形成了一定的族际社会交往。在以前,农区人们经济主要为农业或商业,也会做一些副业,如被称为"走山"的上山砍柴。也有一些回族会到牧区贩牛羊或贩卖一些小商品,从而与牧区的藏族打交道,并结成主人家。通过结交主人家,农区的人们在林、牧区讨生计的时候会得到当地藏族的相助,并且也有个歇脚的地方。像在洮州地区,古董收藏行业也十分兴盛,一些回汉古董商人也要去洮河边或牧区的藏族人家收集一些工艺品和古董,这个时候就会在主人家的介绍引导下走家串户,并得到一定的支持。牧(林)区的藏族需要农产品或置办生活用品时也会去往城镇,以前的交通工具是骑马或赶架子车,藏族来农区办事,当天也无法返回。而农区的汉族、回族一般都靠近城镇,牧(林)区的藏族就会住在农区的回族或汉族"主人家"里。

在卓尼县下甘藏村的田野调查中,笔者就关注到了回族与藏族主人家互动的情况。在春节前的一段时间,牧区的很多藏族人都会来临潭县城置办年货,虽然现在很多藏族人都有汽车,且当天可以回到家,但有些还是会去主人家拜访或是住上一夜。在丁福海④家的访谈中,丁福海说前一天晚上他的藏族朋友龙目才让从恰盖的恰

---

① XDS,男,回族,65岁,农民,临潭城关人;访谈地点:临潭县城关镇古城村;访谈时间:2017年7月7日。
② SX,男,回族,36岁,出租车司机,临潭县苏家庄人;访谈地点:临潭县城关镇;访谈时间:2017年7月19日。
③ WR,男,汉族,45岁;访谈地点:临潭县城关镇;访谈时间:2018年1月4日。
④ 丁福海,男,回族,71岁,农民,卓尼下甘藏村人;访谈地点:卓尼县申藏镇下甘藏村;访谈时间:2018年2月10日。

龙塘村来临潭置办年货就在家里住了一夜。丁福海与龙目才让两家也是那种延续了几代的族际家庭友谊。丁福海谈到他在恰龙塘认识的藏族朋友特别多，村里有四十多户藏族，丁福海几乎都认识。过去还经常去恰龙塘买个酥油、做点小生意、贩牛羊，恰龙塘的藏族人家一般也会为回族人单独准备锅灶。丁福海说现在因为年纪大了走动不便，前几年还经常去拜访，夏天全家人一起去恰龙塘藏族朋友的牧场浪山。丁福海在恰龙塘贩牛羊时，那里的藏族人对他也非常地信任，把牛羊赊给他，他赶到卓尼把牛羊卖掉后，再将钱还给恰龙塘的藏族人。笔者进入郭大村进行调研也是一位临潭的回族朋友帮忙介绍了他们家在郭大村结交的藏族主人家。

> 延续下来的（主人家）有，恰盖那边交往的深得很，我们过去他们家里坐，他们过来我们家里坐。这么一代一代延传下来的。现在过来过去，交通便利了，过来了，晚上又回去了。我们过那边，早上过去了，晚上也就回来了。那个时间骑马过去，走路过去。他们过来的话，也就是骑马过来，走路过来。①

> （我们的主人家）在恰盖、康多那边也有，合作买吾那边也有。我们跟恰盖（的主人家）已经三辈人了。我爷爷的主人家，我爸爸的主人家，下来我们。就是三辈人了。我们去了，他们弄些水果，我们能吃的东西。就像亲戚一样，他们有事了，我们去，看看他们。就像红事，结婚了，去给他们搭礼。②

在以前，牛马等牲畜由周边牧区贩运到洮州，然后再转运陇西、陇南一带和陕西关中、山西运城以西各县，甚至到河南灵宝附近；羊就在当地出售。临潭旧城与拉卜楞曾经是区域内较大的畜牧市场，旧城畜牧的来源主要为临潭的牧区、卓尼的全境以及夏河的东部，还有小贩到草地进行交易，市场的范围可以随时扩大③。在

---

① MXS，男，回族，49岁，家中养病，卓尼下甘藏村人；访谈地点：卓尼县申藏镇下甘藏村；访谈时间：2018年4月17日。
② MFH，男，回族，32岁，务工，卓尼下甘藏村人；访谈地点：卓尼县申藏镇下甘藏村；访谈时间：2020年12月20日。
③ 顾少白. 甘肃西南边区之畜牧［A］. 甘肃省图书馆书目参考部编. 西北民族宗教史料文摘（甘肃分册）［M］. 兰州：甘肃省图书馆，1984：503.

笔者调研的下甘藏村,很多村民都于20世纪80年代开始进入青、甘、藏、川西高原区开展牛羊生意。丁克仁四十多岁的时候到四川的阿坝州贩过羊,他那时候坐着班车到若尔盖地区,交易后赶着牛羊回到家,然后再把牛卖到岷县、漳县一带。丁克仁说他第一次做生意是跟着村里的丁马乃到若尔盖县夏米牧场,然后通过牧区的"主人家"帮忙联系生意。

> 没有主人家,就没处住,没处吃。主人家介绍我们到草原上的小帐篷,藏语我们还是基本能听懂一些,比如关于买卖方面的。①
>
> 藏族还挺喜欢我的,赶牛回来的时候,他们也跟着上来做客,住下来。我们下去,他们又迎接我们。②

城关镇的马尔麦阿爷在很小的时候父母就去世了,成为孤儿的他被爸爸在加茂贡的藏族朋友收留。此后,马尔麦阿爷帮着爸爸的藏族朋友放牛放羊,从小就学会了流利的藏语。15岁的时候马尔麦阿爷回到临潭给一家人当长工,16岁时就当了上门女婿。后来,马尔麦阿爷在牧区做生意的过程中认识了许多藏族朋友,并和一些藏族家庭结成了"主人家",建立了非常深厚的感情。如今,马尔麦阿爷已经82岁了,但是依然每年都坚持让儿子、孙子开车带自己去车巴沟等地方看望藏族老朋友。

> 你看,车巴沟是这么个原因,我给你说老实话。车巴沟这个地方人心好,各个方面好。对这个穷人,对做小生意的人,各个方面也好。藏族为啥好呢,他们家里去给你吃顿饭,酥油放上,奶倒上,不要钱,他们人心好。有个队长名字叫朵儿地肖,他这个人也好,我那时候家里困难。我就背下的背兜,背下的黄烟、纸烟、辣椒、葱、便宜的酒,背下我就慢慢地串巷,偷偷摸摸地就去了。去了认识了,就坐在他们家,两个人就来往,他把我也好。他我们家里来,我把他也好,他们家里去也好。他有啥可以给我卖给,便宜卖给。有钱没钱可以,你拿了去,卖过了再把钱拿来。我

---

① 丁克仁,男,回族,77岁,农民,卓尼下甘藏村人;访谈地点:卓尼县申藏镇下甘藏村;访谈时间:2018年1月31日。
② 马文才,男,回族,68岁,农民,卓尼下甘藏村人;访谈地点:卓尼县申藏镇下甘藏村;访谈时间:2018年1月31日。

把车巴沟不去，我把车巴沟还想的不成。我把那个地方爱的很。因为啥，那个地方是，车巴沟是我生活，做小生意时车巴沟好。他们不让我去，儿子们把我喜欢得很，他们把我心疼。在我们临潭坐下的好嘛。临潭气候高的不行，我气管炎，（儿子们）不让我去。兰州坐下，气候好是好，我不爱。不认识人，我不爱。我把我们老家爱。我朋友里面，我最爱的就是藏族。①

马尔麦阿爷的儿子马福荣担心父亲的身体，但是马尔麦阿爷非常想念牧区的藏族朋友。因此，马福荣和兄弟们就选择天气好的时节，开上车带父亲去转转。"主人家"的友谊是代际相传的，两家之间的每一辈人都会相互之间成为朋友，比如马福荣会与马尔麦阿爷藏族朋友的儿子成为朋友，而马福荣的儿子又会与马尔麦阿爷藏族朋友的孙子成为朋友。

藏区的习俗就是，爷爷的朋友，一辈一辈，辈辈相传。我们也是喜欢这样交朋友，辈辈都知道嘛，一代一代相传。像我的儿子，从北京过来以后，有时候车开上，自己玩去，车巴沟找爷爷朋友的孙子，他们就在一起玩。②

长期的商贸互动为临潭回商留下了宝贵的文化资本，加深了其民族文化认知，使临潭回商在适应与变迁的同时依然与青、甘、藏、川西高原区保持着重要的文化联系与社会联系。在中华人民共和国成立前的商业贸易中，洮商的前辈们就以诚实守信的品质，给牧区藏族留下了良好的印象。

我们在白玉认识的上层的寺庙活佛、管教和普通藏族老百姓都有，像我们认识的朋友都来往二三辈了。比如我父亲认识的，我也认识，我的小

---

① 马尔麦阿爷，男，回族，82岁，经商，临潭城关人；访谈地点：马福荣的古玩店；访谈时间：2020年12月22日。
② 马福荣，男，回族，54岁，经商，临潭城关人；访谈地点：马福荣的古玩店；访谈时间：2020年12月22日。

孩如果去做生意,也就认识了。①

> 他们几辈子也是相互介绍,原来就是最好的朋友。那时间藏区物资匮乏,比如你要啥东西,只要我承诺了的东西,我无论如何都要给他办好。②

洮州地区族际间的家庭友谊是各民族在长期的生产生活和经济往来中形成的,具有很深的民间基础。随着经济社会的变迁,人们的生计也在发生着很大变化,但是过去民族间密切的经济和社会联系所形成的交互性和共生性的社会结构使民族间的社会纽带依然存在和延续着。洮州地区在族际经济互动基础上形成的跨族际社会资本是洮州地区的人们对多民族社会环境的适应,不仅为互补性的市场经济空间提供了重要的社会支持,也促进了民族间的情感纽带与亲密的族际关系。

二、洮州人在青藏高原上的地缘、乡缘互惠网

很多洮商在青、甘、藏、川西高原区发展都是通过"兄弟带兄弟、亲戚带亲戚、朋友带朋友"的方式一起合伙做生意,甚至不限民族,有些汉族和藏族也被回族商人带动起来,形成了一个由亲缘、地缘组成的洮商社会网络。

> 我的五个弟弟、两个妹夫,都是我一手带起的。卡车沟的、附近的这些汉族很多都在西藏昌都地区做生意,都是靠朋友带过去的。所以说,这个范围比较宽广,大家互相帮忙。像咱们西道堂,特别热衷跟其他民族的人交朋友,能谈到一起,关系相当好。像在卓尼杨坡庄,有个汉族朋友于辉国,和我们年龄差不多,我们都是一起进入昌都的。88年那一阶段,跟咱们一起做药材,他们又把个人的弟兄带过去。咱们临、卓两县基本上都是相互带起来的。县上到拉萨调查,咱们临潭范围的人口在拉萨就有1300多人,全都是互相带动起来的。再一个,咱们临潭有这个基础呢。像解放

---

① 孙志成,男,回族,47岁,经商,临潭城关人;访谈地点:临潭县城关镇教场村;访谈时间:2018年2月13日。
② 李永龙,男,回族,37岁,经商,临潭下藏村人;访谈地点:临潭县城关镇教场村;访谈时间:2018年2月13日。

以前，我这个家族的话，四代了，都是生意人出身，都是互相，汉族跟回族，回族跟藏族，都是相互带动起来，那时候是牛呀，马呀，驮的东西。那时间的生意跟现在一模一样。咱们临潭比较团结，人口也比较密，所以也不分汉族回族，体现一个民族团结。①

在一定社会空间下，洮州地区的汉族、藏族、回族等民族之间在经济生产的协作、经济结构的互补以及频繁的文化交流中加强了其社会交往与联系，形成了族际间密切的合作与互惠关系，加深了其社会交往程度。在田野调查的时候了解到，大尕村的藏族大叔包白马年轻时也去过西藏做生意，是和在打工时认识的临潭回族朋友合伙前往。洮州地区各民族在经济互动和经济联系的基础上产生更大范围的社会交往，进入彼此的初级社会关系中，形成一定的族际社会网络。

洮州地区由于农业条件较差，也没有可以支撑的产业，为了维持生计，更多的人选择外出做生意、务工。基于洮州地区和谐友好的民族关系与共同的地域、情感认同，洮州地区汉族、回族、藏族等民族在外面务工经商也是互相帮助、扶持。小敏曾经的汉族老板来自小敏母亲的家乡马牌村，这位汉族老板最初和小敏的表哥合伙开过商铺。

> 刚到拉萨的时候，我们都是给别的店面看铺子，拿工资的，算是打工。以前我们拿工资，一个月300多块钱。我换过好几个店主，一个是我表哥，一个是卓洛几个朋友，还有一个就是马牌村的汉族。下马牌是汉族，上马牌是回族。比如说你是汉族，我是回族，我们两个是同学，我在那边发展的可以的话，可以带动一下你，然后把亲戚朋友也带动起来。我也是之前表哥把我带到那边。比如节日的时候，我们也经常走动一下，互相请客吃个饭什么的。还有一个要好的朋友是来自临潭附近车巴沟的藏族，最初也是在八角街给人开店，现在也开始独立做生意了。我们交往的很多，毕竟我们的层次是一样的，都是给别人拿工资的，所以我们经常接触。他的店离我新开的店是斜对面，他有两个店，还有一个在八廊商城。我们经常微

---

① 宋玉忠，男，回族，60岁，经商、临潭城关人；学历：高中；访谈地点：临潭县城关镇福田小区；访谈时间：2018年2月13日。

信里有联系。①

在20世纪八九十年代，临潭、卓尼地区的很多青稞都会供应到青藏高原的牧区，如西藏的江达。丁耀斌在青、甘、藏、川西高原区跑运输车的时候，会将自家和邻居们的青稞收上，运到青藏高原的牧区卖给当地老百姓。因此，跨区域的经济互动不仅对青、甘、藏、川西高原区牧民的生活带来便利，同时拉动了洮州地区粮食的外销，使区域间均得到了惠及。

> 他们糌粑的来源就是我们这边的青稞给他们供上去的。他们那边没有农作物，那是高原，平均海拔都在4000米左右，不适合种农作物，只有收购。从哪里收购，基本上是我们这边的青稞，我也拉过很多青稞。那时候我们这种的青稞也多，基本上80%走了西藏了。现在的价格不行，划不来了。他们的酥油、曲拉都是他们自己生产出来的。但是光吃那些，没有糌粑的话就不行。他们天天就说把青稞拉上来，没有你们的青稞。我们没办法生活，有些人也这样说。②

> 原来的话就是能装二三个东风车。假如说他在这个村跑车，把邻居们村里的青稞，他就是收上去装到自己车里面，运到西藏去。其实把邻居也带动了，帮他们运到西藏的话，那青稞也卖出去了。③

洮商商会的成立在一定程度上整合了洮商资源，促进了地方商业群体的社会反哺。临潭县工商联每年的年底都会组织洮商开总结座谈会，很多在外面赚了钱的洮商都有回馈家乡的想法，想通过商会将一部分资金合理利用分配，为家乡出一份力。拉萨的洮商商会于2003年成立，西宁洮商商会于2012年成立，临夏的洮商商会于2017年2月成立。其中临夏商会有三百多人，企业一百多家；西宁商会约三百到四百人，企业八十到九十家；拉萨商会大概有四百多人，个体较多，企业只有三十多家。

---

① 小敏，男，回族，25岁，经商，卓尼下甘藏人；访谈地点：卓尼县申藏镇下甘藏村；访谈时间：2018年2月10日。
② 丁耀斌，男，回族，49岁，经商；访谈地点：临潭县尕路田村；访谈时间：2018年2月14日。
③ 李永龙，男，回族，37岁，经商；访谈地点：临潭县尕路田村；访谈时间：2018年2月14日。

> 商会的职能是给广大会员服务，比如说我们会员遇到个啥困难，或者会员办事情的时候，以我们商会的名义办，影响力比较大，也能公平。目前调研大概是在上海、深圳、广州这些地方，大多数（洮商）从事的都是古玩珠宝，服务餐饮行业，也有物流的。从经验来看的话，成立商会带来了最好的效果，商会主要的目的就是服务广大会员，起到一个联系的桥梁。①

> 现在我们临潭，在外经商的临潭籍人士，绝大多数人已经知道商会对我们临潭经济的发展，带动临潭经济的发展，在办事效率等各方面，（对）社会起的作用是相当大的，这个意识是相当强烈。②

从临夏洮商商会成立的情况来看，其在协调沟通、资源整合等方面已经起到了一定的效果，也调动了洮商们的积极性。临夏洮商商会于2018年1月份对临夏和临潭周边帮扶的贫困村进行了慰问，根据国家的政策参与到扶贫行动中，动员洮商群体参与公益活动。商会的发展还为一些临潭地区的毕业大学生提供了就业机会，并在劳务协调分配方面也发挥了一些作用。2017年洮商临夏商会成立的时候就招聘了一些毕业还未就业的临潭本地大学生担任商会办公室的文员，洮商经营的锦临饭店、陇上江淮酒店也提供了一些就业岗位。部分洮商在临夏开设的帐篷厂急需劳务人员时，也是通过洮商商会帮助协调、联系和招募劳动人员。

洮州人的地缘、乡缘互惠网不仅为洮州地区各民族向外的生计发展提供了一定的支持，同时也加强了洮州各民族之间的凝聚力和地域认同感，突破了族群界限，为民族间的文化认知和情感交融奠定了基础，形成了洮州汉族、藏族、回族等民族的共同体心理。

---

① ML，男，回族，33岁，公务员；学历：本科；访谈地点：临潭县城关镇；访谈时间：2018年4月16日。
② SZJ，男，回族，32岁，公务员；学历：本科；访谈地点：临潭县城关镇；访谈时间：2018年4月16日。

三、跨区域族际交往中的文化交流

跨区域的社会互动与商贸流动使多元的观念、价值和文化也在不断地交流与影响，并构建起包容性、互通性的生产和生活意义。洮州地区的各民族与青、甘、藏、川西高原区的民族在长期的生产生活实践和交往交流中已经形成了密切的经济联系，并在经济互动的同时还发生着文化上的互动交流，进行着一定的文化再生产与社会再生产。

（一）绿松石的故事

马增进于1984年的时候开始进入牧区做生意，先是到青海的玉树地区做小商品，然后在北京与拉萨之间贩绿松石，后来又和MGX一起到拉萨发展了七八年，在昌都还经营过5年布匹，目前在西藏丁青做虫草生意。在访谈中，马增进还讲述了洮州回商贩绿松石的历史。丁镇熙是民国时期从临潭西道堂走出来的大学生，就读于北京大学。后来丁镇熙与北京著名的京剧艺术家薛艳琴结婚，生下两个女儿，定居在了北京。"文化大革命"时，丁镇熙回到了老家临潭，在这期间去世了。改革开放后，丁镇熙的女儿丁思娥回到临潭探亲，将临潭老乡周西丁、马文斌和马立开带到了北京。他们三人在北京看中了绿松石，就开始将绿松石销往西藏，还将自己的亲戚们也带到北京做绿松石的生意。后来亲戚带亲戚，朋友带朋友，贩卖绿松石的临潭回商越带越多。

> 我们把绿松石从北京带回来，前辈的阿爷都知道，他们以前从西安贩。北京有个玉器总厂，后面发展到有金鱼池。北京玉器总厂价格昂贵，出口的也比较多。把金鱼池就发展起来了。金鱼池那主要是松石为主。现在价格高了，国家也禁止开采了。贩卖绿松石的那时间，临潭人在北京住的很多，因为要等待绿松石的加工。为了省钱，就住一两块钱的地下室，临潭人那时候把北京的地下室称为"防空洞"。后来绿松石的加工转移到了河北省辛集的徐家庄、杨家庄，虽然工艺没北京好，但价格便宜，洮商们就跑到河北进货。湖北那边的人往北京送料，慢慢地也掌握了加工技术，最后

就又转移到了湖北本地的上营、下营和永县加工。我常年贩绿松石，所以对北京也非常熟悉，还把爱人和孩子带到了北京玩，东单、西单、动物园、颐和园，还有五塔寺。到动物园看背后有个塔，后面进去了是五塔寺，他们北京人还不知道。①

萨林斯认为文化秩序决定着人们的生产、交换和消费的物质实践，文化象征体系决定了人们如何看待物品的价值②。藏族人对绿松石十分的喜爱，将其用于佩戴和装饰。绿松石在藏文化中具有重要的象征意义，许多藏族人都会在脖颈上系上一块视为灵魂的绿松石项链。藏族人认为佩戴绿松石有着保佑平安的作用，如果将其扔进河里，灵魂就会被带走。此外，藏医学也会将绿松石研磨入药后用于治疗和预防某些疾病。由于藏族人对绿松石有着较高的需求，而青、甘、藏、川西高原区又不产绿松石，所以临潭回商在文化经验中发现了绿松石蕴含的商机，并参与到了绿松石的贸易中。

绿松石的产地在湖北，原材料被运到北京进行加工。在20世纪80年代初，临潭回商就开始将加工好的绿松石从北京运到涉藏地区，然后再通过在牧区走村串帐进行贩卖。然而近些年的绿松石贸易又出现了变化，绿松石的主要消费群体由青、甘、藏、川西高原区藏族人转向了内地南方及沿海地区的顾客，而且收藏者认为绿松石在人身上佩戴的时间越长、变得越绿就越值钱。所以临潭回商又到青、甘、藏、川西高原区对藏族人用过的绿松石进行回收。回收的绿松石被加工成工艺品，再被运到广州、上海以高价出售。

MGX③在1988年的时候从北京进绿松石到拉萨去贩卖，后来又与人合伙在拉萨开了家商店经营丝绸。在生意中，MGX结识了一些尼泊尔籍的藏族商人（被西藏人称为卡契），便开始将丝绸和绿松石销往尼泊尔，顺便带回一些尼泊尔的工艺品在国内出售。尼泊尔的手工艺行业十分发达，其生产的工艺品也具有一定的艺术和美学

---

① 马增进，男，回族，58岁，经商；访谈地点：临潭县城关镇西庄子村；访谈时间：2018年2月13日。
② [美]马歇尔·萨林斯. 石器时代的经济学[M]. 张经纬等译，北京：生活·读书·新知三联书店，2009.
③ MGX，男，回族，51岁，经商，临潭城关人；访谈地点：临潭县城关镇福田小区；访谈时间：2018年2月13日。

价值。当时正值国内的青藏铁路开通,西藏旅游业的发展使尼泊尔的商品在拉萨有着不错的销路。

物的特性不止是关于它在过去如何生成,还包括物于再脉络化过程中具有可突变性,即被不断赋予新的要素而成为纠结物①。因此,物在不同的社会文化中被赋予一定的象征意义。绿松石在藏文化中被赋予了文化属性,临潭回商在文化经验中对这一文化符号象征体现产生了一定的跨文化认知,从而能够在商品的文化互动中准确地把握市场的动向和商品的销路。绿松石、虫草等商品贸易活动的产、购、销形成了跨区域、跨族际的文化互动,临潭回商通过对青、甘、藏、川西高原区社会的文化认知以及一定的文化经验成为这些贸易活动的中间商。绿松石的商业价值嵌入在文化互动之中,跨区域的人们通过文化符号的互动共同构建出流动与变化的文化意义体系,加强了文化的流动性与共享性。

(二)虫草生意与洮商的地理文化认知

很多洮商的第一桶金就是从虫草生意开始的,虫草贩运也是目前许多洮商的选择之一。洮商们对青藏高原区域的自然环境较为熟悉,因此很容易进入虫草贩运的行业中。

冬虫夏草是分布在我国海拔 4200—5400 米之间的高原高寒草甸中的一种珍惜生物,是麦角菌科真菌寄生在蛾科昆虫幼虫上的子座及幼虫尸体的复合体,主要生长分布在长江、黄河、澜沧江、雅鲁藏布江、怒江、雅砻江等大江源头区域②。全国出虫草的主要省区是西藏、青海、四川和甘肃。在西藏,虫草由各自所辖行政区域的藏族人开采,然后汇集到集镇,再由集镇上的回族、汉族、藏族等民族的中间商销往内地、沿海地区、港澳台以及国外市场。在青海,虫草的开采权由所辖地承包出去,承包者为挖虫草的采集者提供伙食和住的帐篷,采集者每天将挖的虫草定额上交,剩余的归自己所有。四川的虫草主要在甘孜州、阿坝州一带,甘肃的虫草产自甘南州的合作、玛曲、碌曲一带。其中,西藏的虫草在颜色、质量、饱满度方面都是为最优。

在对孙志成的访谈中了解到,临潭的虫草商们大概每年 4 月的时候开始出门收购虫草。孙志成先是去四川的甘孜地区收购,那里气候在高原中相对来说较热,虫

---

① 黄应贵.物与物质文化[M].台北:中央研究院民族学研究所,2004:8
② 敏贤麟,敏俊卿.冬虫夏草与藏区回商的社会角色变迁[J].回族研究,2010(2).

草生长的早一些。甘孜地区的虫草量比较小，有些客户又喜欢新鲜的虫草，所以收购结束的也早。然后，再前往四川阿坝、甘南合作、碌曲、玛曲一带，按季节慢慢地转移，在6月份来到西藏昌都的丁青县。丁青县的虫草量较大，当地的藏族人便对虫草进行储存，等待合适的时机再进行出售，所以很大一部分做虫草生意的临潭商人每年前往西藏丁青县。

丁耀斌现在以虫草生意为主业，他估计丁青县一年大概可以出六吨虫草。丁耀斌说，整个县约有八万人口，这几年虫草价格的一涨再涨让丁青人的生活逐渐富裕了起来。比如在虫草丰收的一年，一家七八个人如果挖10多斤，大概可以卖60万元。也有的家庭把一年挖下来的虫草储藏起来，家里有事或经济紧缺的时候卖出去一部分，一部分留着。因此洮商们在丁青县一年四季都有生意做，有的时候一大早出去就能遇见售卖虫草的藏族人。而其他县的情况与丁青不同，虫草挖完从山上下来后就全都售出去。

由于洮商群体长期往来于青藏高原地区，临潭的虫草商人们对青藏高原的自然地理文化产生了较深程度的认知，因此在生意中也具有一些常识性的地理文化知识经验和文化性的优势。

（三）铸铜炉院与汉藏文化交流

临潭县的青崖、杨家桥和上郊口村分布着几家汉族经营的金属加工作坊，主要生产铜锅、铜壶、铜罐、铜火炉、铜火盆、铜香炉、铜佛像、大经堂专用酥油灯、寺庙用钟等金属加工技艺制品。清末时期，洮州旧城的牛建文在岷县清水沟学完铸铜手艺后，于旧城上郊口开设了临潭的第一家铸炉院。到1949年之前，临潭已形成牛、杨、王、邱四家有名望的炉院。在今天，临潭的铜器加工传承和发展，仍然在涉藏地区有很高的声望，远销四川、青海、西藏等地，延续着跨区域的民族文化交流。

丁和平家的炉院曾于1995年给拉卜楞寺院铸造过特大铜锅，并收到寺管会赠送的"发扬民族传统工艺"的匾额。丁家的家传手艺来自于丁和平的爷爷，当时家道中落，家里的田产被卖掉。丁和平的爷爷便从魏姓继父那里学习金属制造技艺来维持生计，后来丁和平的父亲和大伯继承了手艺。丁和平1982年退伍后，他的父亲办了金属加工作坊，伯父一家也参与了进来。1983年丁和平的父亲去世，伯父家分开经营，丁和平与老三兄弟继续摸索加工技艺。在20世纪80年代末、90年代初，丁氏兄弟的手艺日渐成熟，在1994—1995年期间接到了拉卜楞寺的定制大单。

多民族区域的文化优势为洮州与涉藏地区建立了互通的社会信息交流网，丁和平的铜锅作坊与夏河拉卜楞寺之间的联系正是基于跨区域的文化联系。将丁和平的铜锅推荐给拉卜楞寺的僧人名叫宗周，是卓尼麻录乡塔扎村的藏族。在20世纪80年代改革开放初期，宗周在临潭城关镇的一个社办厂采购铜锅，但是没有大小合适的类型，就托厂子的人找到了丁和平的作坊。这是丁和平与宗周第一次打交道，生产的铜锅也得到了宗周的认可，之后进行了多次采购。后来，拉卜楞寺一个经堂失火，留下一些物件上的铜材料，寺院管理层商量寻找匠人将这些铜铸成特大铜锅，宗周也就成了寻找匠人的第一人选。接下单之后，丁和平从岷县请来匠人师傅指导化铜技术，从临潭及周边雇佣了超过百人进行铸锅。

> 那个风箱的大，得三个人拉呢，大的风箱可以消个300多斤铜，小的只能消个100多斤铜。一挂算下来，九座风箱，九座炉。一座炉至少得18至23岁年轻人6个，还有打夯的、烙碳的、把碳运过来的。那个锅做着，100个人还过着呢。铜要同时消，你消好，我没消好，那不成。铸造是一体的，消铜看是古老的技术，铜化了，一浇筑，那还是复杂得很。一个风箱是10个人，从凌晨的12点开始放火，就开始了，九座炉就一起全部把火放上，然后一起就开始消，拉风箱，噗哧噗哧。几乎就是白天黑夜，主要操心负责任就是我们。其他的人白天也来呢，活也干着呢。必须要干呢，有点潮气不成，有潮气产生气体，锅会烂呢。90年代我三十几岁，胆子大，那是第一个锅，从那以后工艺也改进了。①

铜锅铸成之后，夏河拉卜楞寺的嘉木扬活佛还来临潭访问了丁和平家的炉院，丁和平收到了活佛的一万元奖励。之后，很多甘、青、川及西藏等地的寺院都慕名来定制。丁和平后来在铜锅实验和探索中淘汰了传统的木炭、风箱工艺，改良为新的焦炭熔铜工艺。2014—2015年，丁和平再次为拉卜楞寺铸锅，2017年又收到了拉萨哲蚌寺的订单。后来丁和平带家里人去西藏旅行，在拉萨的寺院参观时还见到了自己曾经铸的小锅，他推测可能是被藏族人买来后捐赠的。除了为寺院提供各种用

---

① 丁和平，男，汉族，60岁，经营金属加工作坊，访谈地点：临潭县青崖村；访谈时间：2023年8月13日。

品，金属加工作坊的生产大部分为民用。在 2018 年，丁和平还通过政协向临潭县的马奴寺、侯家寺、江可寺等藏传佛教寺院赠送了铜锅等金属制品。

（四）回族村落的赛马会

由于洮州地区是农牧交汇的自然过渡地带，因此临潭回族也受到畜牧业文化的影响，比如临潭回族擅长的行业就包括与畜牧业文化相关的牛羊、皮毛贩卖。

> 我十四、十五岁的时候跟上我父亲走了，从碌曲那边买的牛羊，我们赶过来，路上走三天。晚上用那个绳子，随便栽几个木棍子把牛羊围起来了。一天走路的话，牛羊也走累了，晚上也不走。四五个人，找点柴，架一堆火。一晚上坐的人差不多，睡的睡会儿，看的人看着。①

洮州地区流传的一首民谣反映了临潭回族与畜牧业相关的生计方式：

> 黄叶菜，黄又黄，洮州地方天气凉。三月四月穿皮衣，六月不见庄稼黄。老百姓全靠做生意，耕田务农莫指望。一年到头走番地，十月、六月两回场；张三赶来一群羊，李二赶来牛一帮。土拉保驮来十捆皮，麻目沙赶到五百羊。马又大来羊又肥，一天到晚卖了个光。②

由于受牧区生计文化的影响，很多洮州地区的回族对赛马等牧区的体育娱乐活动非常的感兴趣。敏合三的家庭生计主要以畜牧生意为主，他在做生意的过程中逐渐喜欢上了赛马，并在青、甘、藏、川西高原区认识了许多同样爱好的藏族朋友，这些朋友也会帮他介绍生意。

> 我爸以前也养过马。我八岁的时间骑马，我爸后面几年因为虫草生意，我也就没骑过。我十四、十五岁的时间就想骑马。就是像前六七年，我们

---

① 敏合三，男，回族，33 岁，经商，下甘藏村人；访谈地点：卓尼县申藏镇下甘藏村；访谈时间：2018 年 4 月 18 日。
② 于式玉. 黑错、临潭、卓尼一带旅行日记［A］. 于式玉藏区考察文集［M］. 北京：中国藏学出版社，1990：143.

这赛马的时间，每到赛马，不管我有马没马，朋友也叫我去，我就是一个骑手。玛曲、四川那些赛马我去过。以前我最走远赛马的地方就内蒙古鄂尔多斯，那边我也有朋友。

在访谈中了解到，敏合三与同村的敏尤布、敏尔萨一起合作，连续六年在下甘藏村举办了赛马会。

> 现在赛马会不是集体办，承办人有一二个，然后办起来，报名多少人，要全部发出来。打个比方，我们这合作有个赛马会，我有认识的人，他给我打电话，然后帖子发给我，发到群里。以前是我们带那个请帖。连续我办了六年，马匹的话有七八十匹马，人数的话，我们这人多，爱看马的人多，基本上我们县上知道的人全部来，爱马的人全部来。参加的人藏族、回族、汉族都有。一般赛马运动危险得很，还要签合同。去年我们办了一次，卓尼县政府批准了，县上的四大班子全都邀请了。卓尼县广电还派了一个人嘛，上来拍了个电视。就是像前六七年，我们这赛马的时间，每个人赛马，不管我有马没马，也叫我去，我就是一个骑手。玛曲，四川，全部那些赛马我去过。①

下甘藏村办赛马会时，敏合三在合作、刚察等地的很多藏族朋友都会来参加。敏合三说赛马会的时候，牧区来的30多个朋友就住在自己的家里几天，因为以前去青、甘、藏、川西高原区参加赛马的时候朋友不让他备草料，所以他在办会时也为朋友免费提供马的草料。洮州地区的下甘藏、卓洛、拉直等回族村落举行的赛马会也在一定程度上加强了跨区域的族际社会纽带，不仅有利于跨区域、跨族际生意的往来，也为民族间的交往接触和情感的加深提供了机会。

---

① 敏合三，男，回族，33岁，经商，同上。

四、跨区域社会互动中的文化连带

通过贸易路网上的族际互动与交流，临潭地区各民族与牧区的藏族之间产生了深入的文化交流。如许多临潭回商对藏族的语言、文化和习俗有一定的了解，并熟悉与藏族如何打交道的方式。较深程度的跨族际文化认知也为回商的生计发展带来了无形的文化优势，使其适应和融入青、甘、藏、川西高原区的文化环境，从而顺利地进行商业贸易活动。在贸易路网上，临潭各民族与牧区藏族在经济互动的基础上产生了进一步的文化交流，并形成了临潭回商与牧区社会之间的文化连带。临潭回商与牧区社会的文化连带的形成建立在临潭回族对青、甘、藏、川西高原区民族文化深入认知的基础之上。

临潭回商所擅长的商业领域包括民族用品、牧区用品、军用品、中药材、畜牧产品以及古玩收藏业等，这些领域与牧区的文化环境、生产生活联系密切。布迪厄把调节阶级和个人的理解、选择和行为的过程称为惯习，它为同一社会位置上的人提供了认知的和情感的导向，使同一社会位置上的个体能够用同样的方式来描绘这个世界，并且使他们通过独有的态度进行分类、选择、估价与行动[①]。文化连带与文化经验使临潭回商在其经济活动的场域中形成了一定的文化惯习，使其能够敏锐地捕捉到经验中异文化的价值意义与符号体系。而洮商群体在生计发展、调适与转型中也始终与牧区社会和文化息息相关，始终通过文化连带联系在一起。

MFY 曾在昌都开了 15 年布匹商铺，后来生意不太好做了，便离开川、藏地区到内地谋生。2003 年，MFY 来到北京、石家庄和保定等地考察，寻找商机，结果一无所获。那时正好遇到了"非典"的特殊时期，MFY 就回到临潭的家中住了两三个月后又前往浙江杭州。在杭州，由于曾经做布匹生意的经验，他看重了纺织厂，便投资了七十多万把一个倒闭的厂子买了下来，并投资一百多万添置了机器。经过了半年的摸索，MFY 对织布、加工、进料、染色等生产的工序以及企业的运营熟悉了起来。除了自己的厂，MFY 还另外包下三个厂，每个厂子负责一道工序，形成一条

---

① [美]乔纳森·特纳. 社会学理论的结构（下）[M]. 邱泽奇，等，译. 北京：华夏出版社，2001：196.

龙的生产。企业的产品主要是用于制作藏族服饰的布料，主要销往青、甘、藏、川西高原区满足藏族人的日常需要。MFY 的两个弟弟在临夏负责产品的销售，他们开设的 FY 布行垄断了临夏的市场。杭州地区纺织行业的竞争是十分激烈的，MFY 却自信地说：

> 你刚刚做的产品，马上就有人跟起来了。但就算竞争很厉害，他们也竞争不过我。这个地方要啥产品，做啥产品，我自己知道，优势我有的多。①

由于在民族地区经商的经历和丰富的经验，因此 MFY 对藏族服装的生产、销售和市场有着清晰明确的定位和把握。他说做藏族服装的布料要求厚一点，结实一点，而那种做西装的布料如果运到青、甘、藏、川西高原区就行不通了。而在样品的设计方面，MFY 也掌握着一定的经验和优势。近年来，纺织行业的生意不太景气，很多厂子都关闭了。内地的很多纺织企业产出的产品销路有限，找客户都很困难。由于 MFY 弟弟在临夏销售，甘、青、川、藏等省区对这藏族服饰布料的广泛需求，使得他的企业生产出的产品有着固定销路。

MFY 进驻内地市场成功的背后，其在特定经历中潜移默化形成的文化经验，也就是无形的文化连带与文化资本发挥了很大的作用。临潭县所在的洮州地区具有民族聚居与民族杂居并存的民族居住格局，汉族、藏族、回族等民族通过密切的经济联系与文化交流形成了一个民族和谐交往的社会互动空间。在这样一个多民族交往的社会环境中，洮商们对藏族的文化和习俗有着深入的了解。同时，在经济互动与文化交流过程中，洮商也在青、甘、藏、川西高原区树立了优良的形象，得到这些地区人们的赞许与欢迎：

> 我们这原来叫洮州，说临潭，他们可能不知道，但说洮州都知道。解放之前，那边在最困难的时期，我们洮商把物资运上去给他们供应，所以他们也知道这边的诚信了。②

---

① MFY，男，回族，54 岁，企业经营，临潭城关人；访谈地点：临潭县城关镇；访谈时间：2018 年 2 月 13 日。
② LYL，男，回族，37 岁，经商；访谈地点：临潭县城关镇；访谈时间：2018 年 2 月 13 日。

洮商的诚信不是两三年、三四年换来的,都是几辈人的考验换来的,都是无形的资产,几辈子人积累下来的信用度。①

藏族喜欢我们临潭人,我们临潭人诚实得很。给人家说话,做事情,像做买卖都守诚信,也喜欢我们临潭人。②

随着经济社会的发展,交通的改善,更多区域的商人来到涉藏地区,经济上的竞争也更加激烈,洮商在这些区域的优势也不再明显。因此,一些有了一定积累的洮商试图向内地发展。虽然在内地拓宽市场,但很多洮商的产业依然与涉藏地区有着紧密的联系,满足着该区域人民的生活需求,并参与民族地区的经济发展。一些洮商经营的乳制品加工企业,利用牧区丰厚的牧业资源,结合先进的生产技术,生产出优质的奶乳制品,从而带动牧区经济发展,如甘南的华羚乳品集团。也有一些洮商从事着民族用品的加工,像藏族人使用的帐篷、地毯和一些马具。总的来说,从历史上洮商的活动到改革开放后在牧区的谋生,再到如今洮商拓宽内地市场和面临的转型,洮商的生计发展始终与涉藏地区有着千丝万缕的联系,在实现经济生活互惠的同时也促进了民族之间的交往与认同。族际经济互动与文化连带加强了各民族人们的生计发展、交流互通、情感凝聚与文明互动,在跨区域的社会流动与文化流动中形成"生存交互性"的社会交融体。

---

① 孙志成,男,回族,47岁,经商;访谈地点:临潭县城关镇教场村;访谈时间:2018年2月13日。
② MFR,男,回族,54岁,经商,临潭城关人;访谈地点:MFR叔叔的古玩店;访谈时间:2020年12月22日。

第七章
多民族共生与交融的地域共同体

在长期的生产生活实践中，通过社会互动与社会关系结构的整合，洮州地区的社会空间以生计文化为基础逐渐形成了圈层式的经济文化与互嵌式的社会格局，包括内圈的农业区、中环圈的农牧交错区以及与洮州发生密切联系的外圈。基于此，研究提出了洮州地区的"圈序—互嵌型"社会格局，即人们在社会适应与社会互动中所形成的"生计圈序"与"民族互嵌"的社会关系状态。在"圈序—互嵌型"社会格局中，通过互惠、合作的内缘交互，以及跨区域互补、交换的外缘联结，洮州地区在跨族际、跨村落互惠互助网络与跨区域族际经济纽带的基础上，形成了族际间亲密的经济与社会生活空间。洮州文化区域呈现出多重文化空间中情感交融的民族心理场域，并在民族交往、交流、交融中构筑起多民族共生与交融的地域社会共同体。

第一节 洮州地区的"圈序—互嵌型"社会格局

一、"圈序—互嵌型"社会的视角

"圈序—互嵌型"社会格局不断地影响着社会关系的整合、重组与构建，使洮州地区各民族人们在与自然环境和人文环境的互动中进行着关系结构的生产与再生产，使洮州地区的民族社会格局趋向稳定。

在列斐伏尔的空间理论中，被感知的社会空间在承担社会构成物生产与再生产的同时，也与作为社会构成物特征的特定地点和空间位置有着紧密联系[①]。在社会关系的生产与再生产中，生产实践不仅是过程，同时也是结果，最终使"社会秩序的空间化"得以产生。而在洮州地域文化的构建过程中，也进行着一种空间生产实践，即洮州地域文化与社会关系的整合。

空间实践、空间表象与表现的空间互为一体，同时并存。首先，空间实践对应的是空间的物理维度，洮州地区的社会空间在生产和再生产过程中，其社会构成物之特征呈现出农区、半农半牧区、牧区的特定的地点和空间位置，从而体现着洮州地区基于生计圈序的社会生产关系。其次，空间表象也称为空间表征，对应的是空间的精神维度，它是一种概念化的构想空间，而占支配地位的洮州地方文化秩序介入并改变空间构造的实践影响。最后，表现的空间对应的是社会维度，所呈现出的

---

① Lefebvre，H. The Production of Space [M]. Translated by Donald Nicholson-Smith，Malden，Oxford，Carlton：Blackwell Publishing Ltd，1991：33.

是复杂的象征系统,在这个被支配的空间中,客体倾向于被象征性地使用[1],洮州地区在空间表象的作用下,进行直接空间实践并象征性使用物质空间中的物体,发生着文化的互动与调适,而外在与内生的力量共同塑造着地域共同体的社会象征系统,最终产生了地方文化秩序影响下的社会互动模式。

洮州地域文化的构建也是社会秩序空间化的过程,通过社会空间的生产实践,空间关系的结构进行着生产与再生产,而地方文化秩序影响下的社会互动模式对空间性的行动发挥着一定作用。根据洮州地域社会空间中的"生计圈序性"与"民族互嵌性"特征,研究将"生计圈序"与"民族互嵌"两个视角结合起来,以此来探索洮州地域的社会空间与社会互动。

其中,"圈序""差序"被用来表达社会网络中社会关系的远近亲疏特征,其思想最早来源于弗斯[2]、福蒂斯[3]等学者对亲属制度的研究,学者们在田野调查中发现了人们在经济合作、劳动分工、酬劳食物分配以及服丧礼仪等方面所表现的亲属及社会远近关系。此外,"多重同心圆"也被用来表达亲缘、地缘的差序关系,如芝加哥学派伯吉斯用"多重同心圆模型"[4]来分析城市发展布局;雷德菲尔德运用"多重同心圆"展现墨西哥村庄的内外关系分布,他将村庄查安考姆分为亲密生活圈、文化认同圈以及最外围的区域防御圈等[5];埃文斯-普理查德通过对努尔人的研究分析了政治制度及其活动中的亲缘、地缘因素[6];福蒂斯则运用"社会关系场"来分析社会圈的扩展[7]。在中国的相关研究中,20世纪三四十年代,潘光旦通过对传统儒家社

---

[1] Lefebvre, H. The Production of Space [M]. Translated by Donald Nicholson-Smith, Malden, Oxford, Carlton: Blackwell Publishing Ltd, 1991: 39.

[2] Firth. R. We, The Tikopia: A Sociological Study of Kinship in Primitive Polynesia [M]. London: George Allen & Unwin Ltd, 1936.

[3] Fortes, M. The Dynamics of Clanship among the Tallensi [M]. London, New York and Toronto: Oxford University Press, 1945.

[4] Burgess. E. W. The Growth of the City: An Introduction to a Research Project [A]. R. E.Park, E. W. Burgess & R. D. Mcknezie (eds.). The City [M]. Chicago: The University of Chicago Press, 1925.

[5] Robert Redfield. R. & A. Villa Rojas. Chan Kom, A Maya Village [M]. Chicago: The University of Chicago Press, 1962.

[6] [英] E. E. 埃文思-普里查德. 努尔人:对一个尼罗特人群生活方式和政治制度的描述 [M]. 北京:商务印书馆, 2017.

[7] Fortes, M. The Dynamics of Clanship among the Tallensi [M]. London, New York and Toronto: Oxford University Press, 1945.

会思想中"伦"和"推或扩充论"的探讨呈现出了"差序格局"的基本轮廓，为"差序格局"概念的提出奠定了重要的基础[1]。在这一思想的影响下，费孝通先生正式提出"差序格局"，以此描述了中国的社会结构特征和亲属关系结构[2]。此后，学术界围绕着"差序格局"理论，不断地进行重新阐释和反思，费孝通晚年在理论发展的基础上运用"场"的思路来补充"差序格局"。在费孝通看来，"'场'就是由中心向四周扩大一层层逐渐淡化的波浪，层层之间只有差别而没有界线，而且不同中心所扩散的文化场可在同一空间互相重叠。那就是在人的感受上有不同的生活方式，不同规范，可以自主的选择。把冲突变成嫁接、互补，导向融合"[3]。费孝通将"场"的因素嵌于"差序格局"中，从而可以看到跨区域、跨族际间不同文明融合的推动力量，为"圈序"与"差序"的理论发展提供了新的思路。

关于"嵌入"，波兰尼首先在《大转型：我们时代的政治与经济起源》一书中提出了"嵌入性"的概念[4]，认为经济嵌合于社会中。格兰诺维特批判继承了波兰尼的"嵌入"理论，将个体的社会行动放置于社会结构中[5]，加强了理论的可操作化和普世化，从而引起了其他领域学者的关注。在中国，2014 年中央民族工作会议强调的"要推动建立相互嵌入式社会结构和社区环境"，同时也兴起了学界对"民族互嵌式社区"和"民族互嵌式社会结构"的研究。严庆从民族关系或族际关系入手来阐释"民族互嵌"，在他看来互嵌是"不同民族成员在心理、现实生活等层面相互交接、相互理解、相互认可的和谐关系"[6]。郝亚明分析了民族互嵌与民族交往交流交融的内在逻辑，他的观点是"在以民族交往交流交融来铸牢中华民族共同体意识的整个过程中，各民族相互嵌入的社会结构和社区环境是不可替代的重要环节"[7]。纵观现有关

---

[1] 阎明."差序格局"探源[J].社会学研究，2016（5）.

[2] 费孝通.乡土中国与生育制度[M].北京：北京大学出版社，1998：26.

[3] 费孝通.反思·对话·文化自觉[J].北京大学学报（哲学社会科学版），1997（3）.

[4] [美]波兰尼.大转型：我们时代的政治与经济起源[M].冯钢等，译.杭州：浙江人民出版社，2007.

[5] [美]格兰诺维特.镶嵌：社会网与经济行动[M].罗家德等，译.北京：社会科学文献出版社，2015：7.

[6] 严庆."互嵌"的机理与路径[J].民族论坛，2015（11）.

[7] 郝亚明.民族互嵌与民族交往交流交融的内在逻辑[J].中南民族大学学报（哲学社会科学版），2019（3）.

于"民族互嵌"的研究,学界已经达成了共识,即民族互嵌不等于民族"混居",也不等于民族"交错杂居",而是在居住格局基础上政治、经济、文化、心理等各方面的交往交流交融。

本研究在洮州地区族际互动关系结构的微观实例基础上将"圈序"与"互嵌"两个视角融合起来,一方面是考虑到洮州地区基于地缘、生计文化和族际互动差异的圈层格局,另一方面则关注到洮州地区互嵌型民族关系形成过程中文化交融所产生的社会效应。通过"圈序—互嵌型"社会的视角,本研究分析了洮州多民族地域社会中多元文化交互与作用的社会空间,还在此基础上探索多民族地域共同体形成过程中多元一体结构的社会凝聚。

二、洮州地区民族文化空间的结构特征

洮州地区各民族不仅在居住层面呈现出交错杂居的局面,同时在社会文化空间中也表现出生计圈序性、经济互补性、文化的多样性、交融性以及族际间的亲密互动性。

(一)生计圈序性与经济互补性

洮州地区属于自然过渡的农牧交错地带,地理环境的多样性较强,因此在历史发展中呈现出多元的生计模式,如农业生计模式、牧区生计模式、半农半牧生计模式、商业生计模式、农牧林结合生计模式和小型手工业生计模式等。受制于地理、气候等环境因素,洮州地区生计文化也形成了规律性的区域分布。在洮州的生计文化区域分布中,海拔由低到高分别为农区、半农半牧区、纯牧区;洮河沿岸及附近的中支山系一带主要是农业生计模式,向四周扩散随着海拔升高逐渐过渡为半农半牧区、纯牧区。如此自然地理条件和生计文化分布使洮州地区呈现出"农牧交错"和"牧区环绕农区"的生计圈序型经济空间。生计圈序加强了农区与牧区之间的吸引与交往,产生了互补性的经济联系,而洮州又是嵌入在牧区中的农业经济带,因此洮州农区与洮州之外的牧区也发生着一定的经济互动。农、牧区之间的商贸互动产生了跨区域的资源流动链,将洮州融入跨区域的商贸交换网络。

（二）文化交融与族际间的亲密互动性

洮州地区具有多元的民族文化，按照生计文化，汉族和回族偏向农耕生计模式，藏族、土族偏向半农半牧和牧业生计模式。洮州地区各民族在差序性的生计发展秩序、互补性的经济交往、互惠性的日常生活往来以及多元文化的交融中逐渐形成了亲密型的族际互动关系。根据洮州地区整体的生计文化、民族分布以及民族交往来看，洮州农区范围的各民族主要形成了互助、互惠性的社会交往，并具有联村交互的社会交融特征；洮州农区民族与洮州及洮州之外的牧区民族之间形成了互补性的社会交往，产生了跨区域的纽带性民族交往特征；而穿梭于农、牧区之间的地方商业群体，则发挥着中间人的作用，促进着农、牧区之间的经济、社会和文化交流。族际间的亲密互动性更进一步加强了民族间在日常社会生活中的联系，并维系着族际间的社会纽带，加强了洮州地区族际互动空间的开放性与包容性。

三、"圈序—互嵌型"社会的结构分析

洮州地区"圈序—互嵌型"社会主要由"内圈的农区""中环圈的牧区、农牧交错区"以及外圈（与洮州发生资源交换、社会联系的外界区域）组成，圈层之间有机地结合起来，构成了地域共同体的社会空间。

（一）内圈—农区

洮河沿岸及洮河与中支山系之间川谷盆地的农业经济带，正是洮州文化的核心区域，主要以汉族、回族人口为主，还分布着一些从事农业生产的藏族人口，共同构成了洮州社会空间的内圈。在洮州内圈—农区，汉族、回族、藏族等民族虽然属于不同的文化体系，但在民族互嵌的居住格局和相似的生产方式中建立了多民族共同的生产生活空间。

洮州地区汉族和回族受军屯文化的影响较深，且其关系具有一定的历史渊源，因而在日常生产生活中形成了密切的合作与互惠。在洮州的农区范围或周边区域也有生计方式为半农半牧的藏族，汉族、回族屯民在日常的生产实践活动中也会与他们发生接触与交流，探索出一种农业与牧业相互适应与结合的生产智慧，使农、牧

文化和谐地发展与并存,从而促进了农区藏族与汉族、回民族的生产合作与社会交往。而洮州地区联村互助的社会凝聚力与和谐共处的族际关系使洮州的经济生产、社会互动得到了一定程度的整合。

(二) 中环圈—牧区与农牧交错区

随着南支山系和北支山系海拔的抬高,气候逐渐变得适合畜牧业而不适合农业生产。洮州的农区与牧区并不是有着明显的界线,而是内圈范围里农区相对来说较为集中。农、牧区之间还有过渡性的半农半牧区,因而大致呈现出"牧区环绕农区且农牧交错"的立体空间结构。这些牧区和半农半牧区可以看作是洮州社会空间的中环圈,该区域主要分布着从事牧业和半农半牧生计的藏族。

弗雷德里克·巴斯认为,在一个具有包容性的社会体系中,就族群的文化特征来说,联系几个族群的积极纽带取决于他们之间的互补性,这样的互补性会导致相互依赖或共生,建立接合、融合区域[①]。农牧互补加强了农区汉族、回族、藏族与牧区藏族之间相互依赖的关系。从洮州内圈农区与中环圈半农半牧区之间的关系来看,中环圈中农业比重较大且靠近农业核心区的区域,其与农区的农业生产协作较为密切;而中环圈中牧业比重较大的区域,其与内圈农区的经济互补性则越强。游牧经济由于生产生活的不稳定,对农耕经济有一定的依赖性,而洮州农业空间的发展则促进了该地区农、牧经济之间的相互影响,农区与牧区形成了互补性的经济结构。洮州农区的汉族、回族、藏族等民族与牧区的藏族虽然在生产生活方式、社会文化等方面的差异较大,但经济结构的互补形成了农区与牧区之间的社会吸引,从而加强了农区各民族与牧区藏族之间的经济交往与联系。

(三) 外圈—资源流动链

"外圈"是与洮州地区进行资源交换和流动的外界区域,洮州处于农牧交汇的特殊地理位置,通过地缘优势发展成了民族走廊上重要的货物中转地、民族贸易集散地,发挥着重要的商贸功能,为洮州农区的人们向外寻找和拓宽生计发展之路提供了一定的地理空间和商业机会。以临潭回族为主体的洮商通过向外的商业活动融入了将洮州与外界相连的资源流动链,他们深入青、藏、川等高原地区,凭借着对涉

---

① 〔挪威〕弗雷德里克·巴斯.族群与边界[M].李丽琴译,北京:商务印书馆,2014:10.

藏地区语言、文化、风俗习惯的熟悉，发挥着中间人的角色。洮商对甘、青、藏、川民族地区的社会发展起到了重要的作用，促进了洮州之外更大范围区域的民族交往交流交融。

在洮州地区的族际经济互动中，各民族都围绕着资源流动链发挥着各自的作用与功能。资源的流动维系着洮州社会的生计发展，而各民族也根据各自生计特点发挥各自的文化优势，加强了族际间的合作与分工。

（四）"圈序—互嵌型"社会与地域共同体

各民族在生计文化上具有的差异性加强了农、牧区之间的互补，促进了圈层之间的联系。在"圈序—互嵌型"社会格局中，圈层之间不仅通过生计差异性形成农牧互补的经济文化结构，又在互动与交融中构成了多元共生的一体。洮州地区的"圈序—互嵌型"社会格局主要表现为相辅相成的"生计圈序结构"与"民族互嵌格局"。"生计圈序结构"将洮州"内圈—农区""中环圈—牧区及农牧交错区"、外圈以及资源流动链紧密地有机结合起来，产生了地域共同体的黏合力量。民族互嵌格局即不同民族成员在心理、现实生活等层面相互交接、相互理解、相互认可[①]，使洮州地区呈现出"民族聚居与民族杂居并存"的居住格局，民族间经济生活、社会生活中的密切联系，文化上的互鉴、交融状态以及情感上相亲相依，产生了地域共同体的嵌合力量。通过"圈序—互嵌型"社会中的"生计圈序结构"与"民族互嵌格局"，洮州地区各民族在互动、交流与交融中不断地夯实地域共同体的社会基础。

四、"圈序—互嵌型"社会的发展过程

洮州地区"圈序—互嵌型"社会的发展伴随着各种力量的交互、内生文化秩序的平衡以及地域社会共同体结构的生成，总的来说经历了格局重塑、秩序整合和结构凝聚三个过程。

---

① 严庆.互嵌的机理与路径[J].民族论坛，2015（11）.

（一）格局重塑

明朝对洮州地区的格局重塑，产生了洮州地区"圈序—互嵌型"社会形成的推动力量。通过明朝的经略，洮州地区在军屯开发中逐渐形成了嵌入在牧区中的农业经济带，加强了农牧经济交流中基于生计互补、吸引的"生计圈序结构"。同时，明朝的治边策略推动了洮州地区在政治、经济、文化等层面的民族互嵌格局，如政治上的"土流参治"，经济上的农牧互补，以及文化上的交流交融。"生计圈序结构"和"民族互嵌格局"使洮州地区的民族社会趋向稳定，形成了各民族共同的生活场域以及族际间的经济、文化、社会和血缘纽带。洮州地区社会格局的重塑，使洮州地区的各民族之间产生了相互依赖、相互依存、和谐共生、情感交融的多民族地域共同体基础，也为洮州地域社会空间中社会关系的生产与再生产以及社会关系的整合、重组与构建提供了"圈序—互嵌型"社会的框架形构。

（二）秩序整合

洮州地区"圈序—互嵌型"社会的形成也伴随着内生文化秩序的产生与整合，最终使洮州区域空间内在的社会文化体系与外在力量在秩序的整合中达到新的动态平衡。在格局重塑所形成的社会基础上，洮州地区各民族的人们在社会互动的过程中不断适应着自然环境与人文环境。在洮州地方社会的整合与构建中，地方文化秩序中自发的习俗、风尚、信仰、社会交往、心理认同也在发生着作用，调节洮州地区的社会生产、生活节奏。洮州地区地方文化秩序的整合，不断地调适地方文化制度，使农区与牧区、部落社会与移民社会、洮州与外界区域之间联系更加密切。同时，地方文化秩序的整合不断地推动着洮州地区民族文化的交往交流交融，使洮州地区形成了开放与包容的族际互动空间，加强了族际间的经济、文化和社会联系。总的来说，地方文化秩序的整合在洮州地域社会建立更广泛的跨村落、跨族际的社会纽带，形成了"圈序—互嵌型"社会的文化秩序基础，加强了洮州"圈序—互嵌型"社会的文化活态性与自我调节性。

（三）结构凝聚

在洮州地区的"圈序—互嵌型"社会中，地方文化秩序协调着人们的社会互动与族际关系。一方面，地方文化秩序不断地促进着洮州地区内跨村落、跨族际的生产性协作与仪式性合作，从而加强了洮州地区跨村落、跨族际社会网络的互助性与互惠性。另一方面，地方文化秩序还影响着跨区域的社会互动与族际交往，在经济、文化互动的基础上不断拓展跨区域的族际社会纽带，而跨区域的经济联系与社会互动又增强洮州区域内部的互惠合作，减弱内部的竞争，在地域社会共同体的构筑中建立了跨族际分工与合作的社会基础。总的来说，"圈序—互嵌型"社会格局与地方文化秩序相辅相成，通过社会网络交换的凝聚力，维系着洮州社会空间中内圈、中环圈与外圈的联系，在结构凝聚的过程中使洮州地域社会的各民族形成交融共生的一体。虽然随着经济社会发展，人们的生计文化也在发生着变迁，但是民族间的社会联系并没有减弱，而是构成了联村交互、文化交融的地域共同体。

第二节　多民族地域共同体的社会共生

洮州地区多民族地域共同体形成的过程始终离不开各民族经济上的互惠互补、生活中的互嵌共栖、文化上的共享相通，并伴随着各民族的情感交融与血脉相连。地域共同体同时受到内生秩序与外在力量的影响，在"生计圈序结构"和"民族互嵌格局"中形成互惠共生的"命运一体"和亲密化的多民族生活空间。

一、互惠共生的"命运一体"

在共同体内，利益共同性与精神共同性将各成员的命运联系在一起，构成了多民族地区互惠共生的"命运一体"。首先，洮州地区各民族之间通过生计发展中的交流和日常生活中的社会交往构成了民族互惠的交换基础；其次，洮州地区各民族在多元生计文化与分工合作的基础上构成了互补依赖的一体，并通过生计补位来协调各民族的生计发展；最后，各民族在共同社会生活、经济生活和地域文化环境中构成紧密相连的一体，构筑了共有的生活与精神家园。

（一）共同命运的构筑

在长期的社会发展过程中，洮州地区的各民族在日常生计中依托着共同性的农业生产基础，并在联村交互的民族互嵌中形成互助与互惠的网络关系，同时也将彼此的命运联系在一起。洮州由于地理气候等原因，自古以来就是自然灾害频发的地区。因此，洮州地区各民族人们在生产生活中需要通过加强联村互助的社会基础来建立互惠合作的文化行动策略，在抵御自然灾害风险的同时，也通过一定的文化互动进行心理上的调适与精神慰藉。洮州地区跨村落、跨族际的文化互动在实践过程中呈现出地域联合的文化象征，以此在多元文化的交融中展现出具有丰富性、层次性的地域特征，从而调节着地域共同体的文化生态，形成一定的地域认同。

在面对恶劣自然环境和资源匮乏的劣势条件下，青、甘、藏、川西高原区与内地之间的市场空间和商贸资源流动链为洮州带来了地缘上的优势。因此，洮州地区的各民族又在多元生计文化的基础上加强其分工与互惠关系，共同构成命运关联的经济共同体，通过向外获取资源来支撑洮州的生计发展和贸易市场的繁荣。在跨区域经济互动中，洮州在加强与外界联系的同时，也在贸易网络中延伸了社会纽带，融入更大范围的民族交往场域，从而促进了中华民族共同体区域基础的联结。内缘交互与外缘联结的共同作用，加强了洮州地域共同体的塑造，不断夯实跨村落、跨族际和跨区域的社会纽带与交互网络，在中华民族共同性的空间与民族交往交流交融中构筑共同的命运体。

历史发展的过程中，洮州地区各民族在中华民族共同性的空间中通过"大一统"与"天下秩序"的引力，增强了中华民族文化自觉的社会与心理基础。因此，在建立互惠共生纽带的同时，洮州地区各民族也产生了对多民族统一国家的认同与向心力。随着进入现代民族国家时期以及新中国时期，中华民族共同体思想与意识的发展也进入新的阶段，尤其是受中华民族共和国的民族理论与民族政策的影响，共同的文化纽带、政治纽带、社会纽带不断加强中华民族社会成员共同遵循的价值共识和价值认同基础。在精准扶贫、全面建成小康社会、推动乡村振兴以及铸牢中华民族共同体意识的历史大背景下，洮州地区各民族的命运再次被紧紧地联系在一起。

（二）互惠互补的交换基础

布劳的社会交换理论把人类的全部社会活动看成是交换行为，认为交换活动支配和影响着人类在社会生活中的全部行为，交换活动给人们带来奖励、报酬以及其他需求。在社会交换中，人们一方面可以获得一定的内在报酬和外在报酬等自身所需，另一方面通过交换可以结成各种社会关系[①]。根据布劳的理论，族际间的经济结构差异也使民族间产生了一定的社会吸引，因而各民族为满足自身的经济需求形成一定的社会交换。每一个民族在社会发展过程中，都会通过对环境的适应以及生产生活的实践，形成一定的经济文化类型，从而具有一定的生计模式和生计文化。基

---

① ［美］彼得·布劳.社会生活中的交换与权力［M］.李国武译.北京：商务印书馆，2012.

于洮州地区农牧交汇过渡型的自然地理特征、多民族的分布以及多元的民族文化，汉族、藏族、回族等民族在生计文化、经济生活方面存在着一定的差异性。特定地区的人们在长期的生存实践过程中，通过对生存环境及资源可资利用性的认知、适应而逐渐选择形成具有该地区自然环境特色的特定的生存模式[①]。在互补共生的生存模式中，各民族通过自身生计方式的优势与其他民族发生经济上的接触，从而产生了产品、信息和文化的交流，满足了各族群在生产和生活中的需求。

在洮州族际经济生活圈的互动空间中，生计方式的结构性差异使各民族在某些行业和职业的选择上具有一定的倾向性。洮州地区汉族的传统生计方式为农业种植，还擅长一些手工艺，传统的重农抑商思想对其生计文化有着很大的影响。洮州地区的回族也从事农业种植，但是有着重商的传统。而洮州地区藏族的生计方式较为多元，有以畜牧业为主的，也有农业和半农半牧生计方式。洮州地区各民族为满足自身的经济需求形成一定的社会交换，这一过程中形成了洮州地区民族交往的社会结构基础，同时在交往的过程中，地方文化秩序调节着经济结构与民族生计文化，加强了洮州地域社会经济生活圈的族际互补性与互惠性。

（三）生计补位与结构性应对

在洮州地区族际经济生活圈的互动空间中，农区的部分汉族、回族和藏族从事农业种植，满足了洮州农、牧区对粮食的需求。以回族为主体的洮商群体常年活跃于涉藏地区和内地，带动了洮州的商业贸易。洮州地区由于自然地理条件，农业条件受气候影响较大，因而农业生计发展受到了一定限制。但是由于地缘优势，洮州地区的民族贸易较为繁荣，在长期的历史发展中商业贸易活动为洮州地区的生计发展带来了重要动力。汉族擅长手工业，生活中的铁匠、泥瓦匠、木匠、银器匠、裁缝等手工业者方便了人们的日常生活。牧区的藏族则主要从事畜牧业，满足了区域的畜牧业发展。

从牛、羊的养殖和贸易、牛羊的屠宰和销售可以看到洮州地区民族间在经济上互补相依的关系。牛羊等畜牧的来源主要是周边的卓尼恰盖、完冒、车巴沟、甘南的玛曲、碌曲、青海的赛尔龙等牧区，以及临潭经营畜牧圈养的农户家庭，从事畜

[①] 贾伟，李臣玲，王淑婕.试论安多地区多元文化共生格局的特点及其发展趋势[J].中南民族大学学报（人文社会科学版），2011（2）.

牧业的人以藏族为主。在临潭县城西边干枯的河滩上，曾是临潭重要的牛羊交易市场。2008 年左右，随着县城改造，牛羊市场被迁到县城边上，之后生意开始变得冷清。据县城内做牛肉生意的屠户①反映，现在已经不需要亲自到牛羊市场上，因为给牧区的藏族牛羊贩子打个电话，他们就会用车将牛羊运来，十分便利。沿着临潭县西大街的西门十字一带，分布着大约十几家牛羊肉铺，经营者几乎为回族，在西河滩向南的城郊有几家清真牛羊屠宰场。藏族和回族在牛羊的贩养、屠宰及肉类销售这条产业链上各有分工，形成了一个不可分割、紧密相连的市场互动体系，从而满足了各族居民对牛羊肉类的消费需求。

临潭县城的西门十字路边，每天清晨都会人声鼎沸，充斥着讨价还价的雇佣者与劳动力，形成了一个自发的农业劳务市场。这些农业劳动力主要为来自临潭东、南路的羊永乡、流顺乡、店子乡、羊沙乡、石门乡、陈旗乡以及岷县等地的汉族。临潭自发农业劳务市场的形成与洮岷地的农业生产的时间差有一定的关系，洮州的东、南路以及岷县地区比洮州西路的农业条件及气候要理想一些，春耕与秋收的时间也要比洮州西路提前一段时间。因此洮州东、南路及岷县地区在农忙之后就会出现剩余的农业劳动力，而汉族又对土地有一定的依附性，在附近务工的时候对农业劳动会有一定的职业倾向性。临潭地区回族的生计发展是亦商亦农，回族家庭的青壮年男性常年都在外做生意，造成了日常农业生产劳动力的缺乏。因此，农业自发劳务市场的形成在一定程度上弥补了回族家庭农业劳动力的不足。回汉之间的经济结构差异使其在劳动力的雇佣上形成了一定的互动与经济关系，弥补了因为产业特点所带来的结构影响，而临潭自发劳务市场的形成是一种结构影响下合理的市场调节与劳动力配置。

在卓尼县申藏镇郭大村的调研中发现，很多藏族都承包草场发展畜牧业，同时也会种植一些青稞、燕麦。SRJ②反映他家在收青稞的时候需要雇人，因为人工收割能获得大量的草料供牧场的牛羊吃。以前 SRJ 主要是从临潭自发劳务市场雇定西、岷县等地的劳动者，今年劳务市场的价格高了，就雇佣了临潭日扎村的八位藏族农民割了两天，每人一天的劳务价格是 110 元。汉族在临时遇到困难而忙不过来的时

---

① 男，回族，37 岁，经营牛羊肉生意；访谈地点：临潭县城关镇；访谈时间：2017 年 7 月 16 日。
② SRJ，男，藏族，36 岁，牧民；学历：小学；访谈地点：卓尼县申藏镇郭大村；访谈时间：2018 年 9 月 14 日。

候也会雇佣自发劳务市场的农业劳动力。申大叔①在自发劳务市场雇佣过两次。2013年，申大叔的妻子做了手术，收割的时候雇佣三个人干了两天活，每人一天的劳务费也是110元。2014年申大叔做了胆囊炎手术，又再次雇佣了农业劳动力。

洮州地区各民族在生计发展过程中的生计补位建立在多元生计文化与民族合作分工的基础上，以此应对各民族所面对的生计结构问题。以此，洮州商贸的活跃弥补了地方生产和资源的不足，而在某一方遇到劳动力结构性缺乏时又给予及时的补充。生计补位调节着族际间的经济互动，维持着族际经济互动中的互补与互惠，使各民族的日常经济生活与联系更加地紧密，加强了族际经济共同体的内生活力。

（四）各民族在经济社会发展中的共有机遇

在乡村振兴战略的指引和推动下，各民族群众的积极性、主动性和创造性也被调动起来。如临潭县、卓尼县结合古战镇和阿子滩镇地域的文化资源与自然地貌，开始打造展现多元民族文化交融和美丽乡村画卷的"古战—阿子滩大景区"。古战镇和阿子滩镇附近有吐谷浑的牛头城遗址、尕路田的西道堂大房子、阿子滩大宝塔等文化遗产，再加上汉族、回族、藏族多元的民族文化风情，因此具有一定的人文价值与底蕴。笔者2018年在古战镇做田野调查时，正遇见古战镇政府给附近几个村委会的干部们开会，讨论"古战—阿子滩大景区"建设工作的展开。目前，"古战—阿子滩大景区"已经初具规模，扶持的十五家农家乐开始运营，青稞酒的扶贫车间也开始了生产，具有洮州特色的民宿也正在建设。乡村振兴为洮州地区汉族、藏族、回族等各民族的百姓带来了新的发展机遇，将洮州地区各民族的命运联系在一起，在共同性与多元性的共同体基础上构筑起共有的生活和精神家园。

二、亲密化的多民族生活空间

通过洮州地区的民族互嵌格局与生计圈序结构，洮州地区各民族社会生活密切联系在一起，构成交互性的民族交往场域，在各民族间产生了亲密的、个人性的广

---

① 申大叔，男，汉族，52岁，农民，卓尼县申藏村人；学历：初中；访谈地点：卓尼县申藏村；访谈时间：2018年1月3日。

泛交往关系，结成民族交融的非正式群体关系网络，形成了亲密化的多民族生活空间。

（一）多民族杂居村落的生活经历

NH女士1966年出生于临潭县城附近的范家咀村，该村有7个队，其中1—3队是汉族，5、6队是回族，4队、7队有回族也有汉族。据NH女士讲，小时候范家咀村的汉族、回族都是在同一个泉里打水，而且民族之间也会考虑到对方的民族文化习惯，相互尊重与包容。

> 我们小时候都是在一个泉里吃水着呢。泉里打着呢，没有自来水的时候，水是勺子舀的。过年的时候，我们去了以后，让回族舀，舀完以后我们再舀。①

由于生活困难，NH两岁的时候父母带着她搬迁到了出路村，8岁的时候又回到老家范家咀和爷爷奶奶生活在一起，而父亲一直留在了出路村生活。出路村位于洮河北岸丘陵山地的半农半牧区，分布着藏族与汉族。出路村的生计方式为半农半牧，翻过山口就可以看到洮河。出路村人少地多，比起城关镇的生活稍微有些起色，NH记得那时候父母会把地里的麦子、洋芋带给范家咀的爷爷奶奶。

通过多民族村落社区共同的生产生活，各民族在日常生活中也产生了族际间的感情，并且都相互当作一家人来对待。NH的父亲去世的时候，出路村的藏族村民们全村出动，以自己民族办葬礼的方式将NH的父亲抬到了临潭县，一路上念着经，很平静。

> 我父亲去世的时候，是按他们出路村的规矩抬下来的。抬下来，村民都接上了。他们的方式抬下来，我们范家咀的人接上再到坟上。人家（藏族）抬棺材的时候，平平稳稳的，不像我们汉族人拧一把，人家就是玛

---

① NH，女，汉族，52岁，事业单位，临潭范家咀人；访谈地点：临潭县城关镇；时间：2017年7月22日。

尼贝贝哄，玛尼贝贝哄。①

NH 的丈夫的家乡在术布乡的普藏什村，是一座回汉藏族居民杂居的村落。普藏什村有六十多户，一队为汉族和散居的几户藏族，二队为回族。NH 于 1990 年毕业后与丈夫结婚，婚礼在她丈夫的老家普藏什村举行，当时普藏什村的人全去参加和帮忙。

> 因为在普藏什，婚礼时两个队的人都是混在一起，吃饭不方便，所以就叫了回族厨子，这样汉族能吃，回族也能吃。我是九零年从学校毕业以后结的婚，在普藏什结的婚，结婚的时候全村人都去。我们从餐饮上请一个比较好的这么一个厨师，给我们帮忙，全都弄清真的了。因为是两个民族，两个民族都在一起，干活、做啥都在一起呢。我们是干活、做事都互相串着呢，互相串，互相来往。来往的话，是结婚、盖房，都互相搭礼。②

普藏什村的汉族、回族、藏族等民族互为邻里，如一家人一样，互相帮忙，你来我往，在日常的生产、生活和社会交往中共同构建起了互嵌型的多民族村落社区。从 NH 女士在老家范家咀、父亲生活居住的出路村和丈夫的老家普藏什村的经历中，可以看到洮州地区各民族人们的社会生活嵌入在跨族际交往的社会空间中，在多民族互嵌共栖中不断地加强亲密化、包容性的族际互动网络。

（二）回族在牧区藏族村落的生活经历

马增进的祖籍在临潭，但他却出生于夏河的加茂贡。马增进讲述小时候加茂贡只有三户回族，其余都是藏族。在西道堂的集体经济时期，西道堂在周边商业道路网上设立了许多商栈，供往来的牛马商贩歇脚。当时的商队从氽路田大房子出发，一路沿着洮河到加茂贡，再往后的路程临潭回商们便住在藏族主人家或朋友家中。马增进的爷爷就是当年被西道堂安排驻守在加茂贡的商栈，后来就留在了那里。从

---

① NH，女，汉族，52 岁，事业单位，临潭范家咀人；访谈地点：临潭县城关镇；时间：2017 年 7 月 22 日。
② NH，女，汉族，52 岁，事业单位，临潭范家咀人；访谈地点：临潭县城关镇；时间：2017 年 7 月 22 日。

马增进的爷爷开始,他们全家在加茂贡生活了六十余年。马增进三十多岁的时候全家搬回了临潭。

> 在加茂贡,藏族和我们还是挺有缘的。搞些啥活动、种庄稼都互相帮忙,关系相当好。藏族的寺院,市上的、镇上的寺院视察,做饭、做点馒头都是我们回族去做的。①

据丁耀斌的讲述,他的母亲从小也出生在牧区藏族村落,出嫁前一直生活在夏巴沟。西道堂曾购置了仓科林、鹿儿沟林、盘乔林、木多林、多松多林等13处林场,在跨区域的族际经济互动中,很多回族人定居在了这些区域,并与藏族人和睦共处。

> 我妈的老爸,就是我的外祖爷爷,他们就在那边定居了。他们就在那个林区,所以我妈从小就是生在那个林区,那个林区就是外祖爷爷跟藏族住在一起。他们那个村子13户人家,10家是藏族,3家是我们回族。我妈从小就是从藏区长大的。然后我们小时候经常舅舅家也去,跟那些藏族打交道。从尕路田上去后有一道边墙,巴舍上去有个暗门。那个时间都是步行,我十四五岁的时间,跟着妈妈一直步行,到舅舅家。②

拉仁关牧场是西道堂为发展畜牧业在牧区藏族生活区域所建立的牧场之一,当时也成了西道堂对藏贸易的大本营,商队从旧城出发经过约三天可到达,由此集中后便前往青海玉树、四川阿坝、甘孜等地。青、甘、藏、川西高原区的藏族也将西道堂的回族称为"求玛索"。在拉仁关的日常生活中,藏族人会帮助回族人打柴火、打制夯土墙,回族人也会在藏历新年等节日时帮助藏族人制作所需要的油炸食品,形成互惠、亲密的族际关系。虽然2013年,拉仁关的"求玛索"群体整体外迁,但是基于长期族际共处所形成的和睦关系和深厚情感,双方依然延续着联系与往来。

---

① 马增进,男,回族,58岁,经商;访谈地点:临潭县城关镇西庄子村;访谈时间:2018年2月13日。

② 丁耀斌,男,回族,49岁,经商;访谈地点:临潭县尕路田村;访谈时间:2018年4月21日。

（三）跨族际的非正式群体网络

在洮州地区，各民族在日常交往中形成了族际间亲密的个人交往，因而节日的时候也相互拜访，比如春节的时候，回族会提点东西去看望汉族或藏族朋友，开斋节、古尔邦节的时候汉族或藏族也会去拜访回族朋友。在一些纪念活动中，清真寺、基督教堂、汉传和藏传佛教寺院、青苗会、道观的宗教团体也会互派代表前去参加[①]。笔者在申藏村调研中看到，村子里的汉族和藏族在日常的交往中已然形成了一个互帮互助、和谐相处的生活共同体，平时的交往密切，在双方的婚礼、葬礼等活动时，一个村落中的汉族和藏族都会参与和帮忙。

群际接触理论的主要观点是群际在合适条件下的接触可以减弱群际偏见、改善和优化群际关系。Allport认为平等的地位、共同的目标、得到权利法律或习俗的支持、双方具有合作的群际关系这些条件的满足将会对群际关系产生理想的优化效果[②]。首先，我国平等的民族政策以及中华民族共同体意识的长期发展使各民族获得了平等的地位和权利、法律、习俗的支持，能够自由参与各种形式的社会交往而不受民族身份的限制；其次，洮州地区的各民族密切的经济联系、民族文化上的互动以及嵌入型的民族社会关系，为洮州地区的族际接触创造了良好的条件。这些条件的满足，对洮州地区的族际互动产生了相当大的优化作用，同时也形成了族际间和谐交往的心理场域。洮州的"圈序—互嵌型"社会为洮州地区各民族提供了亲密化的生活空间，人们的非正式群体网络也呈现出民族互嵌和交融的特征。

洮州地区的各民族之间在经济互动和日常生活的交往中已经发展出亲密、个人性的广泛交往关系，结成非正式群体关系和网络。这种亲密的个人性的族际交往是以情感为纽带的，其目标远远超过功利性的目的。正是由交互相连的多民族互嵌村落、社区和频繁的跨区域族际经济互动，洮州地区多民族的社会生活圈相互串联、交互、整合，增强了多民族地域共同体的社会凝聚。

---

① 宓淑贤. 多元信仰体系下的五国爷信仰研究［D］. 兰州大学硕士学位论文，2015：18.
② Allport. G. W. The Nature of Prejudice［M］. Reading，M.A：Addison-Wesley，1954.

第三节　多民族地域共同体的社会、心理交融

洮州地区各民族在经济、文化、社会等层面的密切联系形成了民族和谐交往的心理空间，加深了人们对其他民族的心理认知，从而在民族文化存在差异的情况下对民族交往的态度产生了一定的调节与优化作用。通过日常生活中的交往与交流，洮州地区各民族在互惠共生的基础上产生了跨族际的心理共鸣与情感认同，加强了民族间的情感纽带。总的来说，洮州地区各民族在经济、文化、社会等层面互嵌的基础上形成了多元的民族文化认知与民族间的情感交融。

一、洮州地方社会的民族文化交流

多元民族文化的交流与交融也使洮州民族社会得到了一定的调适，形成了具有丰富性、层次性、独特性的洮州地域文化。在明朝治边策略的影响下，洮州地区形成了多民族互嵌的格局，这成了洮州地区民族社会中的鲜明特征。民族互嵌是民族交往过程中一种深层次的结构性民族关系嵌合，实现了经济的交换与互补，文化上的交流与接纳，社会层面的互惠与合作，以及情感上的相亲相依和心理上的了解认可。"三石一顶锅"是洮州地区流传的一句形容当地汉族、藏族、回族民族关系的民间谚语。在藏语中，"巴嘎"是一种支锅的方式，通过三个石头形成的稳定性支撑起了一口大锅。在洮州地区民族互动的过程中，汉、藏、回之间共居共处、相亲相依的民族关系被形容成"三石一顶锅"。在互嵌型的族际互动空间中，"三石一顶锅"的民间话语背后隐含着洮州地区族际关系的象征意义与互动逻辑。在洮州地方社会的

构建过程中,地方文化秩序也作用于多民族包容性的文化空间,使洮州社会自发的社会习俗、社会风尚、社会交往和心理认同都受到调适,发挥积极影响。

在调研中,可以看到申藏村及附近的一些汉族、藏族杂居村落正体现着民族社会调适中的文化交融状态。申藏村的藏族为从事农业生产三格帽藏族①,在文化上与汉族有着一定的共享与交融。三格帽藏族与汉族交错杂居,受到汉文化的影响较深,基本上都精通洮州方言,主要信仰藏传佛教,也会信奉洮州地区的民间信仰。三格帽藏族在受汉文化影响的同时,依然维持着自己的民族传统,如女们平时依然穿着传统的三格帽服饰。申藏村的有些汉族家户也树立着嘛尼杆,贴着藏文化的十相自在图,挂着印有藏经的嘛尼旗,而有的藏族家庭也贴着与汉文化相关的对联和门神图。

长川乡长川村主要是汉族和回族,藏族人较少,但是汉族的日常生活和民俗中依然具有一些藏文化的交融元素。比如洮州地区的汉族在举行葬礼时,既请道教的阴阳先生和汉传佛教的和尚,也会请藏传佛教的活佛。笔者2018年春节的除夕在长川乡长川村的汉族家庭中度过,农历初一的凌晨村民们也要祭山神,并且青苗会的成员一路上还要吹藏式风格的长号。在大年三十的晚上,汉族家庭还要拿着杓子,里面点燃松枝或藏香,在屋子的地上四处熏,这一净化仪式也具有藏文化特色。

图 7-1 尕路田大房子(2017 年 7 月 6 日 耿宇瀚摄)

---

① 洮州农区身穿三格帽服饰的藏族,从事农业生产,也被称为"觉乃藏人"。

随着江淮移民文化的播迁，江淮传统民居的四合院二层小楼阁建筑形制在洮州地区本土化的过程中逐渐演化成洮州四合院式土木结构平顶楼房形制的新型民居[①]，并在民族的互动过程中融合了藏文化的元素和风格。洮州地区民居的普遍形制是主房和厢房形成一个四合院，中有天井，主房要高出厢房，主房与四合院之间的平台较高，平时招待客人一般在主房前的平台上。且汉族、藏族、回族民居均比较注重木雕的装饰。藏族民居"外不见木，里不见土"的风格也对洮州民居产生了一定的影响，就是房子外都是泥巴墙外包，而里面的墙壁、天花板都是木制的。如流顺乡上寨村的红堡子刘氏民居、店子乡的李岐山民居、新城镇城背后村的王氏民居等古民居都具汉藏结合的风格。位于古战乡尕路田村的西道堂大房子也采用了"外不见木，里不见土"的模式，形制为四合院式二层楼房，平面布局与藏式民居相似，建筑群全部使用木料，木门木窗全部采用木刻雕花。同时大房子还吸收了汉文化元素，如室内的隔板上刻有"蝙蝠捧寿"和"龙、凤"主题的飞罩，而在普通的回族民居中，这种木刻雕花也比较流行。

回族信仰伊斯兰教，在文化上与汉族、藏族存在着较大的差异，但在一定的文化空间与文化互动中，各民族的文化思想存在着一定的交流。洮州地区回族家族文化中有机地融合了伊斯兰教与儒家文化，如历史上的洮州回族男子积极参加科举考试，积极参与地方公共事务，并且一直都在弘扬孝悌文化。

发源于临潭的中国伊斯兰教三大教派之一的西道堂，就是由马启西老人家吸收中国的哲学思想后创立的，倡导以中国传统文化来阐述伊斯兰的教理。西道堂创立后，鼓励并组织教民合伙经商务农，过共同经营的集体生活。西道堂以临潭县城关镇为中心，还包括了周围的13个村庄，其经济活动涉及了农、林、牧、商等行业。在全盛时期，西道堂的商行和商栈发展到了全国各大城市，曾经在临潭及周边拥有12处农场、5处牧场、13处林场和10处作坊，具有雄厚的经济实力。此外，西道堂还倡导文化教育，设立男、女小学，并为教民子女提供到外地上中学和大学的机会。西道堂在伊斯兰文化和中国传统哲学的结合中实践着伊斯兰早期的穆斯林公社思想，在当时形成了一个具有经济文化共同体性质的乌托邦小社会，被誉为"东方乌玛"。西道堂十分注重对汉文化的学习，在调研时也看到了西道堂西大寺在经堂教育中设有专门的汉语文化课，并专门请临潭高中的语文老师来授课。

[①] 高小强. 江淮移民与明清洮州新型民居的形成与扩散 [J]. 中央民族大学学报（哲学社会科学版），2016（4）.

英格尔认为,当群体之间不是高度敌对或在文化上完全不同时,文化适应将是补充而不是替换的。也就是说,一个群体可能会选择其他群体的文化元素来增加自身的文化,而不是将自身的文化完全替换掉[①]。虽然洮州地区的汉族、回族、藏族三个主要的民族分别属于不同的文化体系,但却具有共同的生产生活场域和共同性的民间社会文化空间。所以,地方文化秩序影响下的多民族文化空间中发生着经济、文化、社会等层面的接触与互动,使不同产品、语言、信息、价值观念均产生着频繁的交流,从而在文化交融中加强了民族间的交融性与共同性。洮州地区族际间的互动伴随着洮州地方文化秩序的调适,加深了互嵌型的民族关系,促进了多民族社会空间中的共享与包容。

二、文化交融中的民族文化认知

生活在不同社会文化或民族群体中的人,其认知定会受其生活环境和生活经验的制约,从而表现出独特的认知特点[②]。在洮州地区文化交融的社会空间中,民族间形成了密切的社会交往与和谐的心理场域,这使生活居住在洮州的人们对该地区的其他民族也比较的熟悉,并且理解、宽容和尊重其他民族的文化,对其他民族文化也有较深程度的认知。

(一)洮州的语言文化环境

临潭、卓尼地区的汉语方言"洮州方言"就是在汉族、藏族、回族等各民族之间的语言互动中形成的。洮州方言在西北方言的基础上,不仅结合了江淮方言的部分语音系统、基本词汇和语法结构,还吸收了藏语语言的一些基本词汇和语法结构[③]。

洮州方言在词汇上吸收了很多南京、安徽一带的方言,比如把赶集叫作"营上去"或"跟营"。洮州方言也吸收了一些藏语词汇的译音,比如"家族"这个词,汉语叫"亲房",藏语叫"沙尼",汉族、回族就把家族连到一起叫"亲房沙尼"。藏族人把钱叫"古儿日",汉族有时候也把钱叫"古儿日"。在语法上,洮州方言深受藏语

---

① Yinger, Milton J. Toward a theory of assimilation and dissimilation [J]. Ethnic and Racial Studies, 1981, 4 (3): 249-264.
② 李静. 民族认知结构的心理学取向 [J]. 民族研究, 2004 (6).
③ 王可峰. 甘肃洮州方言成因探析 [J]. 西北民族大学学报(哲学社会科学版), 2013 (5).

的影响，会出现一些倒装句，比如普通话说"我已经去过长川了"，用洮州方言就是"我到长川去过"。洮州方言虽然属于西北方言，但通过民族的交往交流，形成了鲜明的民族文化交融特点。

> 我们族上的每一个家族成员，他一旦降生下来会有两个名字。一个是藏族名字，一个是汉族名字。汉族名字按照汉文化取，比如字辈姓啥名谁，藏族名字有可能要请寺院上的高僧来起。以前是固定取，现在是不固定。比如娃娃，小的时候夜哭，没办法以后，请高僧算着，念个经，高僧也会给你起个藏族名字。①

洮州地区的回族因为常年在青、甘、藏、川西高原区做生意，很多都能掌握流利的藏语，因此在进入这些区域做生意时就具备了一些语言优势。

> 这个帮助很大的，如果没有经历，语言首先不通嘛，我们对藏族语言懂的比较细点，懂的比较多。②
>
> 跟藏族打交道，首先语言要通呗。咱们这基本上可以说50%—60%的人，起码一般的交流方式可以听懂，因为我们这周围都是藏族嘛。③
>
> 我们这的一个有利条件就是我们这是甘南藏族自治州。我们这边的人出来以后，2000年以后，90后的这些娃娃说不来，他们藏语基本上不懂。但是再往前推的话，每一个人出来都能说两句藏话，这就是我们做生意的有利条件，到藏区和藏族人沟通的最有利的工具。④

由于长期和频繁的民族交往交流交融，洮州地区藏族的汉语水平较高，尤其是卓尼、临潭农区、半农半牧区的藏族日常生活中可以熟练地运用洮州方言进行交流，很多洮州的藏族人外出务工、做生意也非常方便。

总的来说，洮州地区的汉族、藏族、回族等民族在日常交流时，会视双方掌握

---

① WR，男，汉族，45岁；访谈地点：临潭县前往初路村的路上；访谈时间：2018年2月20日。
② MFY，男，回族，54岁，经营纺织厂，临潭县城关镇人。
③ 宋玉忠，男，回族，60岁，经商；访谈地点：临潭县城关镇福田小区；访谈时间：2018年2月13日。
④ 丁耀斌，男，回族，49岁，经商，临潭县尕路田村人；访谈时间：2018年2月14日。

语言的情况分布使用洮州方言、普通话或藏语①。开放和交融的语言环境不断地促进着洮州地区各民族之间的交往与交流,从而推动了各民族对其他民族更深入的认知。

(二)风俗习惯与民族文化认知

洮州各民族在长期的日常生活相处和文化交流中对彼此之间的文化、风俗习惯和民族性格等方面也产生了较为深入的了解。

如在田野调查中,有藏族人由于对回族宗教文化的了解,在解释的时候就将藏族文化中的"坐东巴"比喻成"分斋",并且还熟知穆斯林一天五次礼拜的名称:

> 回族也是,有老教,新教,还有新新教,还是不一样。我这临潭也有回族朋友,县城里,还是坐下谝(聊天)呢,三十六本古兰呢,首先把那要学会呢,再他早上是帮达,下来是撇什尼,然后是底格尔,沙目,再火伏坦。②

而临潭回商由于长期在青、甘、藏、川西高原区进行商业活动,经常与藏族打交道,因此对藏族的文化也十分地了解:

> 我们从小的时间,爷爷辈里面,父亲辈里面,都是跟藏族人打交道,我们觉得跟藏族人打交道有点实在。我们把藏族人的风俗习惯了解的也有点多。③

通过跨区域的经济、社会互动与文化交流,洮商在其生计发展过程中形成了一种与牧区社会的文化连带,作为文化资本并保持了下来,发挥着一定的文化效应。通过跨区域社会互动所形成的文化连带,洮商对藏文化以及青藏高原社会文化有着较强的认知性,也熟悉牧区社会的生计方式与生活方式。

各民族对彼此之间文化和风俗的深入了解,使各方均产生了较高程度的跨族际的民族文化认知,从而在民族交往中能够尊重和包容彼此的文化风俗习惯,构建了

---

① 丁小琴,李洁.经济互依中的临潭汉族、回族、藏多元族际关系初探[J].中国民族学,2017(2).
② YJL,男,藏族,51岁,农民;访谈地点:临潭县九日卡村;访谈时间:2018年4月21日。
③ 丁耀斌,男,回族,49岁,经商;访谈地点:临潭县尕路田村;访谈时间:2018年4月21日。

民族间和谐交往的心理场域。各民族之间深入的民族文化认知不仅消除了因族际间文化差异而导致的刻板印象和文化偏见,也推动着积极、友好和包容的互嵌型民族关系的深化。

在民族文化认知的基础上,洮州地区各民族在日常的交往交流中也不断发生着相互之间文化上的联系。如在饮食方面,回族因为信仰伊斯兰教,因此饮食习惯与汉族和藏族有很大差异。但是在临潭,回族的饮食习惯在符合本文化习惯的基础上也融合了其他民族的习惯。比如洮州地区的回族对藏族人日常饮食中的酥油十分偏爱,尤其是在斋月期间,回族人在每天吃封斋饭时都会饮用酥油,认为酥油有助于解渴和提供热量。馓子和馃馃等油炸食品是回族的传统食品,而洮州地区的汉族和藏族也受到影响,在婚礼或节日的时候也用这些食品招待客人。在服饰方面,洮州回族婚礼时,新娘要穿旗袍、戴凤冠,还要披上银锁,这些传统与汉族、满族十分相似。

在多民族杂居区域,文化的地域性明显跨越了民族界限,很多文化要素由若干民族共同享有,体现出部分民族共享的中华民族共同性[①]。洮州地区也在各民族的文化交融中形成了一定的地域文化特色,而民族文化认知基础上文化的交流不断地促进洮州地区民族间的文化交融,在很大程度上增加了民族心理的开放性、包容性与亲密性。

图 7-2 临潭回族传统婚礼新娘礼服(村民提供)

---

① 郝亚明.中华民族共同体建设的三个维度[J].西北民族研究,2021(1).

三、族际通婚与血缘交融

不同民族都在与其他民族的族际通婚中有着血缘交融,人们普遍认为不同民族间的通婚有益于民族相处,促进民族关系的和谐发展[1]。洮州地区在民族交往交流交融的过程中,一直都在发生着族际间的通婚,并构筑了多民族地域共同体的血缘纽带。

笔者在拜访李希贤先生(男,74岁,藏族,临潭县退休干部)时,看到了李希贤先生所撰写的《旧庄子李氏重修家谱序》。李希贤先生是明朝将领李达的后人,他从临潭县人事局退休后被临潭县县志办公室聘为县志编辑,参与编写和审阅1966—2006年的临潭县志,并于1996年编写了《临潭李氏文化》,登载在《临潭文史资料第七辑》。李达是汉族,而李希贤家族这一支脉却因民族通婚成了藏族。从《旧庄子李氏重修家谱序》中可以了解李达定居到洮州后,其家族的族际通婚历史:

> 大儿子娶藏族之女为妻,老二儿子娶汉族之女为妻,老三儿子去侯家寺当和尚,继承世袭管家,老四儿子娶其他民族之女为妻,其他儿子也是依次累推。生下女儿,老大出嫁汉族,老二出嫁藏族或回族,也是依次累推。据家簿记载,出嫁卓尼杨土司的夫人就有七人之多,波峪力栖,就是李氏太太的居所,叫李氏,后演化为力栖。卓尼第七代土司杨葵明夫人李氏,逝世后归葬杨氏龙马沟祖坟,有墓碑志。第十二代土司杨冲霄之夫人,藏名叫仁钦华宗,汉名李氏太太,曾兼涉土务、护印、手工刺绣"唐卡",尤以刺绣宗喀巴师徒像最为著称,用一夜时间就能刺成一副"唐卡"。藏区很多寺院都保存有其刺绣的"唐卡"佛像。与其孙第十四代土司杨声共同努力,用六年多时间完成了卓尼版大藏经《丹珠尔》和《甘珠儿》印版的刻写工作,是大藏经刻板史上的一次创举,引起了国内外藏学界的高度评价,卓尼县志人物志有传,李氏家谱亦有记载。出嫁藏族的女儿,出嫁时遵循藏族风俗习惯,出嫁汉族的女儿,一切习俗尊崇汉族的婚嫁习俗,出

---

[1] 李静,于晋海.民族交往交流交融及其心理机制研究[J].西北师大学报(社会科学版),2019(3).

嫁回族的女儿，一切婚嫁习俗遵崇回族的风俗习惯，如出嫁洮州回族丁千户的旧庄子李氏，诰封淑人，于康熙三十八年助修清真大寺内各柱口打造铁箍全应足数，享年八十一岁，生三子二女，逝后葬旧城南廓教场下祖坟。出嫁卓尼杨土司诰授中宪大夫代管土务事的杨李氏，一切按藏族习俗婚嫁的，于建修旧城清真大寺所用木植全管足数。汉回藏各族和谐相处，婚嫁自由、互相通婚。①

在历史上，李达家族与卓尼土司、回族丁千户等家族均有通婚，可以反映出洮州地区族际间的亲密互动。田野调查中了解到，在1949年之前，李氏家族还保持着族际通婚的婚配规则：长子必须娶藏族女为妻，次子娶汉族女为妻，三子去侯家寺做僧人，四子娶藏族女为妻，五子则选择出家或"招女婿"；女性的婚配则按照"奇数嫁给汉人，偶数嫁给少数民族"。

而在洮州民间，也存在着长期的族际通婚现象，笔者在调研中也了解到很多族际通婚的案例，其中有些家族还保留着族际通婚的历史记忆。

> 我们吴姓家族本身是汉族。从明代时候，上来弟兄三个人，两个人在新城镇往下的吴家沟坐下了。一个人上来临潭，找下了回族媳妇，再就后面全是回族了。最早就是沐英带下来的兵，有回族有汉族。我们跟新城的吴姓汉族已经不来往了，像我们这个年龄的只知道我们跟吴家沟的汉族是一个祖先，再就啥都不知道了。②
>
> 我们家算是吃田地，老家在长川的汪槐村。太爷爷娶了两个太奶奶，一个藏族，一个汉族。藏族太奶奶主要负责在山上放牧，大沟、郭大一带，汉族太奶奶负责持家种田。藏族太奶奶生了2女、2男，汉族太奶奶生了4个儿子。我的爷爷是汉族太奶奶生的大儿子。我的父亲是和二爷爷吃田地来到了申藏。还有个姑姑嫁到了郭大村，是藏族太奶奶生的。③
>
> 我丈夫就是藏族，他们家在乡下，我婆婆是卓尼大峪沟那边嫁过来的。

---

① 李希贤.旧庄子李氏重修家谱序（田野调查资料）[Z].2017年.
② WXZ，男，回族，45岁，经商；访谈地点：临潭县城关镇；访谈时间：2017年7月7日。
③ WYF，男，46岁，汉藏通婚家庭，务工；访谈地点：卓尼县申藏村；访谈时间：2018年1月6日。

我二叔和一个回族丫头青梅竹马，但他条件不好。女孩子家说只要你随了回族就把丫头嫁过去。最后因为叔叔家穷了，丫头就不给了。但叔叔已经随了回族了，念了经了，就找了另一个回族结婚。我们哥哥（二叔的儿子）就成回族了，二叔的儿子经常来我们家呢，在汪家咀。二叔家两个儿子，三个姑娘。现在，我们二叔已经去世，但是两家都还来往。大哥都六十几了，二叔的孙子也已经上大学了。二叔的孩子在四川做生意。过春节的时候，他们也来拜年。过开斋节、古尔邦节时我们也去他们家。①

这边汉族和藏族之间通婚很普遍，我母亲是汉族，父亲是藏族，我嫁给了汉族。和回族通婚的很少，因为文化不一样。汉族和藏族沟通容易，和回族在生活习惯上差异较大。②

在现今洮州地区的族际通婚中，农区的藏族与汉族通婚的现象比较多，而牧区的藏族与汉族通婚的比较少。回族很少与汉族和农区藏族通婚，但是基于跨区域的族际经济互动，临潭回族与远方牧区的藏族存在着通婚现象，一些临潭回族男人在外出经商的时候会在主人家的介绍和牵线下从青、甘、藏、川西高原区娶藏族媳妇。

表7-1 2017年临潭民政局提供的民族通婚数据③

类型	男回族女汉族	男汉族女回族	男回族女藏族	男藏族女回族	男汉族女藏族	男藏族女汉族
对数	38	31	28	15	270	279

我第一次到MQF④的店里时，看到主要经营的是藏族的民族用品，而且屋子里充满藏香的味道，以为是一家藏族人开的店，但是见到马夫人是回族妇女的打扮时不由得吃了一惊。后来访谈时更是惊讶，原来马夫人是个藏族，嫁给了回族。MQF是家里三个兄弟中最小的，17岁的时候就一个人从卓洛乡出走，坐大货车来到四川甘孜谋生，后来开了家商铺做生意。大约2000年，MQF经他的藏族房东做媒，娶

---

① 徐女士，女，汉族，47岁，经商，临潭新城人；访谈地点：临潭县新城镇；访谈时间：2017年7月11日。
② 陈女士，女，藏族，37岁，社区干部；访谈地点：临潭县城关镇；访谈时间：2017年7月4日。
③ 丁小琴.互惠与共生：临潭县族际经济交往[D].兰州大学硕士学位论文，2019：51.
④ MQF，男，回族，49岁，经商，临潭卓洛人；访谈地点：临潭县城关镇；访谈时间：2017年7月7日。

了一位藏族姑娘。MQF 的藏族夫人说:

> 那时候我 22,他 30 了。他租的我们姐姐家的房子,我们家就说下的。①

马夫人嫁给 MQF 后生活和饮食上随了回族的习惯。MQF 夫妇于 13 年前从甘孜迁回了临潭,经营一家民族用品商店,主要卖藏族的生活、文化用品,还收购一些藏族的生产生活工具,包括各种佛珠、木雕、佛像、铜壶、法器等古董,此外还做虫草生意。在第一次访谈时,他们的儿子已经 17 岁了,来年将要参加高考。关于回藏通婚,MQF 谈道:"吃的都一样,讲的都一样,意思都一样,就是方式不一样"。

洮州的回族花儿把式李占荣,也被称为"李三州",因为他可以唱洮州、岷州、河州三种花儿。李占荣在一次新城雷祖山的花儿会场上与店子聂仁村的汉族女歌手王妹妹相识,后来在花儿的互动中产生了爱情,最后突破各种限制,结为伉俪,成了洮州地区族际通婚的一段佳话。

在历史上民族交往交流交融的过程中,民族的边界也始终处于流动中。如今,在洮州地区的族际婚姻中,不同民族都能相互理解,并且双方的家庭也都友好来往,形成族际血缘交融的族际通婚网。正如 MQF 所说的"各民族就像亲戚"一样,洮州地区不同民族在族际通婚中通过血缘交融促进了民族间的亲密关系,使各民族在地域共同体中像石榴籽一样紧密地抱在一起。

四、民族间情感交融的社会黏合

基于"圈序—互嵌型"社会格局中频繁的民族交往交流交融,民间社会中民族间的社会纽带和情感纽带形成了民族情感交融的强大能量。洮州地区汉族、藏族、回族、土族等民族在民间社会形成了亲密的族际关系,加强了各民族之间的地缘和乡缘纽带,产生了共同的地域文化归属感,建立起了"你中有我,我中有你"的情感连带。

劳勒认为,高度的相互依赖与平等性会提高交换频率,而后者的提高会减少支

---

① 马夫人,女,藏族,41 岁,四川甘孜人;访谈地点:临潭县城关镇;访谈时间:2017 年 7 月 7 日。

付的不确定性，唤起温和积极的情感，这两个因素分别或共同提高关系的客观化水平，使这种关系成为一个满足性整体，在本质上，超越了任何一次特定交换中具体的讨价还价与支付。客观化与关系性凝聚力一起提高了对交换关系的依赖与义务，而后者提高凝聚程度与群体构成水平[①]。在洮州地区族际互动的过程中，对资源的依赖和交换促成了族际经济交换网络的联结。在交换网络中，社会吸引、信任、情感、义务等因素的作用进一步加深了行动者之间的相互依赖程度，加强了社会结构的凝聚力。洮州地区族际互动所形成的族际社会空间网络就是一种民族间高度相互依赖的交换网络，各民族在互动过程中建立起一定的社会资本、信任资本、文化象征资本以及情感资本。这些无形的资本加强了平等的族际交往话语体系，降低了社会交换中的不确定性与冲突，突破了民族间的文化隔阂，唤起积极的族际情感，从而形成了族际社会网络的内聚力。

洮州地区在历史上由于受到政治原因波及，发生过多次军阀混战与兵燹，而洮州的汉族、藏族、回族等民族的人们基于牢固的情感基础和友谊关系，在受到危险的时候，会相互帮助藏身来躲避迫害，因而加深了民族之间的情感纽带和社会团结。如《洮州厅志》载："同治兵燹，城池堡寨尽成灰烬，而洮地人民至今犹有孑遗者，皆番人保护之功居多。"[②] "敏尚礼，回民，存心济人。同治之变，常乘一小蹇向汉人遍门告谕，以安抚其心。"[③] "光绪二十一年五月，河湟回叛……汉民狃谈虎饮蛇之见，惊散奔逃，人情汹汹，城市一空。时有回族、汉族绅士陈登甲、魏学文、丁喜元、杨遇魁、权得衡、马兆瑞、马明德、马呈文、马呈图及敏翰章昆弟等持正不阿，冒险调停，地方赖以安堵。"[④]

在民间的记忆中也有许多关于民族间互保的事例：

> 我们村是纯汉族，我们这个村在战乱以前，藏族也有，回族也有，汉

[①] [美] 乔纳森·特纳. 社会学理论的结构（上）[M]. 邱泽奇等译. 北京：华夏出版社，2001：346—347.

[②] [清] 张彦笃主修，包永昌总纂.（光绪）洮州厅志 [M]. 卷2，舆地，张俊立校注，北京：中国文史出版社，2013：103.

[③] [清] 张彦笃主修，包永昌总纂.（光绪）洮州厅志 [M]. 卷13，列传下·耆寿，张俊立校注，北京：中国文史出版社，2013：321.

[④] [清] 张彦笃主修，包永昌总纂.（光绪）洮州厅志 [M]. 卷18，杂录，张俊立校注，北京：中国文史出版社，2013：447—448.

族也有，后面发生战乱后，最后纯粹留下汉族了。藏族跑了，回族也跑了。以前虽然是个小村庄，那时候可能是十几户人家，但是汉族也有，回族也有，藏族也有，这在民国十八年以前很普遍。现在像塔那村，现在都是回族，但以前塔那是藏族村子。民国十八年的战乱把有些村子的结构都改变了。当时整个国家也不稳定，上层转移民族内部的矛盾，利用民族矛盾挑大，达到自己的目的，不像共产党制度这么科学。在民国，民族矛盾一度特别极端。但是下层的回族、汉族、藏族还是特别融洽。汉族和回族，或者藏族，武装政权的这些人势不两立。真正内部，回族占上风的时候，回族和汉族相互交好的，冒着生命危险，藏到家里面。汉族占上风的时候，也存在这种情况，他把要好的回族朋友藏到自己的家里。正是十八年冒着生命危险这种藏匿，到动乱过了以后，他们就真正成了生死之交。我们家的先辈就有这种情况，把回族的朋友藏到自己家里面。动乱以后，这个回族老人，直到他过世以前，每次都到我们这个家族里面认娘家，年年过年他都来，平时农忙都互相走动，这种友谊，在动乱的时候冒着生命危险。①

虽然历史上的同治兵燹、白朗匪患以及几次河湟事变波及了洮州，给这片土地带来了深深的伤害，但是洮州地区"圈序—互嵌型"的社会格局在洮州民间社会早已产生了族际关系的稳定性，通过民族间情感交融的影响，洮州地区汉族、藏族、回族等民族在各种势力的博弈中互保互助，不仅在很大程度上消除了战乱带来的仇恨，并且还在共渡难关中更加巩固了民间社会的族际情感纽带，从而在很大程度上推动了洮州地区族际关系的修复。正是因为族际间的情感交融，打破了历史上军阀势力博弈所带来的民族隔阂，不断地拉近民族间的心理距离。

临潭一直有着民族团结友爱的传统，不管遇到什么事情，大家总会团结起来共渡难关。2020年7月13日，临潭的微信朋友圈纷纷转发起一则八岁女童李欣玲走失的信息。一名患有智力障碍和语言障碍的八岁女童走失，其父母报案之后一直没有任何音讯，而临潭各民族的人们在朋友圈里发起了爱心接力活动，大家互相倡议每个司机共享各自的行车记录仪，积极配合警方寻找李欣玲。一时间，李欣玲牵动着每一个临潭人的心，大家都在不断地转发、关注、祈祷，并尽全力贡献着自己的

---

① WXS，男，汉族，45岁；访谈地点：临潭县城关镇；访谈时间：2018年1月4日。

一份力量。

在此次事件中，临潭启动了县乡村三级联动机制。临潭公安局出动警力累计340余人，分组进行24小时不间断搜索。与此同时，城关镇下河滩村新时代文明实践站出动志愿者1000余人次，临潭县爱心协会等公益团体、临潭县清真上寺、江可河寺院等宗教团体也积极加入了进来，配合警方进行地毯式的搜索。在寻找李欣玲的三天中，志愿者和警方在村庄、山野中不断地搜索，临潭各民族的人们都在关注，朋友圈里每天都有对李欣玲的关心和期盼，似乎都把寻找李欣玲当成了自己家里的事。通过各方努力和配合，终于2020年7月15日中午12时在八龙川的山上找到李欣玲。

关于此次事件，在《临潭发布》公众号的留言中，有人说："别人说我们洮州人是甘肃最没有功利心的人群，是甘肃最傻的人，这次寻找失踪孩子事件再次体现了我们洮州人的'傻劲'，为洮州人的'傻劲'点赞！"有人说："这就是临潭人！临潭人没有忘记前辈所说的民族要团结。在这件事情上可以看出来后辈们还是继承了这团结一心的光荣传统！为全县的爱心人士们点赞！"有人说："大爱无疆，这就是家乡，这就是家乡各族人民的凝聚力。虽然身在异乡，但是被你们的行动深深地感动。为你们点赞，新时代最美的人。为家乡点赞。"有人说："大爱无疆，体现了新时代的温暖，更体现了军民一家亲，民族团结的真实情感。"还有一位卓尼的朋友说："我是卓尼人，让我感动，每次大难来临各民族团结一心，众志成城战胜困难，加油临潭。"寻找李欣玲的事件正体现了民族情感交融所形成的社会动员力量，以及洮州地区各民族的人们在交往交流交融中的亲密民族情感。

洮州地区各民族在经济、文化、社会等层面互嵌的基础上形成了民族和谐交往的心理空间，加深了人们对其他民族的心理认知，从而在民族文化、宗教存在差异的情况下对民族交往的态度产生了一定的调节与优化作用。而通过日常生活中的交往与交流，洮州地区各民族在互惠共生的基础上产生了跨族际的心理共鸣与情感认同。总的来说，深入的民族心理认知、包容开放的民族交往态度以及民族间的情感认同共同作用，促进了洮州地区的民族心理交融。在开放包容的族际互动空间之下，民族交错分布的居住格局与相似的经济生产结构加强了洮州地区跨村落、跨族际的生产生活联系，而互动中形成的农事文化与民间文化又进一步促进了汉族、藏族、回族、土族等民族之间的文化交融与精神交流，在亲密化的日常交往中唤起温和积极的族际情感。

根据马可夫斯基和劳勒的理论，情感具有"黏合剂"的作用，建立并维持网络的联结和配置，从而产生了防止网络派系破裂的力量。如果行动者在特定情境中感知到网络关系的积极性，将会体验到这种积极的情感，因此会把更多的感情投入到作为整体的网络中，形成持久、相对较强的联结和配置[①]。这种联结和配置，满足了结构性内聚力的条件，维系着网络结构的稳定和行动者之间的沟通，因此可以看作是特定文化情境下的社会互动所产生的社会效应，也是一种高度的社会团结。因为亲密的生活圈和共享的社会文化，生活在洮州地区的每一民族群体对其他民族也有着较高程度的民族文化认知，相互之间包容和尊重，并在亲密的社会交往中超越族群边界，不断地加深民族间的情感交融。

通过"圈序—互嵌型"的社会空间和民族间的情感交融，洮州地区形成了满足结构性内聚力的条件和文化情境，形成了深层次的社会黏合与社会团结。虽然随着社会变迁与经济变革，人们的生产、生活方式也在不断发生变化，但洮州地区的各民族早已在历史上的族际互动中形成了亲密的社会朋友圈以及稳定的信任资本和情感纽带。

---

① Barry Markosky and Edward J. Lawler. Advances in Group Processes [M]. JAI Press Inc, 1994: 113-138.

第四节 多民族地域社会的共同性基础与社会凝聚

一、多民族地域社会的共同性基础

在中华民族共有生活和精神家园的构筑中,各民族都在历史上通过交流融合的发展被中华民族的共同性有机地黏合为多元共生的一体。杨建新先生认为中华民族作为一个产生和形成于祖国大地上的多民族有机结合体,最大的特点就是她既保存了多民族的特性,又具有一体性因素[①]。中华民族与中国的历史一直伴随着共同性的追求,不断地在文化多元性、多样性的基础上对差异化的事物进行着共同性的整合,使中华民族共同体产生和发展。民族共同体拥有一种强烈的"同一性"追求,总是试图对差异化的事物进行统一化处理,以便在其中形成一种共识[②]。在这一过程中,共同的政治文化传统、共同的世界观价值观以及共同的精神追求不断地加强中华民族的"同一性""相通性"和"共生共存性"等共性因素。

中华民族经历着从"自在""自觉"到"自为"的发展历程[③],不仅使中华民族维护着内部结构的完整性和稳定性,同时也形成了中华民族共同性的生长空间。中华民族共同性生长空间的发展孕育了超越单线民族主义史观的"大中国观",以及具有

---

① 杨建新. 再论各民族共创中华[J]. 中央民族大学学报(哲学社会科学版),2020(4).
② 张康之,张乾友. 共同体的进化[M]. 北京:中国社会科学出版社,2012:31.
③ 李静,高恩召. 从自在、自觉到自为:中华民族发展的历史逻辑[J]. 中央民族大学学报(哲学社会科学版),2021(4).

统一性、包容性和多样性的社会体系。在中华民族共同体性生长空间中，自然资源、区域文化的不平衡性推动了不同区域之间的互补和嵌合，使农耕文明、草原文明、森林文明、高原文明和海洋文明五种文化形态统合在一起，构成了中华文明的组成部分。通过不同文明形态在地缘空间中的内聚性，以及跨地域、跨族际的社会互动，加强了中华民族共同性空间结构中的内生性社会联结力量。虽然不同区域有着环境、生态、社会和文化的差异，但在一体性的向心力中，各区域都在一定的经济、生活、文化和社会发展等层面加强社会形态的整体性、匹配性和共同性。

国家在场的力量也在推动和维系着中华民族的共同性秩序，不仅加强了中华民族的一体性结构，也为中华民族这一民族实体提供了国家框架和制度性保障，推动着中华民族共同体的发展。在中华民族的共同性生长空间和共同性基础上，经历国家探索与国家建设，中华民族共同体的话语体系不断发展，构成了中华民族的共同性精神内核。

洮州地区这一多民族地域社会正是在中华民族共同性精神内核的基础上通过区域文明的统合，黏合起跨区域、跨族群互动的纽带，并在一体性的构筑中成为中华民族共同体区域基础联结的一部分。

二、多民族地域共同体的社会凝聚

洮州所处的农牧交汇自然过渡地带在历史发展过程中是内地农耕民族与边地游牧、半游牧民族发生联系的重要纽带，汇集着河湟民族走廊、藏彝民族走廊等民族迁移的区域脉络以及被称为"丝绸古道""茶马古道"的商贸廊道路网。通过这一地带上民族与社会的互动，内地与边疆民族地区不断地发生着商品的交换、文化上的交流以及情感与血脉上的联系。农牧交汇的区域自然地理环境复杂，族群多样且迁移流动频繁，构成了多元的文化生态。元、明、清时期，中国统一多民族国家的形态趋向稳定，而这一地带所发挥的纽带作用更加突显。首先，这一区域是"内地通向边疆，边疆通向内地"的重要门户，是内地与少数民族地区文化交流的重要窗口。其次，在民族经济结构差异面前，该区域促进了内地与边疆少数民族地区的经济互补，加强了内地与边疆的经济联系、社会联系，使汉族与少数民族成为有机结合的统一整体。再次，这一区域的各民族在长期的生产生活实践中形成了共生与交融的族际关系，并凝聚了共同的民族情感纽带。

在多民族走廊地区通过田野调查所发现的族际互动与族际关系，要比预先准备的理论要更加的复杂、多样和生动。河湟多民族走廊地区的通道性与流动性为多元民族文化的形成提供了一定的条件，历史上不同的族群你来我往，不断地发生着接触、交往与交流。同时由于自然地理格局，这些区域又具有一定的空间性，农牧交错的自然过渡地带为各民族提供了多样的生计选择和互补共生的互动基础。洮州地区的多民族社会在多元文化的互动与交融中展现出这种共生的圈层性，并且通过在长期互动中产生的秩序来维系各民族之间的社会纽带，加强了其在生计发展、社会生活中的交往与联系，最终形成各民族共享的地域社会文化。洮州地区"圈序—互嵌型"社会格局的形成经过了各民族长期的互动、适应与探索，在民族交融的文化场域中形成紧密的互补、分工与合作，最终成为多元相融的一体。

首先，互嵌型的民族格局和社会环境为洮州地区民族社会的稳定和开放包容的族际互动空间提供了重要的基础。"中华民族多元一体格局"所产生的向心力是圈层秩序形成的主要动力，加强了内地与少数民族地区的联系与纽带，为区域间经济、商贸、社会、文化的交流构筑了互通的社会空间。其次，各民族在选择合适的生计发展模式的同时，也会在生产生活中吸收其他民族的文化来增加自身对环境的适应，产生了"互鉴、共享"的文化交融状态。同时，民族间的文化差异又使各民族在生计选择上具有一定的倾向性，在农、商、牧、林、手工业等行业中根据自身优势发挥各自的长处，并通过圈层秩序的调节，达到一种互补共生的和谐状态，推动了洮州地区的民族社会发展。最后，"圈序—互嵌型"社会格局在促进各民族生计发展与地方社会发展的同时，也加强了族际间在社会生活中的交往与联系，加强了洮州地区各民族对多元民族文化环境的适应，推动各民族文化相互协调发展，从而建立起积极友好的民族交往心态。

洮州地区的族际互动空间与地方文化秩序建立在中华民族共同性、地方多元的生计方式、多样性的族群文化、农牧经济结构互补的基础之上，这些特征对洮州地区的族际互动产生了很深的影响。一方面，洮州农区的生产生活受到自然环境的限制，需要通过向外获取资源来进行发展。另一方面，洮州形成的农业经济带与周边或更大范围的牧区形成经济结构上的互补。而洮州所处的地理位置使其成为内地与青、甘、藏、川西高原区之间重要的经济交流窗口，并融入跨区域的商贸流通网络。

洮州地区的族际社会空间网络建立在各民族之间高度依赖的经济与生计关系之

上，在族际社会互动的过程中形成了一定的社会资本、信任资本、文化资本以及情感资本，为族际的经济交换网络提供了稳定、开放的环境以及情感性义务，加强了族际社会网络的内聚力。在适当的社会因素与文化因素作用下，族际社会网络中的族际情感被唤起，在心理层面加强了各民族之间心灵与精神交流，增加了相互之间的信任与认同，促进了民族之间的情感与心理交融。在多民族文化与心理交融的场域下，洮州地区的人们对生活在这一区域的其他民族有着较深程度的民族文化认知，加强了各民族之间的包容、尊重与理解，同时也为洮商向外的发展提供了一定的文化优势，使其在内地与青、甘、藏、川西高原区的经济空间中充当着中间人的角色，将族际互动中的情感效应扩展到更大的范围和区域。洮州地区族际互动所产生的社会效应不仅形成了洮州地区和谐共生的民族关系，也对青、甘、藏、川西高原区与内地之间更大范围的民族交往交流交融起到了重要的促进作用。

结语
四海之内的共叙与共铸

费孝通曾说过:"古代的中国人究竟是怀有怎样的一种人文价值和心态,才能包容四海之内如此众多的种族和观念迥异的不同文化建立起一个'多元一体格局'的中国。"[①] 正是漫长历史过程中的民族交往、交流、交融,为中华民族的形成与发展注入了源源不断的能量与活力,确立了多元一体的稳定结构,并在国家在场、文化自觉、地方秩序的交互影响下,不断地增强中华民族的内聚力。交融与内聚的力量始终贯穿于中华民族自在、自觉和自为的发展过程中,将各民族置于共同性的生存空间,使多民族国家体系下的各民族结合成为有机实体。

地域社会不仅是人们赖以生存的生产生活空间,也为人们提供了日常社会互动的文化场域。地域社会将一定地域文化范围的人、事、物联系起来并进行整合,在社会生活与文化构建中通过地方文化秩序的调适,在文化交融中形成一定的社会文化空间和人们的地域文化认同。对于特定文化区域范围的人们来说,共同的景观、生产生活、文化秩序、社会互动、情感联系、地域认同等社会事项组成的集体社会叙事,将人们的利益、精神、情感与命运联系在一起,创造了地域共同体的社会与文化环境。

---

① 费孝通."全球化"新的挑战:怎样为确立文化关系的"礼的秩序"做出贡献? [J].科学对社会的影响,2007(2).

一、共同的精神场域

对于洮州这样一个具有多民族、多元文化、多元生计模式的地域社会来说,"家园"意味着在多元共生基础上的共同发展与共同守望。多民族的地域社会为生息在这片土地上的各民族提供了地缘性的社会交往场域,在日常交往中将需求转换为彼此间的互助与互惠,通过在交往实践所产生的社会情感、社会信任与地域认同中营造和加固了民族间的共同性基础和共同体意识。由此,洮州这一多民族地域社会更多地体现了多元文化的交互和共同性的社会结构凝聚,体现着"家园"的社会生活图景与共同体文化的社会构建。洮州民间将洮州的民族关系比喻为"三石一顶锅",就是各民族对共同生活与精神家园的心理认同和情感认知。

家园代表着人类居所、地域空间、栖居的环境,还代表着根脉、祖国、故土和家乡,具有丰富的概念和空间延伸性,并蕴含着人类共同的乡土挂念和精神寄托。涂尔干与莫斯认为,环境是整个社会生活的一部分,包括居住环境在内的空间秩序不仅是由基于社会准则的集体表征分类所产生的,而且是社会准则自身再生产的一个依据①。人们对环境的理解和构想总是具有集体性与普遍性,所以家园的空间实践与空间想象来源于社会并作用于社会。"家园"是一个复合型的概念,很难去清晰地界定,但总的来说有两个层面。在现实层面它是人们生活和生存的空间,在精神层面是人们集体构建出来的精神情感和文化空间。因此,人们生存的自然环境、人文环境和生活环境联系在一起,构成了家园的社会生活世界。

"家园"饱含着生机勃勃的力量,正如滕尼斯所说的"共同体本身应该被理解为一种生机勃勃的有机体"②,家园在现实生活与精神层面均展现出了共同体的特征、样

---

① [法]爱弥尔·涂尔干,马塞尔·莫斯.原始分类[M].汲喆译,北京:商务印书馆,2011.
② [德]斐迪南·滕尼斯.共同体与社会[M].林荣远译,北京:商务印书馆,1999:52.

态与魅力，是共同体的一种复合和活态的表现形式。如果说地域社会是一个"小家园"，整个中国就是中华民族共同生存和栖息的"大家园"。"小家园"与"大家园"的场域延伸和互通，将家庭、社区、村落、城市、故乡、国家等不同层面的家园形态贯穿与融合，将每一个社会成员都联结，组成了息息相关的生活世界，同时也进行着一种文化互动和精神世界构建的象征性表达，在日常的社会互动和命运守望中共同叙述着家园的故事。

中华民族并不是一个想象的共同体，而是一个有着共同历史叙事、集体记忆和命运关联的历史命运共同体[1]。在历史和现实的基础上，中华民族以共同的历史叙事和历史记忆为内核，通过频繁的经济联系、密切的文化交流、共享的政治价值和制度基础发展成为一个有机整体[2]。中华民族所具有的共同体形态提供了更具包容性的共同性空间，各区域在共同性基础上进行着多元文化的交流与交融，超越了地缘与地域文化，构筑了共有的精神场域。

---

[1] 朱碧波.论中华民族共同体的多维建构[J].青海民族大学学报，2016（1）.
[2] 郝亚明，赵俊琪."中华民族共同体"：话语转变视角下的理论价值与内涵探析[J].北方民族大学学报（哲学社会科学版），2018（3）.

二、交往互动中的秩序

多民族国家与民族国家对多样性的认识是截然不同的,多民族国家本身就是多样性共生共存的产物。中国作为历史悠久的统一多民族国家,中华民族多元一体格局为解决中国特色民族问题的正确道路提供了结构性基础。因此,中华民族的内部民族结构多元化,要求各民族交往、交流、交融不以人为淡化族际差异为政策目标;中华民族的共同体性质又要求各民族交往、交流、交融要着力于强化族际纽带的建立[①]。

"中华民族共同体"中交融与内聚力量的产生,依托于一定的自然地理空间范围内文明的互动、交流、构建所产生的共同性内核基础。在此过程中,共同性的主流文化、区域文化以及跨区域文化相互作用与影响,在互动、调适与整合中维持着社会体系的平衡与稳定。共同性的主流文化来自于国家在场的力量,区域文化脱胎于地方社会在社会调适过程中所产生的地方文化秩序,跨区域文化则是通过与共同性主流文化的框架及地方文化互动的契合,协调着跨区域的社会纽带联结。

从区域社会的角度来看,民族走廊区域发挥着重要和特殊的作用。首先,民族走廊将中华民族聚居区的北部草原地区、东北部高山森林区、西南部青藏高原区、云贵高原区、沿海区和平原区等六大板块贯穿起来,构成了中华民族形成的自然地理基础空间。其次,民族走廊也是文化多样性最强、民族文化交融最深的区域,为更大范围区域的民族经济、社会、文化交往互动提供了重要的人文环境。最后,民族走廊区域蕴含着互补交融的多元文化优势,在文化整合与适应中协调着地方社会的良性发展,加强了中华民族多元一体结构。

"圈序—互嵌型"社会格局与地方文化秩序维系着地域社会共同体内的跨村落、

---

① 郝亚明.各民族交往交流交融:淡化族际差异抑或强化族际纽带?[J].中央民族大学学报(哲学社会科学版),2021(3).

跨族际的社会连带，使洮州地方社会向内进行着跨村落、跨族际的互惠交往，并通过与外部的交换来获取资源。通过内部、外部两种交换，洮州地方社会在多元文化的互动中形成了互嵌与内聚的力量，在减弱内部竞争性的同时加强了内部的互补性、互惠性，很大程度上避免了内部社会的冲突，在地域社会共同体的构筑中建立了跨族际分工与合作的社会基础。同时，洮州地域社会共同体中多元文化的交融又在跨区域的社会互动中显示出一定的优势，在地方社会调适与发展中发挥着不同民族文化的长处。在多元文化交融的环境中，洮州地区各民族的人们形成了包容、深度的民族文化认知和民族间的情感交融，增强了其在跨区域经济、社会互动中的文化资本与社会资本。

洮州的地方社会具有明显的农牧经济互补性、民族文化交融和联村社会交互性。即洮州地区在农牧互补的生计文化基础上，族际间的日常交往交流较为频繁，民族文化发生着一定程度的交融，并且村落间在一定的社会纽带影响下联系非常紧密。在"圈序—互嵌型"格局与地方文化秩序的作用下，洮州地区的个人、家户、民间组织、村落之间发生着频繁、密切的跨族际交互与联系。洮州地方社会在历史发展过程中，各民族都在共同维系着资源流动链，建立起互惠性的跨村落、跨族际社会联结，最终通过互嵌与交融有机地结合成了稳定的多元一体，使跨村落、跨族际的社会纽带结构化。

在经济社会的变迁中，人们的生计方式也发生了很大的变化，洮州地区曾经发挥的区域市场层级中心功能逐渐减弱或转移，但跨村落、跨族际社会纽带的结构化则使个人、家户、聚落、村落各个层次均形成了互嵌性、交融性的社会联结，超越了民族的界限。因此，交互性和共生性的民族社会结构使跨族际的社会纽带存续并不断加固。

三、地域共同体与人文生态

　　洮州地区社会文化空间中的地方文化秩序与地域共同体,一方面在中华民族共同体地域社会的基础上增强了地方社会的内聚向心力与社会稳定性,另一方面又发挥着多元民族文化的优势,为地域社会注入源源不断的社会活力。首先,洮州地区的地域社会共同体在国家、地方社会与区域纽带的多重作用下,维持着一种有机实体的动态平衡,从经济、文化、社会、心理等多层面对洮州地区的民族交往交流交融产生了一定的社会效应。其次,地域社会共同体中的多元民族文化发挥着各自的优势,在互补与互惠中不断地加强民族间的文化交流,增强了地方社会发展中各民族对自然环境、人文环境的适应,在文化交融中不断地丰富着各民族共有的物质文化与精神文化。再次,通过地域社会共同体的作用,洮州地区的各民族在互补、互嵌、互惠、互信与交融中构筑了共有的精神家园,形成了内生性的共同体心理认同与情感共鸣。最后,地域社会共同体也促进着洮州地域社会与其他区域间的社会联系与互动,使洮州地域社会在产生"中华民族多元一体"结构向心力的同时也与其他区域的经济、文化、社会、情感融为一体。

　　洮州地区的地缘性特征是影响洮州民族生计发展模式的重要力量,各民族在对生产生活环境的适应过程中,探索出了与地方社会相契合的生计文化与地方社会文化。洮州地域内的联村社会文化与跨区域的资源流动、经济纽带,弥补了地方生产环境、资源上的劣势,发挥着民族走廊和跨区域纽带的地缘优势。通过洮州地方社会的联村交互、农牧互补以及民族文化的交融,洮州地区各民族的人们在农业生产协作、农牧经济互补交换以及跨区域物资流动中,使洮州内圈的农区、中环圈的农牧交错区以及外圈的牧区在生计圈序中紧密地嵌合,构成了多民族地域社会共同体中的经济交换基础,也加强了跨族际、跨村落社会互动的联村合作基础和跨区域经济交流的区域社会纽带基础。洮州地域社会中的生计嵌合与联村合作也为深入的文化交流与社会互动提供了一定的基础条件，各民族在社会互动中共同构建起了洮州地方文化，并伴随着洮州地区的生计发展与社会发展。

地域共同体与地缘性特征基础上的民族生计发展、社会互动、文化交融在构建起洮州地方文化的同时，也营造了与地方社会相契合的地方人文生态。地方文化与地方传统虽然在社会变迁的过程中也在发生着动态性的变化，也可能不断地经历着改造与创新，但依然具有主体性、延续性与活态性。在洮州这样的多民族地域社会，很多传统文化、民俗文化以及非物质文化遗产具有多元民族文化交融的特征，其中很多还被多民族所共享，并在多元文化体系下得到尊重与包容。因此，多民族地域社会的人文生态中往往蕴含着共同性的文化秩序与交融共生的社会文化纽带。而在这些文化互动与文化实践中，各民族通过这些文化资源进行着社会整合与象征性的行动表达，加强超社会文化体系的内聚与结合。

区域性的多元统一是中华民族多元一体形成的基础和前提[①]，多民族地方社会中各民族在生活与互动中所构筑的地域共同体，正像是"中华民族多元一体"格局中的一个个切面，同时又在彼此的相连与交融中共同联结起中华民族共同体的地域社会基础。

---

① 郝亚明.中华民族共同体建设的三个维度[J].西北民族研究，2021（1）.

参考文献

一、古籍、地方志

〔周〕诗经［M］.周振甫译注，北京：中华书局，2018.

〔东汉〕班固.汉书［M］.北京：中华书局，1962.

〔北魏〕郦道元.水经注校正［M］.陈桥驿校正，北京：中华书局，2007.

〔北齐〕魏收.魏书［M］.北京：中华书局，1974.

〔南朝宋〕范晔.后汉书［M］.北京：中华书局，1965.

〔唐〕李大师，李延寿.北史［M］.北京：中华书局，1974.

〔唐〕李吉甫.元和郡县图志［M］.贺次君点校，北京：中华书局，1983.

〔北宋〕宋祁等.新唐书［M］.北京：中华书局，1975.

〔北宋〕司马光.资治通鉴［M］.北京：中华书局，1956.

〔南宋〕李焘.续资治通鉴长编［M］.北京：中华书局，1992.

〔梁〕沈约.宋书［M］.北京：中华书局，1974.

〔明〕宋濂，王祎.元史［M］.北京：中华书局，1976.

〔明〕明实录［M］.台北："中央研究院"历史语言研究所校印，1962.

〔明〕李东阳.大明会典［M］.扬州：广陵书社，2007.

〔明〕明经世文编［M］.北京：中华书局，1962.

〔清〕徐松辑.宋会要辑稿［M］.北京：中华书局，1957.

〔清〕张廷玉.明史［M］.北京：中华书局，1974.

〔清〕清实录［M］.台北：华文书局，1969.

〔清〕（康熙）洮州卫志［M］.张俊立校注，北京：中国文史出版社，2013.

〔清〕（乾隆）洮州卫志［M］.张俊立校注，北京：中国文史出版社，2013.

〔清〕张彦笃、包永昌纂修.（光绪）洮州厅志［M］.张俊立校注，北京：中国文史出版社，2013.

顾颉刚.西北考察日记［A］.甘肃文史资料选辑第28辑：甘青闻见记［M］.兰州：甘肃人民出版社，1988.

王树民.陇游日记［A］.甘肃文史资料选辑第28辑：甘青闻见记［M］.兰州：甘肃人民

出版社，1988.

谷苞.汉人怎样的定居于卓尼番区［A］.中国西北文献丛书第四辑：西北民俗文献［M］.北京：线装书局，2006.

谷苞.卓尼藏区的土司制度［A］.李正元主编.故土新知［M］.北京：商务印书馆，2019.

谷苞.卓尼藏区朱扎七旗的总承制度［A］.李正元主编.故土新知［M］.北京：商务印书馆，2019.

谷苞.卓尼藏区的汉番［A］.李正元主编.故土新知［M］.北京：商务印书馆，2019.

陈宝全.甘肃的一角［A］.中国西北文献丛书第四辑：西北民俗文献［M］.北京：线装书局，2006.

王志文.甘肃省西南部边区考察记［A］.中国西北文献丛书第四辑：西北民俗文献［M］.北京：线装书局，2006.

甘肃省银行经济研究室.甘肃之工业［M］.兰州：甘肃省银行经济研究室，1944.

甘肃省银行经济研究室.甘肃省各县经济概览第1集［M］.兰州：甘肃省银行经济研究室，1942.

顾少白.甘肃西南边区之畜牧［A］.甘肃省图书馆书目参考部编.西北民族宗教史料文摘（甘肃分册）［M］.兰州：甘肃省图书馆，1984.

甘南州州志编纂委员会.甘南藏族自治州州志（上册）［M］.北京：民族出版社，1999.

临潭县志编纂委员会.临潭县志［M］.兰州：甘肃人民出版社，2008.

卓尼县志编纂委员会.卓尼县志［M］.兰州：甘肃民族出版社，1994.

马永寿.卓尼县政区概览［M］.兰州：甘肃文化出版社，2016.

马永寿.卓尼服饰文化［M］.兰州：甘肃文化出版社，2013.

敏建新.临潭民俗文化［M］.兰州：甘肃人民出版社，2015.

宁文忠，郝荣.洮河岷民俗志［M］.北京：中国文艺出版社，2014.

中国人民政治协商会议甘肃省临潭县委员会文史科教委员会.临潭县文化资料第四辑：临潭简史（内部资料）［M］.1991.

中国人民政治协商会议甘肃省临潭县委员会文史科教委员会.临潭县文化资料第七辑（内部资料）［M］.1997.

中国人民政治协商会议甘肃省政协临潭县委员会编，张俊立主编.临潭文史资料第八辑：临潭金石文钞［M］.兰州：甘肃文化出版社，2011.

中国人民政治协商会议临潭县委员会文史资料委员会.临潭文史资料第九辑：茶马古道上的临潭［M］.兰州：甘肃民族出版社，2018.

中国人们政治协商会议卓尼县委员会文史资料研究委员会.卓尼文史资料选辑第一辑（内部资料）［M］.1984.

中国人民政治协商会议卓尼县第十三届委员会文史资料委员会.卓尼文史资料第十辑

(内部资料)[M].2016.

中国人民政治协商会议临潭县委员会.百年临潭实录·民国卷[M].北京:中国文史出版社,2019.

中国人民政治协商会议临潭县委员会.百年临潭实录·新中国卷[M].北京:中国文史出版社,2019.

子亨.中国伊斯兰教西道堂史略[A]青海民族学院民族研究所、西北民族学院西北民族研究所编.西道堂史料辑[M].1987.

杨士宏.卓尼杨土司略传[M].成都:四川民族出版社,1990.

刘青之.洮州旧事——扯绳[A].敏奇才主编.洮州记忆[M].兰州:甘肃人民出版社,2016.

甘南州洮州民俗文化研究会.洮源花树珍藏版(内部资料)[Z].2012.

洮州农民文化宫简史编写组.洮州农民文化宫简史(内部资料)[Z].1994.

李希贤.旧庄子李氏重修家谱序(田野调查资料)[Z].2017.

二、著作类

［法］爱弥尔·涂尔干，马塞尔·莫斯.原始分类［M］.汲喆译，北京：商务印书馆，2011.

Allport. G. W. The Nature of Prejudice［M］.Reading，M.A：Addison-Wesley，1954.

［美］保罗·康纳顿.社会如何记忆［M］.纳日碧力戈译，上海：上海人民出版社，2000.

［美］彼得·布劳.社会生活中的交换与权力［M］.李国武译，北京：商务印书馆，2012.

［法］皮埃尔·布迪厄.实践感［M］.蒋梓骅译.南京：译林出版社，2012.

［美］波兰尼.大转型：我们时代的政治与经济起源［M］.冯钢等，译.杭州：浙江人民出版社，2007.v

Barry Markosky and Edward J. Lawler . Advances in Group Processes［M］.JAI Press Inc，1994.

Burgess. E. W. The Growth of the City：An Introduction to a Research Project［A］.R.E.Park，E.W. Burgess ＆ R. D. Mcknezie（eds.）. The City［M］. Chicago：The University of Chicago Press，1925.

成崇德.历史上北方农牧界线的变迁与人类活动的关系［A］.区域社会史比较研究中青年学者学术讨论会论文集［C］.2004.

陈春声.从地方史到区域史——关于潮学研究课题与方法的思考［A］.区域社会史比较研究中青年学者学术讨论会论文集［C］.2004.

Clark Wissler. Man and Culture［M］. New York：Croewell，1923.

［美］杜赞奇.文化、权力与国家——1900—1942年的华北农村［M］.王福明译，南京：江苏人民出版社，1992.

［英］E.E.埃文思-普里查德.努尔人：对一个尼罗特人群生活方式和政治制度的描述［M］.北京：商务印书馆，2017.

［英］E.E.埃文思—普里查德.阿赞德人的巫术、神谕和魔法［M］.覃俐俐译，北京：商务印书馆，2014.

费孝通.乡土中国与生育制度［M］.北京：北京大学出版社，1998.

费孝通.江村经济：中国农民的生活［M］.北京：商务印书馆，2001.

费孝通.中华民族多元一体格局［M］.北京：中央民族学院出版社，2018.

费孝通.给"'藏彝走廊'历史文化学术讨论会"的贺信［A］.石硕.藏彝走廊：历史与文化［C］.成都：四川人民出版社，2005.

费孝通.青春作伴好还乡——为"甘肃土人的婚姻"中译本而写［A］.费孝通文集（第14卷）［M］.北京：群言出版社，1999.

范长风.从地方性知识到生态文明——青藏边缘文化与生态的人类学调查［M］.北京：中国发展出版社，2017.

［德］斐迪南·滕尼斯.共同体与社会［M］.林荣远译，北京：商务印书馆，1999.

［挪威］弗雷德里克·巴斯.族群与边界［M］.李丽琴译，北京：商务印书馆，2014.

Firth. R. We, The Tikopia: A Sociological Study of Kinship in Primitive Polynesia［M］. London: George Allen & Unwin Ltd, 1936.

Fortes, M. The Dynamics of Clanship among the Tallensi［M］. London, New York and Toronto: Oxford University Press, 1945.

黄宗智.长江三角洲小农家庭与乡村发展［M］.北京：中华书局，2000.

高志英.藏彝走廊西部边缘民族关系与民族文化变迁研究［M］.北京：民族出版社，2010.

Goffman, E. The Presentation of Self in Everyday Life［M］. New York: Doubleday, 1959.

谷苞.西北通史（第3卷）［M］.兰州：兰州大学出版社，2005.

［美］格兰诺维特.镶嵌：社会网与经济行动［M］.罗家德等，译.北京：社会科学文献出版社，2015.

［苏联］H.H.切博克萨罗夫.民族·种族·文化［M］.赵俊智等译，北京：东方出版社，1985.

黄应贵.物与物质文化［M］.台北：中央研究院民族学研究所，2004.

黄应贵.人类学的视野［M］.台北：群学出版有限公司，2006.

科大卫.皇帝与祖宗：华南的国家与宗族［M］.卜永坚译，南京：江苏人民出版社，2009.

Kroeber A L. Cultural and Natural Areas of Native North America［M］.Berkeley: University of California Press, 1939.

Lefebvre, H. The Production of Space［M］.Translated by Donald Nicholson-Smith, Malden, Oxford, Carlton: Blackwell Publishing Ltd, 1991.

林耀华.金翼：一个中国家族的史记［M］.庄孔韶等译，北京：生活·读书·新知三联书店，2015.

李安宅.李安宅藏学文论选［M］.北京：中国藏学出版社，1992.

刘志扬.藏彝走廊里的白马藏族——习俗、信仰与社会［M］.北京：民族出版社，2012.

李绍明.藏彝走廊民族历史文化［M］.北京：民族出版社，2008.

李绍明.藏彝走廊研究与民族走廊学说［A］.石硕.藏彝走廊：历史与文化［C］.成都：四川人民出版社，2005.

李星星.李星星论藏彝走廊［M］.北京：民族出版社，2008.

赖存理.回族商业史［M］.北京：中国商业出版社，1988.

［英］拉得克利夫—布朗.安达曼岛人［M］.梁粤译，南宁：广西师范大学出版社，2005.

［美］罗伯特B.埃克瓦尔，波塞尔德·劳费尔.甘肃、青海交界地方的文化关系研究［A］.苏发祥，洛赛编译.藏族与周边民族文化交流研究［M］.北京：中央民族大学出版社，2013.

［美］兰德尔·柯林斯.互动仪式链［M］.林聚任，王鹏，宋丽君译，北京：商务印书馆，2012.

［英］莫里斯·弗里德曼.中国东南的宗族组织［M］.刘晓春译，上海：上海人民出版社，2010.

［德］马丁·海德格尔.存在与时间［M］.陈嘉映，王庆节译，北京：三联书店，2006.

［美］马丁.N.麦格.族群社会学［M］.祖力亚提·司马义译.北京：华夏出版社，2007.

［美］马歇尔·萨林斯.石器时代的经济学［M］.张经纬等译，北京：生活·读书·新知三联书店，2009.

［英］马林诺夫斯基.西太平洋的航海者——美拉尼西亚新几内亚群岛土著人之事业及冒险活动的报告［M］.弓秀英译，北京：商务印书馆，2016.

马戎.西方民族社会学的理论与方法［M］.天津：天津人民出版社，1997.

Merleau-Ponty. Phenomenology of Perception［M］.Translated by Colin Smith, London & New: Routledge，2002.

宁文焕.洮州花儿散论［M］.兰州：甘肃民族出版社，1992.

潘海英.文化合成理论在区域社会与文化类型研究中的应用［A］.张江华，张佩国.区域文化与地方社会——"区域社会与文化类型"国际学术研讨会论文集［C］.上海：学林出版社，2011.

［美］齐美尔·盖奥尔格.社会学——关于社会化形式的研究［M］.林荣远译，北京：华夏出版社，2002.

［美］乔纳森·特纳.社会学理论的结构（上）［M］.邱泽奇，等，译.北京：华夏出版社，2001.

［美］乔纳森·特纳.社会学理论的结构（下）[M].邱泽奇，等，译.北京：华夏出版社，2001.

秦永章.甘宁青地区多民族格局形成史研究[M].北京：民族出版社，2005.

阙岳.第二种秩序：明清以来的洮州青苗会研究[M].北京：中国社会科学出版社，2016.

邱树森.中国回族史[M].银川：宁夏人民出版社，2012.

Robert Redfield. The Folk Culture of Yucatan[M]. Chicago：Chicago University Press，1941.

Robert Redfield & A. Villa Rojas. Chan Kom，A Maya Village[M]. Chicago：The University of Chicago Press，1962.

石硕.藏彝走廊.历史与文化[M].成都：四川人民出版社，2005.

Soja，E. W. Postmodern Geographies：The Reassertion of Space in Critical Social Theory[M]. London & New York：Verso，1989.

［法］涂尔干·爱弥尔.宗教生活的基本形式[M].渠东，汲喆译，上海：上海人民出版社，1999.

童正恩.试论我国从东北到西南的边地半月形文化传播带[A].文物与考古论集[C].北京：文物出版社，1987.

田汝康.芒市边民的摆（民国万象第一辑）[M].福州：福建教育出版社，2016.

王铭铭.中间圈."藏彝走廊"与人类学的再构思[M].北京：社会科学文献出版社，2008.

王铭铭.村落视野中的文化与权力：闽台三村五论[M].北京：生活·读书·新知三联书店，1997.

王明珂.羌在汉藏之间：川西羌族的历史人类学研究[M].北京：中华书局，2008.

王明珂.游牧者的抉择：面对汉王朝的北亚游牧部族[M].桂林：广西师范大学出版社，2008.

王建民.中国民族学史（上卷）[M].昆明：云南教育出版社，1997.

王希恩.民族过程与国家[M].兰州：甘肃人民出版社，1998.

王积超.人类学研究方法[M].北京：中国人民大学出版社，2014.

武沐，金燕红.13—19世纪河湟多民族走廊历史文化研究[M].北京：中国社会科学出版社，2017.

魏明孔.西北民族贸易研究——以茶马互市为中心[M].北京：中国藏学出版社，2003.

［美］威廉·施坚雅.中国农村的市场和社会结构[M].史建云，徐秀丽译，北京：中国社会科学出版社，1993.

［美］威廉·施坚雅.中华王朝晚期的城市[M].叶光庭译，北京：中华书局，2000.

许烺光. 祖荫下. 中国乡村的亲属、人格与社会流动 [M]. 王芃、徐隆德译, 台北: 南天书局, 2001.

于式玉. 于式玉藏区考察文集 [M]. 北京: 中国藏学出版社, 1990.

袁晓文, 李锦. 藏彝走廊东部边缘族群互动与发展 [M]. 北京: 民族出版社, 2006.

杨庆堃. 中国社会中的宗教 [M]. 范丽珠, 等译, 上海: 上海人民出版社, 2007.

杨文炯. 互动、调试与重构: 西北城市回族社区及其文化变迁 [M]. 北京: 民族出版社, 2007.

杨文. 北宋经略河湟吐蕃民族政策研究 [M]. 北京: 中国文艺出版社, 2013.

杨庆堃. 中国社会中的宗教 [M]. 范丽珠等译, 上海: 上海人民出版社, 2007.

杨懋春. 一个中国村庄: 山东台头 [M]. 张雄译, 南京: 江苏人民出版社, 2001.

赵世瑜. 在空间中理解时间: 从区域社会史到历史人类学 [M]. 北京: 北京大学出版社, 2017.

张之毅. 易村手工业 [A]. 费孝通、张之毅. 云南三村 [M]. 北京: 社会科学文献出版社, 2006.

张康之, 张乾友. 共同体的进化 [M]. 北京: 中国社会科学出版社, 2012.

宗喀·漾正冈布等. 卓尼生态文化 [M]. 兰州: 甘肃民族出版社, 2007.

周永明. 路学: 道路、空间与文化 [M]. 重庆: 重庆大学出版社, 2016.

周大鸣. 多元与共融——族群研究的理论与实践 [M]. 北京: 商务印书馆, 2011.

三、期刊论文

Berry J.W. Psychology of Acculturation [J]. Nebraska Symposium on Motivation Nebraska Symposium on Motivation,1989(37).

崔明.多元宗教生态系统与和谐民族关系构建——以西北民族走廊为例[J].中南民族大学学报(人文社会科学版),2016(3).

陈庆英,赵桐华.关于西北民族走廊的思考[J].西北民族大学学报(哲学社会科学版),2012(2).

曹爱军.民族互嵌社区的功能目标和行动逻辑[J].新疆师范大学学报(哲学社会科学版),2015(11).

杜常顺.从"西番诸卫"看明朝对甘青藏区的统治措施[J].青海师范大学学报(社会科学版),1988(4).

丁汝俊.论明代对西北边陲重镇洮州卫的经营[J].西北民族研究,2003(6).

丁小琴,李洁.经济互依中的临潭汉族、回族、藏族多元族际关系初探[J].中国民族学,2017(2).

Edward J. Lawler and Jeongkoo Yoon. Commitment in Exchange Relations: Test of a Theory of Relational Cohesion [J]. American Sociological Review, 1996 (1).

Ekvall R. B. The Nomadic Pattern of Living among the Tibetans as Preparation for War [J]. American Anthropologist, 2010, 63 (6): 1250-1263.

费孝通.反思·对话·文化自觉[J].北京大学学报(哲学社会科学版),1997(3).

费孝通."全球化"新的挑战:怎样为确立文化关系的"礼的秩序"做出贡献?[J].科学对社会的影响,2007(2).

范长风.青藏洮岷地区跨族群与联村型青苗会组织——兼论文化多样性的国家治理策略和地方性实践[J].华东师范大学学报(哲学社会科学版),2016(5).

龚东林.一代人类学巨擘——克罗伯[J].世界民族,1999(3).

高小强.江淮移民与明清洮州新型民居的形成与扩散[J].中央民族大学学报(哲学社会

科学版），2016（4）.

顾定国.都市内部的移居以及潜在的族群聚居区［J］.社会学研究，1990（3）.

郝亚明.民族互嵌与民族交往交流交融的内在逻辑［J］.中南民族大学学报（哲学社会科学版），2019（3）.

郝亚明，赵俊琪."中华民族共同体"：话语转变视角下的理论价值与内涵探析［J］.北方民族大学学报（哲学社会科学版），2018（3）.

郝亚明.中华民族共同体建设的三个维度［J］.西北民族研究，2021（1）.

郝亚明.各民族交往交流交融：淡化族际差异抑或强化族际纽带？［J］.中央民族大学学报（哲学社会科学版），2021（3）.

贺卫光.中国古代游牧文化的几种类型及其特征［J］.内蒙古社会科学（汉文版），2011（5）.

黄举安.进步中的果洛［J］.中国边疆，1943（10—11）.

金燕红，武沐.明初茶马贸易衰败原因的再辨析［J］.西藏研究，2014（1）.

贾伟，李臣玲，王淑婕.试论安多地区多元文化共生格局的特点及其发展趋势［J］.中南民族大学学报（人文社会科学版），2011（2）.

科大卫，刘志伟.宗族与地方社会的国家认同——明清华南地区宗族发展的意识形态基础［J］.历史研究，2000（3）.

柯杨.苏皖古俗在甘肃洮河流域的遗存［J］.江苏社会科学，2000（3）.

Karen S. Cook and Richard M. Emerson . Power，Equity，and Commitment in Exchange Networks［J］. American Sociological Review，1978（5）.

雷晴岚.博厄斯及其学术思想［J］.社会科学论坛，2010（14）.

刘志扬.青藏高原及其周边地区的民族构成与文化互动［J］.民族研究，2017（2）.

刘珩.区域研究：人类学的多元理论地带［J］.西南民族大学学报（人文社会科学版），2016（5）.

刘星，曹群勇.羁縻与怀柔：论明王朝对安多藏区的治理［J］.青海民族大学学报（社会科学版），2013（3）.

李静.民族认知结构的心理学取向［J］.民族研究，2004（6）.

李静，于晋海.民族交往交流交融及其心理机制研究［J］.西北师大学报（社会科学版），2019（3）.

李静，高恩召.从自在、自觉到自为：中华民族发展的历史逻辑［J］.中央民族大学学报（哲学社会科学版），2021（4）.

李胜，傅育红.临潭县新城端午节"跑佛爷"文化习俗探究［J］.西北民族大学学报（哲学社会科学版），2008（5）.

李文学，王希隆.吐谷浑地方统治制度的演变［J］.民族研究，2005（5）.

梁宏章.概念与走向——2013年"南岭民族走廊"学术研讨会综述［J］.民族论坛，2013（12）.

李培林.20世纪上半叶社会学的"中国学派"［J］.社会科学战线，2008（12）.

卢永林.明代汉族移民对洮州地区的影响［J］.求索，2016（4）.

李建宗.通道之间：西北民族走廊界隔中的连续——基于河西走廊与河湟地区之间的关联性分析［J］.青海民族研究，2018（2）.

林美容.由祭祀圈来看草屯镇地方组织［J］.中央研究院民族学研究所集刊，1987（62）.

林美容.由祭祀圈到信仰圈：台湾民间社会的地域构成与发展［J］.中央研究院民族学研究所集刊，1988（63）.

Linda D. Molm. Dependence and Risk: Transforming the Structure of Social Exchange［J］. Social Psychology Quarterly，1994（3）.

马平.近代甘青川康边藏区与内地贸易的回族中间商［J］.回族研究，1996（4）.

马惠兰，刘源.关于西北民族走廊的文化特点和文化建设的思考［J］.中南民族大学学报（人文社会科学版），2012（6）.

马建福.日常生活中的民族关系：关于宁夏红寺堡生态移民区的研究［J］.北方民族大学学报（哲学社会科学版），2015（6）.

马磊.共生与融合：民国洮河上游河谷汉藏生计模式与文化关系——以埃克瓦尔的"甘肃汉藏边界的文化关系"为例［J］.兰州学刊，2017（12）.

马麒.多民族聚居区民间共生智慧：临潭民俗"万人扯绳赛"的功能解读［J］.文化学刊，2018（5）.

敏贤麟，敏俊卿.冬虫夏草与藏区回商的社会角色变迁［J］.回族研究，2010（2）.

满珂，白蓉.民族文化交融与民族关系研究——以甘肃省临潭县为例［J］.西南民族大学学报（人文社会科学版），2016（10）.

秦永章.试议"西北民族走廊"的范围和地理特点［J］.中央民族大学学报（哲学社会科学版），2011（3）.

阙岳.民族地区的民间文化认同——明清以来洮州地区汉民俗的传播与传承［J］.西北民族研究，2011（1）.

Richard M. Emerson. Power – Dependence Relations［J］. American Sociological Review，1962（1）.

Rudmin, Floyd W. Critical history of the acculturation psychology of assimilation, separation, integration, and marginalization［J］. Review of General Psychology，2003，7（1）.

任国英.俄罗斯民族学的成就与走向［J］.中央民族大学学报（哲学社会科学版），2000（3）.

孙振玉.台湾民族学的祭祀圈与信仰圈研究［J］.中南民族大学学报（人文社会科学版），2002（5）.

沙勇.明朝对洮州卫的经济管理［J］.常州大学学报（社会科学版），2011（2）.

沙勇.明中后期洮岷地区汉族、藏族、回族民族互动关系研究［J］.青海民族大学学报（社会科学版），2013（1）.

沙彦奋，马丹妮.多民族互嵌式村落共同体建设与基层社会治理转型——基于宁夏AH移民村的调查［J］.贵州民族研究，2023（4）.

田阡.村落·民族走廊·流域——中国人类学区域范式转换的脉络与反思［J］.社会科学战线，2017（2）.

汤多先，王建伟.我国少数民族新生代农民工研究的回顾与展望［J］.北方民族大学学报（哲学社会科学版），2016（1）.

Toshio Yamagashi and Karen S. Cook.Generalized Exchange and Social Dilemmas［J］.Social Psychology Quarterly，1993（4）.

吴滔.略论明清南京地区的市镇发展［J］.中国农史，1999（3）.

武海龙.明代洮州卫僧纲司研究［J］.宗教学研究，2013（2）.

王志文.临潭经济考察记［J］.西北问题论丛，1941（1）.

王春光.新生代农村流动人口的社会认同与城乡融合的关系［J］.社会学研究，2001（3）.

王文光，李宇舟.从吐蕃到藏族：一个多源合流的历史发展过程［J］.云南民族大学学报（哲学社会科学版），2014（4）.

王琛.都市生存的文化策略与族群认同——对一个苗族流动群体的个案研究［J］.深圳大学学报（人文社会科学版），2006（5）.

王希恩.民族的融合、交融及互嵌［J］.学术界，2016（4）.

王平，严学勤.论民族互嵌与和谐民族关系的构建——以新疆塔城市的实证研究为例［J］.新疆师范大学学报（哲学社会科学版），2015（9）.

王玉祥.论朱元璋经略洮州［J］.甘肃社会科学，2003（6）.

王淑英，郝苏民.洮州龙神信仰现状的考察报告——以常遇春（常爷）崇拜为中心［J］.西北民族研究，2009（4）.

王淑英，郝苏明.村落：民间社会的文化等级——以甘肃洮岷地区青苗会权利类型为例［J］.西北民族研究，2010（3）.

王可峰.甘肃洮州方言成因探析［J］.西北民族大学学报（哲学社会科学版），2013（5）.

温士贤.城市民族互嵌社区的多元类型与建设理念——基于珠三角地区的案例研究［J］.贵州民族研究，2020（4）.

行龙."水利社会史"探源——兼论以水为中心的山西社会［J］.山西大学学报（哲学社

会科学版），2008（1）．

杨建新．再论各民族共创中华［J］．中央民族大学学报（哲学社会科学版），2020（4）．

杨念群．"地方性知识"、"地方感"与"跨区域研究"的前景［J］．天津社会科学，2004（6）．

杨文法．关于青藏高原地区回藏贸易体系的人类学探讨［J］．青海社会科学，2011（1）．

杨鹍飞．民族互嵌型社区建设的特征及定位［J］．新疆师范大学学报（哲学社会科学版），2015（4）．

杨士钰．明初加强洮州卫建设的原因探析［J］．中央民族大学学报（哲学社会科学版），2010（5）．

杨宝琰，万明钢．文化适应：理论及测量与研究方法［J］．世界民族，2010（4）．

严学勤．马路背后的文化边界——甘肃南部农牧结合区的文化边界与地方性知识研究［J］．游牧社会研究，2016（2）．

严庆．"互嵌"的机理与路径［J］．民族论坛，2015（11）．

阎明．"差序格局"探源［J］．社会学研究，2016（5）．

晏波．明初洮岷河湟地区的江淮移民研究——基于移民群体类型、来源地和数量的考察［J］．兰州学刊，2012（12）．

闫丽娟，孔庆龙．民族互嵌型社区建构的理论与现实基础［J］．新疆师范大学学报（哲学社会科学版），2015（11）．

袁纣卫．包头回族皮毛贸易（1879—1945）［J］．回族研究，2007（3）．

Yinger, Milton J. Toward a theory of assimilation and dissimilation [J]. Ethnic and Racial Studies, 1981, 4（3）.

赵旭东．人类学作为一种"文化的表达"［J］．贵州社会科学，2008（9）．

赵旭东．线索民族志：民族志叙事的新范式［J］．民族研究，2015（1）．

赵旭东．互惠人类学再发现［J］．中国社会科学，2018（7）．

赵旭东．城乡关系视野下的理想中国［J］．河北学刊，2017（6）．

赵世瑜．分水之争：公共资源与乡土社会的权力和象征——以明清山西汾水流域的若干案例为中心［J］．中国社会科学，2005（2）．

赵利生，陈芳芳．多民族"万人扯绳"与内生性民族关系研究［J］．甘肃社会科学，2014（1）．

张小军．复合产权：一个实质论和资本体系的视角——山西介休洪山泉的历史水权个案研究［J］．社会学研究，2007（4）．

张文宏，雷开春．城市新移民社会认同的结构模型［J］．社会学研究，2009（4）．

萧凤霞，刘志伟．宗族、市场、盗寇与蛋民——明以后珠江三角洲的族群与社会［J］．中国社会经济史研究，2004（3）．

周星．黄河上游史前遗存及其族属推定［J］．西北史地，1990（4）．

周大鸣，詹虚致．人类学区域研究的脉络与反思［J］．民族研究，2015（1）．

周大鸣．论族群与族群关系［J］．广西民族学院学报（哲学社会科学版），2001（2）．

周大鸣，田絮崖．"二元社区"与都市居住空间［J］．山东社会科学，2016（1）．

周大鸣．聚落与交通："路学"视域下的中国城乡社会结构变迁［J］．广东社会科学，2018（1）．

周歆红．德语地区民族学：历史、反思与转型［J］．民族研究，2015（4）．

周恩宇．道路研究的人类学框架［J］．北方民族大学学报（哲学社会科学版），2016（3）．

朱悦梅．吐蕃中节度考［J］．民族研究，2010（3）．

朱碧波．论中华民族共同体的多维建构［J］．青海民族大学学报，2016（1）．

庄英章．人类学与台湾区域发展史研究［J］．广西民族学院学报，1998（2）．

郑振满．神庙祭典与社区发展模式——莆田江口平原的例证［J］．史林，1995（1）．

四、博士、硕士论文

敏文杰.临潭回族的商业变迁研究［D］.兰州大学博士学位论文，2008.

敏俊卿.中间人：交流与交换——临潭旧城回商群体研究［D］.中央民族大学博士学位论文，2009.

谢冰雪.扩大的家族——洮河流域藏族传统民间组织沙尼调查［D］.兰州大学博士学位论文，2010.

迟玉花.当代藏区村落社会研究［D］.兰州大学博士学位论文，2013.

严学勤.多元与共存——甘肃南部洮州地域宗教格局研究［D］.兰州大学博士学位论文，2013.

宓淑贤.多元信仰体系下的五国爷信仰研究［D］.兰州大学硕士学位论文，2015.

陈芳芳.民间信仰中的族际互动研究——以洮州龙神信仰为中心［D］.兰州大学博士学位论文，2015.

马磊.清代民国时期甘青藏区回商、市场与族际互动［D］.兰州大学博士学位论文，2016.

杜华君.黄渠桥之"道"——一个宁北回汉共栖地域共同体的民族学研究［D］.兰州大学博士学位论文，2018.

丁小琴.互惠与共生：临潭县族际经济交往［D］.兰州大学硕士学位论文，2019.

后 记

　　六年的博士学习生活辛苦、忙碌，充满了各种艰难和磨砺。但回头望去，走过的路却赋予了我学识上的提升，丰富着我的精神世界，让我的心灵充满力量。

　　2014年我从华中农业大学毕业，取得了硕士学位。当时工作找的不是很顺利，参加各种考试也失败了，消极的情绪和心态伴随着自己，似乎陷入了人生的第一次迷茫。在父母的支持下，我独自一人背上背包去越南和柬埔寨旅行，把失落的心情调整了过来。回到家乡银川后，我在一家数据统计调研公司找了份工作。虽然参加了工作，但是做学术的信念一直留在我的心底，没有磨灭。我每天回到家或是周末的时候，总是还要阅读与民族学、社会学和人类学相关的书籍，并且坚持学习英语，阅读英文杂志。

　　2015年11月，一次跟父亲的谈心给予了我很大支持，我决定辞去工作，报考了兰州大学的民族社会学博士研究生。就在自己备考的时候，最疼爱我的姥爷却病重，我每个周末都去石嘴山看他，我希望着姥爷的病能好起来。家里人一直都瞒着我，2016年初我才知道姥爷患的是胆管癌。那段时间我在病房照顾姥爷，在姥爷睡着的时候，我拿出书复习看一看，就这样我陪伴姥爷度过了他最后的时光。2016年2月23日晚上姥爷归真了，我带着内心的伤痛继续复习，三月份去兰州大学参加了博士研究入学考试。当时觉得考的并不是太理想，回家后面试并在一家担保公司实习。四月底的一天晚上，我在加班时收到了自己被录取的消息，知道自己又可以走上学术之路了，那时心中的喜悦和激动现在都无法忘怀。

　　我于2022年获得了博士学位，顺利完成学业。我要感谢我的博士生导师李静老师对我在学术上的指导和激励。感谢杨文炯老师对我的指导，为我的学习和精神生活带来重要的指引。感谢我的硕士生导师田北海老师、教我人类学课程的马威老师以及哈正利老师对我一直以来的关心和支持。感谢杨文炯老师、王建新老师、苏发祥老师、李大龙老师、徐丽黎老师、看本加老师、刘夏蓓老师、杨红伟老师和尹伟先老师在我博士学位论文预答辩和答辩中提出的宝贵意见。

感谢同门的师兄、师姐、师弟、师妹们，大家平时关系非常融洽，相亲相爱，一直在给我点点滴滴的感动。感谢我的博士同学陈艳、马宇彤、刘洋姐、小刘洋和王雄刚，以及所有同窗好友，大家平时一直互相帮助、互相鼓励，感谢大家的友谊。感谢我的同师门好友侯小富、高恩召、强健老师、何宵年、黎琴、侯玉婷、赵琛、陈丽丽，在我压力最大、最艰难的时候给予我的支持。感谢于晋海师兄在我困惑时给予的指点。感谢我的初中同学好友徐远超博士，我在古典文献和史料方面一直在请教她，而徐博士也一直不厌其烦地解答问题。感谢初中好友邓淼在学术上对我的鼓励。

读博士的压力真的很大，但身边总是有那么多人在支持，感谢爸爸、妈妈、姥姥、还有所有亲人的牵挂。感谢爸爸的朋友拓拔酋长，带着我去看各种文化遗迹，一起交流丝绸之路上的历史文化。我的很多亲人、朋友，还有很多初中、高中、大学和研究生的同学也知道我读博之路的辛酸，也一直在关心着我，向他们表示感谢。还要感谢工作以来于光建老师、刘淑芳老师、杨文笔老师和沙彦奋老师等老师的帮助和支持。

在临潭、卓尼的田野调查也是我读博士期间非常宝贵的经历和精神财富，淳朴的民风、善良的人们还有传统文化、民族文化和乡土文化的魅力充实和丰富着我的精神和心灵世界。田野调查中搜集的各种材料，也成为我论文的支柱与核心。在田野调查中虽然有辛苦、孤独和委屈的时候，但更多的是感动和温暖。每次入户访问时，每一位主人总会端上一杯热茶。在奔波劳苦中，相亲们总会留下我吃一顿热饭。有时候在偏远的乡间行走时，总会有好心的村民、牧民骑着摩托或开着车带我一截路。每一次回到临潭，我就像是回到了自己的老家一样，走到县城的街道或是某个村子里，总会遇到熟悉的人，就像在一个熟人社会一样和他们打招呼，还会被邀请吃饭，心里总是暖暖的。所以在这里感谢临潭、卓尼所有的父老乡亲，感谢所有在田野调查中帮助我的人。特别感谢的武锐老师、彭世华老师、马廷义老师、牛玉安老师、马晶晶老师在调研时的帮助。

值得高兴的是，在此书即将出版之际，停办了多年的"万人扯绳"活动终于在临潭县政府和社会各界的努力下得到恢复，我也准备在元宵节专门前往临潭去观看和参加，去感受洮州地区民族团结的情感能量。我已经把洮州当作了我的第二故乡，我深爱着这片土地。